BADRU D. KATEREGGA
UND DAVID W. SHENK

WORAN ICH GLAUBE

Faridah,
der Frau von Badru D. Kateregga,
und Grace,
der Frau von David W. Shenk,
gewidmet

BADRU D. KATEREGGA
UND DAVID W. SHENK

WORAN ICH GLAUBE

EIN MUSLIM UND EIN CHRIST IM GESPRÄCH

MIT VORWORTEN
VON MARTIN AFFOLDERBACH
UND WOLF D. AHMED ARIES

Die afrikanische Originalausgabe erschien unter dem Titel:
Islam and Christianity: A Muslim and a Christian in Dialogue
(Forewords by Sheikh Abdulla Saleh Farsy and Bishop Kenneth Cragg)
bei Uzima Press, Nairobi/Kenia.

Aus dem Englischen von Wolfgang Günter

Die Deutsche Bibliothek verzeichnet diese Publikation in der Deutschen Nationalbibliografie; detaillierte bibliografische Daten sind im Internet über http://dnb.ddb.de abrufbar

Umschlaggestaltung: Thomas Schneider, Düsseldorf
Satz: David Neufeld, Schwarzenfeld
Herstellung: AALEXX Druck GmbH, Großburgwedel

ISBN 3-937896-15-5, Bestell-Nummer 588 615

www.neufeld-verlag.de

INHALT

TEIL 2: DER CHRISTLICHE GLAUBE

VORWORT

VON MARTIN AFFOLDERBACH

Dieses Buch erscheint in seiner deutschen Ausgabe in einer Zeit, in der manche Kritik am Dialog zwischen Christentum und Islam laut wird. Die globalen politischen Konflikte, die Terroranschläge radikaler Gruppen, die innenpolitischen Auseinandersetzungen um Moscheebauten, das Tragen eines Kopftuches im Schuldienst, die Abgrenzung einiger muslimischer Migranten gegenüber der deutschen Gesellschaft und anderes mehr bilden einen Stimmungsrahmen, in dem harsche Formulierungen und kritische Bemerkungen mehr Applaus finden als vorsichtige und bedächtige Worte und Taten.

So steht dieser Band gegen den Trend, wenn er zeigt, dass und wie ein Muslim und ein Christ miteinander über ihren Glauben sprechen können. Dass dieses Gespräch im afrikanischen Kontext stattfindet, ohne dass es auf jeder Seite des Buches mit diesem verzahnt wird, birgt für deutsche Leser die Möglichkeit, ein Gespräch über den Glauben losgelöst von den eigenen alltäglichen Problemkonstellationen mitzuerleben.

Schon im Aufbau der beiden Teile spürt man deutlich, dass Badru Kateregga und David Shenk ihren Glauben so darzustellen bemüht sind, dass die grundlegende Verwandtschaft von Christentum und Islam wie ein roter Faden erscheint. Gleichzeitig werden aber auch die Differenzen herausgearbeitet und sowohl Missverständnisse in Erwiderung und Klarstellung offen gelegt wie auch Spannungen und Unvereinbarkeiten nicht verschwiegen; selbst da nicht, wo sie als belastend oder auch verletzend empfunden werden. Beide Autoren vermitteln ihren jeweiligen Glauben in der Form, wie er auch durch ihre Persönlichkeit geprägt ist. Sie bezeugen sich gegenseitig ihren Glauben und ziehen sich nicht auf eine möglichst objektive, aber distanzierte Beschreibung der jeweiligen Religion zurück.

Das Buch kann ein Anstoß und eine Einladung zugleich sein, das Gespräch mit einem Menschen der jeweils anderen Religion zu suchen. Man braucht den Autoren nicht nachzueifern, das Gesamte des Glaubens umfassend in den Blick zu nehmen. Eine Alltagserfahrung aufgreifen oder einen Gedanken, ein Bibel- oder Koranzitat oder eine Frage zum Anlass zu nehmen, kann zu einem sehr lebendigen Dialog führen, bei dem man Neues entdecken und zu Einsichten und Erkenntnissen gelangen kann, die man zuvor nicht erahnt hat. Viele, die sich darauf eingelassen haben, haben die Erfahrung gemacht, dass sie zahlreiche Facetten des eigenen Glaubens neu und intensiver befragt, durchdacht und verstanden haben.

Oberkirchenrat Dr. Martin Affolderbach ist Referent im Kirchenamt der Evangelischen Kirche in Deutschland für interreligiösen Dialog und Länder des Nahen Ostens

VORWORT

VON WOLF D. AHMED ARIES

Das Gespräch unter Gläubigen verschiedener Religionen unterliegt vielen und recht unterschiedlichen Belastungen: Da ist zum einen die wechselvolle Geschichte, in der wortgewaltige und kriegerische Auseinandersetzungen sich abwechselten, und zum anderen die eigene Verunsicherung, dass ein Fremder mit der gleichen Sicherheit wie man selber Wahrheit im Letzten beansprucht und im Gebet lebt. Hinzu kommt, dass jede Gemeinschaft mit einem gewissen Zögern jene beobachtet, die sich in den Dialog begeben, weil sie befürchten, etwas zu verlieren, was immer es auch sei.

Doch in einer zunehmend kleiner werdenden Welt, in der durch einen Druck auf die Maus eines Rechners der Andere in der eigenen Lebenswelt gegenwärtig wird oder jede Urlaubsreise den Anderen zum Gastgeber werden lässt, kann niemand mehr so tun, als gäbe es die andere Religion nicht. Vielmehr brauchen wir, wenn man die Kriege der Vergangenheit nicht mit den Waffen der Gegenwart wiederholen will, das Gespräch unter- und miteinander. Auf Grund dieser heute allgemein akzeptierten Einsicht haben in den vergangenen Jahren Tagungen und Kongresse, Universitätsseminare und Vorträge zugenommen, in denen über andere Religionen diskutiert und informiert wird. Allein die allermeisten dieser Gesprächsrunden sind letztlich dialogische Monologe, in denen jemand über den eigenen Glauben vor dem Anderen spricht. Hier und dort sind diese Reden nichts anderes als „Binnenwerbung", die die eigene „Klientel" meint.

Und dennoch gibt es die von Denkern gleich Martin Buber und Emmanuel Lévinas entworfene Chance zum Gespräch. Sie bietet sich dann an, wenn, wie Urs von Balthasar einst schrieb, die Säle sich geleert haben und Stille eingetreten ist, in der ein Wort stehen kann. Glaubenszeugnisse brauchen diesen Raum, um nicht missbraucht oder argumentativ verbraucht zu werden. Gerade Sätze wie „In Jesus liegt das Heil" oder „Es gibt keine Gottheit außer Gott" bedürfen des annehmenden Respektes, um den, der sie ausspricht, nicht schutzlos werden zu lassen. Schließlich handelt es sich im Gespräch der Glaubenden nicht um eine religionswissenschaftliche Untersuchung, in der festgestellt wird, welche Kernaussagen eine bestimmte Religion macht.

In der Rede des Du mit dem Anderen, dem Du, dem ein Ich sich im Wort öffnet, spricht das Du von seinem Letzten. Dahinter kann das Du nicht gehen. In einer solchen Situation vermag nur das andere Du durch seine Haltung der Achtung Schutz zu geben und dadurch die Würde des menschlichen Seins zu sichern. Da dies nur selten geschieht, ist es um so erstaunlicher, dass Badru Kateregga und David Shenk nicht nur ein solches Gespräch wagten, sondern es auch noch schriftlich fixierten, so dass man es in Buchform nachlesen kann.

Jedes Buch muss sich auf dem Büchermarkt bewähren und ist so dem Verbrauch ausgesetzt. Man liest es und kann anderen erzählen, man habe es gelesen. Was einst persönliche Äußerung war, das wird nun verbrauchbar. Das Gespräch unter Glaubenden steht in dieser Spannung, wenn sich beide Partner bewusst sind, es zum Dialog der Religionen werden oder dazu verwenden zu lassen. Es ist und wird wohl stets ein Wagnis bleiben, wenn zwei Partner sich entschließen das eigene Persönliche dem vielfältigen Gebrauch und medialer Nutzung auszusetzen, um der Verständigung zwischen den Vielen zu dienen.

Wenn es aber geschieht, so kann man dem Buche nur zuhörende Lesende wünschen, die sich für das Abenteuer des Dialoges öffnen. Und bei diesem Buche lohnt es sich.

Wolf D. Ahmed Aries ist Dozent und Lehrbeauftragter für Islamfragen sowie Wissenschaftlicher Beirat des Islamrats für die Bundesrepublik Deutschland

EINLEITUNG

Hunderte von Millionen von Muslimen und Christen leben als Nachbarn zusammen. Die Gläubigen beider Religionen glauben, dass Gott sie berufen hat Zeugen zu sein, und trotzdem hören sie nur selten auf das Zeugnis der jeweils anderen. Die Zusammenstöße im Lauf der Geschichte haben trennende Mauern errichtet. Auch wenn beide Gemeinschaften denselben Gott anbeten, hören sie nur selten aufeinander.

Dieses Buch stellt den Versuch eines Muslimen und eines Christen dar, ihren Glauben zu bezeugen und aufeinander zu hören. Wir, die Verfasser, sind enge Freunde. Wir unterrichteten beide am Fachbereich für Philosophie und Religionswissenschaft am *Kenyatta University College* in Nairobi, Kenia. Badru D. Kateregga, ein Muslim, lehrte islamische Geschichte und Theologie. David W. Shenk, ein Christ, lehrte Kirchengeschichte und christliche Theologie. Wir haben im Team vergleichende Religionswissenschaft gelehrt, oft in Form eines Dialogs, so dass wir in Anwesenheit der Studenten gegenüber dem Anhänger eines anderes Glaubens Zeugnis von unserem Glauben ablegten.

Wir haben gespürt, dass dieser zeugnishafte Dialog zwischen Muslimen und Christen sehr ernst ist. Es geht um tiefgründige Themen, die an die grundlegenden Fragen menschlicher Existenz rühren. Das bedeutet, es bereitet Schmerz, auf das Zeugnis des anderen zu hören und selbst Zeugnis abzulegen. Vielleicht fürchten beide Seiten diesen Schmerz. Und vielleicht liegt darin der Grund, dass Muslime und Christen selten miteinander über ihren Glauben sprechen.

Trotzdem glauben wir beide, die Verfasser dieses Buches, dass der zeugnishafte Dialog lebenswichtig ist. Wir müssen lernen, aus unser jeweiligen Glaubensgemeinschaft heraus miteinander zu reden. Das ist es, was wir in diesem Buch versuchen. Wir haben kein Blatt vor den Mund genommen. Wir reden freimütig. Wir haben beide versucht, so aufrichtig wie möglich das Zeugnis abzulegen, zu dem Gott uns unserer Überzeugung nach berufen hat.

Dieses Buch gliedert sich in zwei Abschnitte. Der erste wurde von Badru verfasst, der für den muslimischen Glauben Zeugnis ablegt. Der zweite Teil wurde von David verfasst, der für den christlichen Glauben Zeugnis ablegt.

Jeder Abschnitt enthält zwölf Kapitel. Am Schluss jedes Kapitels findet man eine Entgegnung desjenigen, an den das Zeugnis gerichtet ist. Das heißt, am Schluss jedes Kapitels, das von dem muslimischen Zeugen verfasst wurde, findet sich eine christliche Entgegnung; in ähnlicher Weise steht am Ende jedes Kapitels, das von dem christlichen Zeugen verfasst wurde, eine muslimische Entgegnung. In einigen Fällen folgt noch eine weitere Klarstellung auf die Entgegnung.

Wir haben als Einzelpersonen und als Freunde geschrieben. Wir sind persönlich verantwortlich für das, was wir geschrieben haben, denn letzten Endes ist es eine zutiefst persönliche Sache, von seinem Glauben Zeugnis abzulegen. Trotzdem sprechen wir von einer bestimmten Position innerhalb unser jeweiligen Glaubensgemeinschaften. Badru stützt sich in seiner Darstellung hauptsächlich auf den Koran, und David gründet seine Ausführungen vor allem auf die Bibel. Badru spricht aus seiner sunnitischen Erfahrungswelt heraus, David aus seiner protestantisch-evangelikalen. Und doch haben beide versucht, der gesamten Glaubensgemeinschaft, aus der ihr jeweiliges Zeugnis stammt, gegenüber sensibel zu sein.

Die theologischen und praktischen Dimensionen des Glaubens, denen in diesem Buch nachgegangen wird, werden nicht erschöpfend behandelt, sondern sind nur Beispiele für das Wesen der Begegnung zwischen Christen und Muslimen. Das Buch stellt eine vergleichende Theologie dar, von der wir hoffen, dass sie frei von Anschuldigungen und Vorurteilen ist. Wir haben versucht, uns an die selbst auferlegte Regel zu halten: Interpretiere nicht meinen Glauben für mich!

Wir glauben, dass dieses Buch jedem Muslim und jedem Christen konstruktive Einsichten in das Wesen der beiden großen Glaubensgemeinschaften Islam und Christentum liefern wird. Wir hoffen, dass es sich als Grundlage für Diskussion und Dialog zwischen Christen und Muslimen gebrauchen lässt.

Wir glauben außerdem, dass dieses Buch sich als wertvoll für höhere Schulen und an islamischen und christlichen theologischen Fakultäten erweisen könnte sowie als einführendes Werk für Universitätsstudenten.

Muslimen ist in der Regel unbehaglich zumute, wenn Christen über den Islam schreiben. In ähnlicher Weise identifizieren Christen sich nur selten mit muslimischen Interpretationen des Christentums. Dieses Buch, gemeinsam von einem Muslim und einem Christen verfasst, wurde unter dem gleißenden Licht gegenseitiger Anteilnahme geschrieben. Jedes Wort, das wir zu Papier brachten, wurde durch das Wissen geschärft und geschliffen, dass wir zusammen arbeiten. Ehrlichkeit, Freundlichkeit und Sensibilität waren daher unbedingt notwendig.

Badru D. Kateregga und David W. Shenk

EIN MUSLIMISCHES GEBET

بِسْمِ اللّٰهِ الرَّحْمٰنِ الرَّحِيْمِ ۝
اَلْحَمْدُ لِلّٰهِ رَبِّ الْعٰلَمِيْنَ ۝ الرَّحْمٰنِ
الرَّحِيْمِ ۝ مٰلِكِ يَوْمِ الدِّيْنِ ۝ اِيَّاكَ
نَعْبُدُ وَاِيَّاكَ نَسْتَعِيْنُ ۝ اِهْدِنَا الصِّرَاطَ
الْمُسْتَقِيْمَ ۝ صِرَاطَ الَّذِيْنَ اَنْعَمْتَ عَلَيْهِمْ
غَيْرِ الْمَغْضُوْبِ عَلَيْهِمْ وَلَا الضَّآلِّيْنَ ۝

Im Namen Allahs, des Allerbarmers, des Barmherzigen.
Alles Lob gebührt Allah,
dem Herrn der Welten,
dem Allerbarmer, dem Barmherzigen,
dem Herrscher am Tage des Gerichts!
Dir (allein) dienen wir,
und Dich (allein) bitten wir um Hilfe.
Führe uns den geraden Weg,
den Weg derer,
denen Du Gnade erwiesen hast,
nicht (den Weg) derer,
die (Deinen) Zorn erregt haben,
und nicht (den Weg) der Irregehenden.

(Die *Al-Fatiha,* die Eröffnungssure des Korans)

Dies ist das Gebet, das von gläubigen Muslimen während der fünf Gebetszeiten mindestens siebzehn Mal am Tag wiederholt wird.

EIN CHRISTLICHES GEBET

Πάτερ ἡμῶν ὁ ἐν τοῖς οὐρανοῖς,
ἁγιασθήτω τὸ ὄνομά σου,
ἐλθέτω ἡ βασιλεία σου,
γενηθήτω τὸ θέλημά σου,
ὡς ἐν οὐρανῷ καὶ ἐπὶ γῆς.
Τὸν ἄρτον ἡμῶν τὸν ἐπιούσιον δὸς ἡμῖν
σήμερον·
καὶ ἄφες ἡμῖν τὰ ὀφειλήματα ἡμῶν,
ὡς καὶ ἡμεῖς ἀφήκαμεν τοῖς ὀφειλέταις
ἡμῶν·
καὶ μὴ εἰσενέγκῃς ἡμᾶς εἰς πειρασμόν,
ἀλλὰ ῥῦσαι ἡμᾶς ἀπὸ τοῦ πονηροῦ.

Unser Vater im Himmel!
Dein Name werde geheiligt.
Dein Reich komme.
Dein Wille geschehe
wie im Himmel so auf Erden.
Unser tägliches Brot gib uns heute.
Und vergib uns unsere Schuld,
wie auch wir vergeben unsern Schuldigern.
Und führe uns nicht in Versuchung,
sondern erlöse uns von dem Bösen.

Denn dein ist das Reich und die Kraft
und die Herrlichkeit in Ewigkeit. Amen.

(Matthäus 6,9–13, Luther 1984)

Dies ist ein Gebet, das Jesus Christus (der Messias) seine Jünger lehrte; manchmal wird es das Vaterunser genannt.

TEIL 1

DER MUSLIMISCHE GLAUBE

Im Namen Allahs, des Allerbarmers, des Barmherzigen.

1

ES GIBT KEINEN GOTT AUSSER ALLAH

DAS MUSLIMISCHE ZEUGNIS

Islam bedeutet die vollkommene Unterwerfung unter die Befehle und den Willen Allahs[1], des einzig wahren Gottes. Die erste und wichtigste Lehre des Islam wird in der *Schahada* (Bekenntnis) verkündet: *La ilaha illa 'lla Muhammadun rasal Allah.* Das bedeutet: Es gibt keinen Gott außer Allah, und Muhammad ist der Gesandte Allahs. Genau dieses Bekenntnis ist es, das – aufrichtig gesprochen und vollständig befolgt – einen Menschen zu einem wirklichen Muslim macht. Es ist diese *Schahada*, die einen Muslim sein ganzes Leben lang leitet.

Der Islam ist eine streng monotheistische Religion. Die Schlüsselsure (Abschnitt) des Korans bezeugt den Monotheismus des Islam.

> *Sprich: „Er ist Allah, ein Einziger,*
> *Allah, der Absolute (Ewige Unabhängige, von Dem alles abhängt).*
> *Er zeugt nicht und ist nicht gezeugt worden ,*
> *und Ihm ebenbürtig ist keiner.“* (Koran 112)

Ein Muslim muss an *einen* Gott glauben, Allah. Der Glaube an Allah ist die Grundlage der *al-Din* (Religion) des Islam. Allah selbst befahl: „Und rufe neben Allah keinen anderen Gott an. Es ist kein Gott außer Ihm“ (Koran 28:88). An anderer Stelle lesen wir: „Gott allein gebührt der reine Glaube“ (Koran 39:3).

Gott ist Einer

Keine menschliche Sprache ist gut genug, um Gott zu beschreiben, denn niemand sonst ist wie Er. Gottes Wesen übersteigt unsere Vorstellungskraft. Dennoch wissen wir, dass Er Einer ist. Allah, der eine wahre Gott, ist uns nicht fern, denn Er ist immer bei uns. Der Koran sagt: „Wir [Gott] sind ihm [dem Menschen] näher als (seine) Halsschlagader“ (Koran 50:16).

Allah ist Einer, und nur Er ist Gott. Er ist der Einzige, der der Anbetung würdig ist. „Und Allah hat gesprochen: ‚Nehmet euch nicht zwei Götter. Er ist der Einzige Gott. So fürchtet Mich allein‘“ (Koran 16:51).

Alle anderen Dinge und Lebewesen, die Menschen kennen oder auch nicht kennen, sind Gottes Geschöpfe, und wir müssen anerkennen, dass alle Formen von Gottes Schöpfung sich in keiner Weise mit Ihm vergleichen lassen. „Sprich: ‚Ich bin nur ein Warner; und es ist kein Gott außer Allah, dem Einzigen, dem Allbezwingenden‘“ (Koran 38:65).

In einem anderen Vers sagt Gott: „Folgt dem, was zu euch von eurem Herrn herabgesandt wurde, und folgt keinen anderen Beschützern außer Ihm“ (Koran 7:3).

Weil Gott also Einer ist, kann niemand anders auch nur ein Atom Anteil an Seiner göttlichen Macht und Autorität haben. Gott allein besitzt göttliche Eigenschaften. Weil Gott Einer und nur Einer ist, ist es eine Sünde und ein Akt des Unglaubens, irgendein anderes Wesen mit Gott gedanklich in Verbindung zu bringen. Der Islam macht deutlich, dass Gott keinen Sohn hat, keinen Vater, Bruder, keine Schwester, Frau oder Töchter. Die vorislamische *(jahiliyya)* Vorstellung, Göttinnen als Töchter Allahs zu bezeichnen *(al-Manat, al-Lat, al-Uzza)* wurde vom Propheten (Friede sei mit ihm) verurteilt, denn Allah braucht keine Töchter. Der eine Gott ist ganz anders als jede Person oder jede Sache, die einem in den Sinn kommen kann. Sein Wesen und seine Eigenschaften sind völlig einzigartig. Keiner ist Ihm gleich.

Gott der Schöpfer

Ein Muslim muss glauben, dass Allah der Schöpfer des Universums ist und all dessen, was es enthält. Der Koran sagt: „Er ist es, Der in Wahrheit die Himmel und die Erde erschuf" (Koran 6:73). Weiter heißt es:

> *Seht, euer Herr ist Allah, Der die Himmel und die Erde in sechs Tagen erschuf, (und) Sich alsdann (Seinem) Reich majestätisch zuwandte: Er lässt die Nacht den Tag verhüllen, der ihr eilends folgt. Und (Er erschuf) die Sonne und den Mond und die Sterne, Seinem Befehl dienstbar. Wahrlich, Sein ist die Schöpfung und der Befehl! Segensreich ist Allah, der Herr der Welten.* (Koran 7:54)

Diese Verse erinnern uns daran, dass sich nichts selbst ins Leben rufen kann. Alles, eingeschlossen die Erde, auf der wir leben, und der Himmel, den wir über uns erblicken, wurde vom allmächtigen Gott geschaffen.

Gott erschafft nicht einfach Seine Geschöpfe und überlässt sie dann sich selbst. Er hört nicht auf, neue Formen zu entwickeln. Er erhält alles, was Er schuf, so wie es Seine Art ist. „Er ist Allah, der Schöpfer, der Bildner, der Gestalter. Ihm stehen die schönsten Namen zu" (Koran 59:24). Er ist der Erhalter des Universums.

Gott hat den Menschen erschaffen und versorgt ihn. Der Koran sagt zur Erschaffung des Menschen:

> *Er ist es, Der euch aus Erde erschuf, dann aus einem Samentropfen, dann aus einem Blutklumpen, dann lässt Er euch als Kind (daraus) hervorgehen, dann (lässt Er euch wachsen) auf dass ihr eure Vollkraft erreichen möget, dann (lässt Er) euch alt werden – wenngleich einige von euch vorher zum Sterben abberufen werden –, und (Er lässt euch leben) damit ihr auf bestimmte Frist erreicht und damit ihr begreifen lernet.* (Koran 40:67)

Gott erschuf alles, was wir sehen und was wir nicht sehen können, durch Seinen göttlichen Befehl „Es sei". Und „es war". Durch diesen Befehl schuf der Herr das Universum und alles, was es enthält.

Es ist die aufrichtige Überzeugung eines Muslimen, dass Allah nach der Erschaffung des Universums und all seiner Geschöpfe nicht ruhte. Er braucht keine Ruhezeit wie Menschen oder Tiere. Gott ist das absolute Leben und frei von solchen Bedürfnissen. Der Koran sagt: „Allah – kein Gott ist da außer Ihm, dem Ewiglebenden, dem Einzigerhaltenden. Ihn ergreift weder Schlummer noch Schlaf. Ihm gehört, was in den Himmeln und was auf der Erde ist" (Koran 2:255). Gott ist aktiv als Schöpfer, als der, der Leben schenkt und es wieder nimmt, als der Erhalter und als der, der als einziger Seine gesamte Schöpfung unter Kontrolle hat.

Die Namen Gottes

Gott ist die oberste Realität. Er offenbarte der Menschheit neunundneunzig schöne Namen *(al-asma al husna),* die auf Seine transzendente Majestät und Einzigartigkeit hinweisen. Der Koran sagt: „Und Allahs sind die Schönsten Namen; so ruft Ihn mit ihnen an. Und lasset jene sein, die hinsichtlich Seiner Namen eine abwegige Haltung einnehmen. Ihnen wird das vergolten werden, was sie getan haben" (Koran 7:180).

In einem von Abu Huraira überlieferten *Hadith*[2] wird der Prophet (Friede sei mit ihm [Fsmi]) mit den Worten zitiert: „Wahrlich, es gibt neunundneunzig Namen Allahs, und wer sie alle rezitiert, wird Eintritt ins Paradies erhalten."[3]

Diese Namen werden nicht benutzt, um Allah zu zerteilen und zu zergliedern, denn Allah kann nicht mehr als Einer sein, sondern um einige Seiner Eigenschaften auszudrücken. Muslime gebrauchen diese Namen, um ihrer Ehrfurcht vor Gott Ausdruck zu verleihen und sie in der Anbetung und im Gebet auszusprechen. Gott darf immer mit einem Namen angerufen werden, der auf die Nöte des Bittstellers eingeht. Wir werden einige dieser Namen näher beschreiben, wie zum Beispiel *Rahman* (der Gnädige), *Rahim* (der Barmherzige) oder *al-Fialil* (der Majestätische).

Gott ist barmherzig

Bis auf eine[4] beginnen alle Suren des Korans mit der *Basmala*[5] – der Aussage „Im Namen Allahs, des Allerbarmers, des Barmherzigen". Die *Basmala* ist der Satz, den ein Muslim rezitieren muss, bevor er irgendetwas tut. Sie erinnert den Gläubigen ständig an Gottes Barmherzigkeit gegenüber Seiner gesamten Schöpfung. Ein sorgfältiger Blick in den Koran zeigt, dass es eine Reihe von *ayat* (Versen) gibt, die Gottes Barmherzigkeit und Liebe zur Menschheit schildern.

Allah sagt im heiligen Koran: „Allah ist es, Der für euch die Nacht gemacht hat, auf dass ihr darin ruht, und den hellichten Tag. Wahrlich, Allah ist der Herr der Gnadenfülle gegenüber der Menschheit, jedoch die meisten Menschen danken (Ihm dafür) nicht" (Koran 40:61).

In einem anderen Vers sagt Gott:

> *Allah ist es, Der die Erde für euch als festen Grund und den Himmel als Bau geschaffen hat und Der euch Gestalt gegeben und eure Gestalten schön gemacht hat und euch mit guten Dingen versorgt hat. Das ist Allah, euer Herr. Segenreich ist darum Allah, der Herr der Welten.* (Koran 40:64)

Die Menschen genießen die Barmherzigkeit Gottes, der freundlich und gut ist. Gottes Barmherzigkeit gilt jedem, sei er gläubig oder ungläubig, gehorsam oder ungehorsam, Muslim oder Nicht-Muslim, schwarz oder weiß.

Der Koran stellt fest: „Allah ist es, der die Himmel und die Erde erschuf und Wasser aus den Wolken niederregnen ließ und damit Früchte zu eurem Unterhalt hervorbrachte; und Er hat euch die Schiffe dienstbar gemacht, damit sie auf dem Meer auf Seinen Befehl fahren, und Er hat euch die Flüsse dienstbar gemacht" (Koran 14:32). Er fährt fort: „Und Er gab euch alles, was ihr von Ihm begehrtet; und wenn ihr Allahs Wohltaten aufzählen wolltet, würdet ihr sie nicht vollständig erfassen können. Siehe, der Mensch ist wahrlich frevelhaft, undankbar" (Koran 14:34).

Gottes Barmherzigkeit gegenüber Seiner Schöpfung ist unermesslich. Wir können uns die Güte, die Er der Menschheit erweist, weder vorstellen noch sie messen. Er gibt den Menschen Nahrung und Trank, Bewegungsfähigkeit und alles, was sie zum Leben nötig haben. Er sorgt für sie ungeachtet ihres Verhaltens. Gott schuf die Menschen in der bestmöglichen Form und schenkt ihnen alles, was sie zum geistlichen und körperlichen Wachstum brauchen. Gott gibt ihnen all das aus Seiner Barmherzigkeit heraus. Gott ist der Allerbarmer, und durch Sein Erbarmen finden Menschen Frieden, innere Ruhe, Hoffnung und Zuversicht. Die Barmherzigkeit Gottes ist real und aktiv, sie durchdringt alle Dimensionen menschlicher Erfahrung.

Darüber hinaus hat Gott versprochen seine Liebe auf alle auszuweiten, die Seinem Willen gehorchen. Seine Barmherzigkeit gilt allen Menschen, seine Liebe allen, die sich Seinem Willen unterwerfen. Der Koran sagt: „Sprich (o Muhammad zur Menschheit): ‚Wenn ihr Allah liebt, so folgt mir. Lieben wird euch Allah und euch eure Sünden vergeben; denn Allah ist Allvergebend, Barmherzig‘ „(Koran 3:31).

Gott ist allmächtig

Nachdem wir gesehen haben, dass Gott vergebend und barmherzig ist, müssen wir auch festhalten, dass Er der einzige Gott ist, der alle Macht besitzt. Niemand außer Allah kann einem Menschen Gutes tun oder ihm schaden. Gott allein kann menschliche Bedürfnisse stillen und Leben schenken und es wieder nehmen. Der Heilige Koran verkündet: „Weißt du denn nicht, dass Allah die Herrschaft über die Himmel und die Erde gehört? Und außer Allah habt ihr weder Freund noch Helfer“ (Koran 2:107). In Gott allein ruht die Autorität, Macht in den Himmeln, auf der Erde und über die gesamte Schöpfung auszuüben.

Nichts und niemand kann Gottes höchste Macht und Autorität in Frage stellen. Er ist der oberste Herr des ganzen Universums sowie Sein Schöpfer. Ein Vers des Koran, der über Gottes souveräne Macht spricht, lautet:

Sprich: „O Allah, Herrscher des Königtums, Du gibst das Königtum, wem Du willst, und nimmst das Königtum, wem Du willst; und Du ehrst, wen Du willst, und erniedrigst, wen Du willst. In Deiner Hand ist das Gute; wahrlich, Du hast Macht über alle Dinge. (Koran 3:26)

Das ist eine ernste Ermahnung Allahs an diejenigen, die auf der Erde Macht ausüben. Sie sollten nicht vergessen, dass Gott Macht verleiht und Herrschern die Macht entzieht, wie es Ihm gefällt. Er ist in der Lage, so zu handeln, weil alle Macht von Ihm ausgeht; Er ist der Herr der Macht.

„Darum ist Allah, der Wahre König, Hoch Erhaben. Es ist kein Gott außer Ihm, dem Herrn des Würdigen Throns. Und wer neben Allah einen anderen Gott anruft, für den er keinen Beweis hat, der wird seinem Herrn Rechenschaft abzulegen haben" (Koran 23:116–117). Dieser Vers erklärt das Wesen von Gottes Macht. Er ist die hoch erhabene Macht, der Souverän, der Herr. Der feste Glaube an das allmächtige Wesen Gottes kann dem Menschen helfen, die bestmögliche Erklärung für viele rätselhafte Dinge zu liefern, die in unserem Leben geschehen.

Allah ist die unbestrittene Autorität, die allein berechtigt ist, Gehorsam entgegenzunehmen und der man auch tatsächlich Gehorsam entgegen bringt. Er ist der Allerhöchste, und jeder Kopf sollte sich Ihm in Unterwerfung und Anbetung beugen. So mächtig Er ist, Gott bleibt rein und frei von aller Sünde und allem Bösen.

Gott ist weise und allwissend

Der allmächtige, barmherzige, wohlmeinende Allah ist darüber hinaus allweise und allwissend. Der heilige Koran lehrt: „Und ob ihr euer Wort verbergt oder es offen verkündet, Er kennt die innersten Gedanken der Herzen. Kennt Er den denn nicht, den Er erschaffen hat? Und Er ist der Nachsichtige, der Allkundige" (Koran 67:13–14).

Muslime nehmen diese Eigenschaften der Weisheit Gottes sehr ernst. Zum Beispiel sollte man keine Sünden im Dunkeln begehen, nur weil man glaubt, dass man nicht bemerkt wird, wenn niemand in der Nähe ist. Gottes Wissen erstreckt sich auch auf alles Sichtbare und Unsichtbare, Gesprochenes und Unausgesprochenes. Nichts bleibt vor Ihm verborgen, weder heimliche Wünsche noch versteckte Absichten.

Gottes Weisheit und Wissen werden in einigen Koranversen besonders betont. Zum Beispiel heißt es dort:

> *Alles Lob gebührt Allah, Dessen ist, was in den Himmeln und was auf Erden ist, und Sein ist alles Lob im Jenseits; und Er ist der Allweise, der Allkundige. ... Nicht einmal das Gewicht eines Stäubchens in den Himmeln oder auf Erden ist vor Ihm verborgen; noch gibt es etwas Kleineres oder Größeres als dieses, das nicht in einem deutlichen Buch stünde.* (Koran 34:1.3)

> *Bei Ihm befinden sich die Schlüssel zum Verborgenen; nur Er kennt sie. Und Er weiß, was auf dem Lande ist und was im Meer. Und nicht ein Blatt fällt nieder, ohne dass Er es weiß; und kein Körnchen ist in der Finsternis der Erde und nichts Feuchtes und nichts Trockenes, das nicht in einem deutlichen Buch (verzeichnet) wäre.* (Koran 6:59)

Es ist der vollkommene Gott, der weiß, was alles in der Gegenwart geschieht und in Zukunft geschehen wird. Er kennt das, was nah ist und was fern, was im Himmel und auf der Erde vor sich geht. Sein Wissen kennt keine Grenzen. Er unterweist die Menschen durch Seine Boten und die Schriften in Seiner Weisheit. Auch offenbart Er den Menschen die Kenntnis der Naturgesetze und Seiner wunderbaren Zeichen in der Schöpfung und der Ordnung des Universums. All das gehört zu Seiner Weisheit und Seinem Wissen.

Gott ist ewig

Als Muslime wird uns nachdrücklich aufgegeben zu glauben und zu wissen, dass Gott ewig ist. Damit erkennen wir an, das Gott keinen Anfang und kein Ende hat, dass Er schon immer da war und immer sein wird. Niemand war vor Ihm da, niemand wird nach Ihm da sein. Er war, als es noch nichts gab, und Er wird sein, wenn es nichts mehr geben wird. Der Koran sagt: „Er ist der Erste und der

Letzte, der Offenbare und der Verborgene, und Er ist der Kenner aller Dinge“ (Koran 57:3).

Der ewige Gott wird nicht durch Zeit, Raum, Ort oder Umstände begrenzt. Weil Er außerhalb der Zeit existiert, altert Er nicht. Gott ist präexistent und ewig, während anderen Existenzformen einmal ein Ende gesetzt ist. Alles was existiert, wird vergehen – außer Gott. Der Koran lehrt: „Alles, was auf (Erden) ist, wird vergehen. Aber das Angesicht deines Herrn bleibt bestehen – des Herrn der Majestät und der Ehre“ (Koran 55:26–27). Diese Lehre ist wichtig, weil sie die Gläubigen daran erinnert, dass wir als Menschen lediglich Gäste auf dieser Erde sind. Gott allein lebt ewig, alles andere hat ein vergängliches Wesen.

Die großartigsten menschlichen Leistungen wie etwa Raumschiffe oder Wolkenkratzer sind in Gottes Augen ein Nichts. Die großen Reiche, die außergewöhnlichen Leistungen in Wissenschaft, Kunst und anderen Bereichen menschlicher Schaffenskraft werden vergehen. Die großen Naturwunder wie die Berge, Täler, Meere, Sterne, die Sonne und der Mond werden gleichermaßen zu der Zeit vergehen, die Gott will. Allein Gott, der höchste Herr des ganzen Universums und der Schöpfer aller Dinge, wird bleiben.

Zusammenfassung

Wenn wir das Wesen und die Werke Gottes zu verstehen versuchen, erfahren wir, dass Gott Einer ist, ohne Partner oder Sohn. Er ist der Schöpfer des Universums und all dessen, was sich darin befindet. Er ist der Erbarmer, dessen Mitgefühl sich auf alle Geschöpfe erstreckt. Er ist gerecht. Er führt und leitet alles. Er ist präexistent und ewig. Er ist allwissend und allweise. Er liebt die Menschen und sorgt für sie, und Seine Barmherzigkeit Seinen Geschöpfen gegenüber kennt keine Grenzen. Er ist heilig und kann weder Sünden begehen noch Schlechtes tun. Er ist unabhängig und einzigartig.

Weil Er einzigartig ist, können die Menschen nicht alles über Gott wissen, und selbst die neunundneunzig Namen Gottes sind bei weitem nicht erschöpfend. Trotzdem kann der Muslim Gott anerkennen, durch Nachdenken, Meditation, das entschiedene Annehmen des Glaubensbekenntnisses *La ilaha illa 'lla* und die vollkommene friedliche Hingabe an seine Befehle und seinen Willen.

EINE CHRISTLICHE ENTGEGNUNG

Christen und Muslime beten denselben Gott an. Beide bezeugen, dass es nur einen wahren Gott gibt, den gerechten und transzendenten Schöpfer aller Dinge im Himmel und auf Erden. Darüber hinaus nehmen Christen in Dankbarkeit die neunundneunzig Namen Gottes an, die Muslime im Gebet und in der Anbetung wiederholen. Selbst die Bezeichnung „Allah" wird von Christen als ein Name Gottes bestätigt. Der Prophet Abraham kannte Gott als El oder Elohim, die hebräische Form des arabischen *Allah*. Es ist kein Wunder, wenn der Koran bekräftigt, dass die Christen den Muslimen am nächsten stehen. Die tiefe muslimische Akzeptanz der Souveränität und Transzendenz Gottes ist ein Zeugnis, auf das Christen hören sollten.

Trotzdem gibt es innerhalb des gemeinsamen Rahmens des Glaubens an einen Gott Unterschiede zwischen Muslimen und Christen. Diese Unterschiede wurzeln in einem unterschiedlichen Verständnis der Beziehung Gottes zu den Menschen. Der Koran betont die Offenbarung der Anweisungen Gottes und seiner Namen. In der Bibel nehmen wir Gott als denjenigen wahr, der sich selbst der Menschheit offenbart.

Das biblische Zeugnis lautet, dass Gott sich entschloss, sich in der persönlichen Begegnung der Menschheit zu offenbaren. Gott als der Eine, der dem Menschen persönlich begegnet, ist unter dem Nahmen *Jahwe* bekannt, dem Gott des Bundes, der „Ich bin", der immer gegenwärtig ist und sein Volk in eine Bundesbeziehung zu sich ruft. *Jahwe* offenbart der Menschheit nicht nur seinen Willen, seine Anordnungen und seine Namen, sondern auch sich selbst in der persönlichen Begegnung.

Die Bibel offenbart, dass *Jahwe* uns in dieser Selbstenthüllung zeigt, dass er der Eine ist, der uns vollkommen liebt. Das biblische Zeugnis sagt uns sogar, dass Gott *Jahwe* sich selbst aus Liebe hingab, für uns litt und uns erlöste. Aus seiner Liebe heraus ist er betrübt, wenn wir betrübt sind, leidet er, wenn wir leiden, unsere Sünden bereiten ihm Schmerzen. Gott liebt uns ganz und gar.

Das christliche Zeugnis sagt, dass Gott uns in eine Bundesbeziehung mit ihm einlädt; er lädt uns ein, den Einen kennenzulernen und Gemeinschaft mit ihm zu erleben, den der Islam durch die ehrfürchtige Wiederholung seiner neunundneunzig wunderbaren Namen preist.

Anmerkungen

[1] *Der Begriff Allah stammt aus dem Arabischen und ist schwer zu übersetzen. Das Wort beschreibt die Einzigartigkeit Gottes, der alle Eigenschaften der Vollkommenheit und der Schönheit in unbegrenztem Maß besitzt. Muslime empfinden, dass das deutsche Wort Gott nicht die wahre Bedeutung des Begriffs Allah wiedergibt. In diesem Buch werden die Begriffe Allah und Gott dennoch gleichwertig gebraucht.*

[2] *Hadith bedeutet prophetische Tradition.*

[3] *Überliefert von Abu Huraira, Sahih Muslim, Band IV (Lahore: M. Ashraf-by Siddiqi, 1975), S. 1409.*

[4] *Sure 9 (At-Taubah).*

[5] *Im Arabischen lautet die Basmala „... Bis-mi-llahi ar-Rahmani ar-Rahim“.*

Im Namen Allahs, des Allerbarmers, des Barmherzigen.

2

DIE SCHÖPFUNG

DIE MUSLIMISCHE SICHT

Seht, euer Herr ist Allah, Der die Himmel und die Erde in sechs Tagen erschuf"[1] (Koran 7:54). Der heilige Koran und die Überlieferungen (Hadith) des heiligen Propheten (Fsmi) beschreiben die muslimische Haltung, die Allah für das Wunder Seiner Schöpfung lobt.

Wir haben bereits erklärt, dass Gott der Schöpfer des Universums und aller lebendigen und nicht lebendigen Dinge ist, die sich darin finden. In diesem Kapitel geht es vor allem darum, die Beziehung zwischen Menschheit, Natur und Gott, dem Schöpfer aller Dinge, zu untersuchen.

Die Erde und das Universum wurden von Gott im Lauf eines langen Prozesses geschaffen, der Schritt für Schritt ablief. Der Koran beschreibt den grundlegenden Prozess der Bildung des Universums folgendermaßen:

> *Haben die Ungläubigen nicht gesehen, dass die Himmel und die Erde eine Einheit waren, die Wir dann zerteilten? Und Wir machten aus dem Wasser alles Lebendige. Wollen sie denn nicht glauben? Und feste Berge haben Wir in der Erde gegründet, auf dass sie nicht mit ihnen wanke; und Wir haben auf ihr gangbare Pässe angelegt, damit sie sich zurechtfinden. Und Wir machten den Himmel zu*

einem wohlgeschützten Dach; dennoch kehren sie sich von seinem Zeichen ab. Und Er ist es, Der die Nacht und den Tag erschuf und die Sonne und den Mond. Sie schweben, ein jedes (Gestirn) auf seiner Laufbahn. (Koran 21:30–33)

Diese Koranverse deuten die Entwicklung der geordneten Welt an. Der Koran bezeugt weiterhin, dass Gott die Himmel und die Erde in sechs „Zeitabschnitten" schuf und dabei nicht ermüdete (Koran 50:38). Gott erschuf das Universum und die Erde in einem geordneten Prozess, der Schritt für Schritt ablief. Wir erfahren außerdem, dass alles Leben im Wasser seinen Anfang nahm, eine Meinung, die von der modernen Wissenschaft gestützt wird. Der Koran bezeugt weiterhin, dass Allah eine Ordnung auf der Erde schuf:

Und Er machte seine Nacht finster und ließ sein Tageslicht hervorgehen. Und Er breitete hernach die Erde aus. Aus ihr brachte Er ihr Wasser und ihr Weideland hervor. Und Er festigte die Berge; (dies alles) als eine Versorgung für euch und für euer Vieh. (Koran 79:29–33)

Wir können aus dem koranischen Zeugnis erschließen, dass Gott nicht nur der Schöpfer des gesamten Universums ist, sondern dass Er es auch auf geordnete und verständliche Weise erschuf. Möglicherweise stehen die Menschen in Gottes Schöpfungsprozess an letzter Stelle. Gott schuf die Dinge im Himmel[2], die Dinge auf der Erde, die Dinge zwischen Himmel und Erde und die Dinge unter der Erdoberfläche. „Sein ist, was in den Himmeln und was auf Erden ist und was zwischen beiden und was unter dem Erdreich liegt" (Koran 20:6).

Zusammengefasst sagt der Koran Folgendes zur Schöpfung: Erstens gab es sechs Zeitabschnitte für die Schöpfung im Allgemeinen. Zweitens griffen diese Phasen bei der Erschaffung der Himmel und der Erde ineinander. Drittens war das Universum ursprünglich eine formlose zusammenhängende Masse, die Gott kraft Seiner Macht und Seines Willen aufbrach. Viertens gibt es eine Vielzahl von Himmeln und die Erde, wobei sieben Himmel besonders betont werden. Fünftens gibt es zwischen den Himmeln und der Erde eine

Zwischenwelt der Planeten und Himmelskörper. Sechstens ist Gott allein der Schöpfer der Natur und des Universums, und nichts davon darf mit Gott gleichgesetzt oder angebetet werden, denn Gott erhebt sich transzendent über die Schöpfung. Siebtens und letztens schuf Gott alles auf geordnete und verständliche Weise.

Der Mensch als *khalifa*

Es ist angemessen, uns selbst die Frage vorzulegen, welche Rolle Gott uns Menschen gab, soweit es die Schöpfung betrifft. Wir haben bereits gesagt, dass der Mensch ein Teil der Schöpfung ist und möglicherweise das letzte Wesen, das Er erschuf. Die Menschen wurden auf besondere Weise erschaffen. Der Herr des Universums verlieh ihnen die Fähigkeit zu lernen, zu sprechen, zu verstehen, Richtiges vom Falschen und Gutes vom Bösen zu unterscheiden. Weil sie allein diese Fähigkeiten besitzen, genießen sie eine besonders hohe Stellung in der Hierarchie aller bekannten Kreaturen in den Himmeln wie auf der Erde.

Der erste Mensch, den Gott erschuf, war Adam. Er war das erste menschliche Wesen, das in den Himmeln oder auf der Erde in Erscheinung trat. Adam wurde als *khalifa* (Vizeregent oder Stellvertreter) Gottes auf der Erde erschaffen. Dem heiligen Koran nach sagte Gott den Engeln:

> *Und als dein Herr zu den Engeln sprach: „Wahrlich, Ich werde auf der Erde einen Nachfolger einsetzen", sagten sie: „Willst Du auf ihr jemanden einsetzen, der auf ihr Unheil anrichtet und Blut vergießt, wo wir doch Dein Lob preisen und Deine Herrlichkeit rühmen?" Er sagte: „Wahrlich, Ich weiß, was ihr nicht wisset."* (Koran 2:30)

Danach erschuf Gott Adam aus Ton, und er wurde die Namen aller Dinge und das Wissen um ihre Eigenschaften gelehrt (Koran 2:31). „Und Er brachte Adam alle Namen bei, dann brachte Er diese vor die Engel und sagte: ‚Nennt mir die Namen dieser Dinge, wenn ihr wahrhaftig seid!'" (Koran 2:31).

Obwohl Adam die Bezeichnungen aller Dinge in Gegenwart der Engel beigebracht worden waren, konnten sie sich nicht an einen einzigen Namen erinnern, so dass sie erwiderten: „Gepriesen seist Du. Wir haben kein Wissen außer dem, was Du uns gelehrt hast; wahrlich, Du bist der Allwissende, der Allweise“ (Koran 2:32).

Dann bat Gott Adam, den Engeln die Namen aller Dinge mitzuteilen, die er gelernt hatte. Adam gab alle Bezeichnungen korrekt wieder, sehr zur Überraschung der Engel. Deshalb verkündete Gott, dass das Wissen seines *khalifa* auf Erden dem Seiner Engel überlegen sei. Er befahl all seinen Engeln, sich vor Adam zu verbeugen; alle gehorchten, bis auf *Iblis* (Satan), der sich hochmütig weigerte und so den Glauben ablehnte (siehe Koran 2:34).

Etwa zu dieser Zeit schuf Gott eine Gefährtin (Frau) für Adam, damit er Gesellschaft habe. Ihr Name war Hauwa (Eva). Der Koran sagt:

> *Und Wir sprachen: „O Adam, verweile du und deine Gattin im Garten und esset uneingeschränkt von seinen Früchten, wo immer ihr wollt! Kommt jedoch diesem Baum nicht nahe, sonst würdet ihr zu den Ungerechten gehören.“* (Koran 2:35)

Wir haben bereits bemerkt, dass Allah die Menschen auf besondere Weise erschuf und ihnen eine besondere Stellung verlieh. Adam war als *khalifa* Gottes vorgesehen. Dann brachte Gott ihm die Namen aller Geschöpfe bei, die Adam perfekt zu beherrschen lernte. Dann befahl Gott den Engeln, sich vor dem Menschen niederzuwerfen, was bis auf Satan alle taten.[3] Was hat all das zu bedeuten? Es bedeutet, dass Gott dem Menschen die Möglichkeit einräumte, die Kontrolle über alle Dinge auszuüben, denn den Namen einer Sache zu besitzen bedeutet auch Macht darüber auszuüben. Der Koran sagt: „Wahrlich, die Erde ist Allahs; Er vererbt sie unter Seinen Dienern, wem Er will, und der Ausgang (aller Dinge) ist für die Gottesfürchtigen“ (Koran 7:128).

Gott erwies dem Menschen, seinem *khalifa,* die Ehre, ihm die Autorität über seine zahllosen Geschöpfe anzuvertrauen. Die Menschen erhielten den Auftrag, die Natur zu ihrem eigenen Wohlergehen zu gebrauchen (Koran 22:72). Als *khalifa* sind die Menschen dazu erwählt, das Land zu bebauen und ihr Leben durch Wissen und Sinn zu bereichern. Die Natur ist dem Menschen unterworfen. Die höhere Stellung, die der Mensch in den Augen Gottes innehat, schenkt ihm Autorität über die ganze Schöpfung. Allein die Menschen genießen das Recht, im Gehorsam gegenüber Gottes Geboten die Natur zu ihrem eigenen Wohlergehen zu nutzen.

Der Koran lehrt:

> *Allah ist es, Der euch das Meer dienstbar gemacht hat, auf dass die Schiffe darauf nach Seinem Geheiß fahren. ... Und Er hat das für euch dienstbar gemacht, was in den Himmeln und auf Erden ist; alles ist von Ihm. Hierin liegen wahrlich Zeichen für Leute, die nachdenken.* (Koran 45:12–13)

Das hier erwähnte Meer ist nur ein Beispiel für Allahs wunderbare Sorgfalt, mit der Er alles in der Natur in den Dienst des Menschen stellte. Während sich die Menschheit die Natur zu ihrem eigenen Wohlergehen nutzbar macht, sollte sie niemals vergessen, dass alles von Gott kommt. Die Menschen sind lediglich Gottes *khalifa* auf der Erde. Sie sollten im Gehorsam gegenüber Gottes offenbarten Geboten verantwortlich mit der Natur umgehen.

Die Rechte der Natur

Obwohl die höhere Stellung des Menschen ihm Autorität über Gottes Schöpfung verleiht, überschreitet er manchmal seine Grenzen. Der Islam lehrt, dass die gesamte Schöpfung gewisse Rechte besitzt, die von der Menschheit nicht verletzt werden dürfen. Das bedeutet, dass die Menschen nicht die Freiheit besitzen, die Natur zu misshandeln. Es ist das grundlegende Recht von Gottes Schöpfung (der Natur), sich nicht durch ergebnislose Unternehmungen auszehren zu lassen, und sie sollte auch nicht unnötig verletzt, beschädigt oder zerstört werden. Zum Beispiel missbilligt der Islam das nutzlose Fällen oder Abschneiden von Bäumen und Büschen. Der *khalifa* kann die Früchte und andere Produkte von Wald- und Grasland benutzen, doch besitzt er nicht das Recht, sie mutwillig zu zerstören. Schließlich sind auch Pflanzen etwas Lebendiges. „Und vom Himmel senden Wir Wasser hernieder, das voll des Segens ist, und bringen damit Gärten und Korn zum Ernten hervor ... als Versorgung für die Diener“ (Koran 50:9–11).

Der *khalifa* hat die Freiheit, die Planeten über der Erde zu erforschen, aber er besitzt nicht das Recht, zu versuchen sie zu zerstören. Der Islam verbietet selbst die Verschwendung unbelebter Dinge. Er billigt nicht einmal, Wasser verschwenderisch laufen zu lassen; er empfiehlt lediglich eine begrenzte und vorgeschriebene Menge, die man für den *wadu* (Waschung) oder *ghusul* (Vollbad) benutzen sollte.

Selbst bei der Nahrung erlaubt Allah weder Verschwendung noch Exzess. Es ist falsch, sich zu überfressen, wenn andere hungrig sind. Muslimen ist es erlaubt, Tiere zu schlachten, um sie zu essen, doch es ist verboten, sie zum Vergnügen, aus sportlichem Ehrgeiz oder aus Boshaftigkeit zu töten. Und wenn ein Tier geschlachtet wird, sollte man ihm so wenig Schmerz zufügen wie nur irgend möglich. Der Name des Leben Spendenden wird vor der Schlachtung angerufen, um daran zu erinnern, dass man Leben nicht gedankenlos nehmen darf, sondern nur mit dem Ziel, etwas zu essen zu haben. Die Jagd ist nur zur Nahrungsbeschaffung erlaubt. Allerdings dürfen gefährliche und giftige Tiere getötet werden, weil menschliches Leben einen höheren Wert als das eines gefährlichen Tieres besitzt. Wiederum sollten sie so getötet werden, dass es ihnen möglichst wenig Schmerzen zufügt. Lasttiere müssen freundlich und menschlich behandelt werden. Vögel sollten nicht in Käfigen gehalten werden, außer es gibt einen stichhaltigen Grund.

Zusammenfassung

Zusammenfassend lässt sich sagen, dass Gott, der Schöpfer aller Dinge, die Menschheit gelehrt hat, sich die Natur zunutze zu machen, Verschwendung und Zerstörung aber in jeder Hinsicht zu vermeiden. Der barmherzige Allah hat den Menschen die Natur zur Verfügung gestellt, damit sie sie am Leben erhält; ihnen ist darum aufgetragen, aus den von Gott geschaffenen Mitteln das Beste zu machen. Diese Gaben im Gehorsam gegenüber Gottes Geboten verantwortlich zu verwalten, ist der Schlüssel zur muslimischen Haltung im Umgang mit der Natur.

EINE CHRISTLICHE ENTGEGNUNG

Islam und Christentum erkennen beide an, dass die Natur eine wunderbare Schöpfung Gottes ist. Die Menschen sind von Gott berufen, die Natur dankbar und verantwortlich zu nutzen. Die Zerstörung und selbstsüchtige Ausbeutung der Natur wird von Christen wie auch Muslimen verurteilt. Christen identifizieren sich zutiefst mit der muslimischen Wertschätzung der Natur als guter und wunderbarer Schöpfung Gottes. Sie erkennen ebenfalls beide ihre Abhängigkeit von Gott bei der verantwortungsvollen Nutzung natürlicher Ressourcen an.

Trotzdem scheint es zwischen dem muslimischen und dem christlichen Naturverständnis einige Unterschiede zu geben. Zum Beispiel erfahren wir im Islam, dass Gott den Menschen die Namen aller Dinge lehrte; im biblischen Bericht lesen wir, dass dem Menschen aufgetragen wurde, die Tiere zu benennen. Im Islam ist die Menschheit der *khalifa* Gottes auf Erden; im Christentum wird den Menschen aufgetragen, sich die Erde untertan zu machen. Weist das darauf hin, dass den Menschen im biblischen Bericht beträchtliche persönliche Freiheit, Autorität und Verantwortung zugebilligt wird, um die Natur für ihr eigenes Wohlergehen zu nutzen?

Allerdings sagt die Bibel nachdrücklich, dass ein Mensch sich an seiner Beziehung zur Natur am meisten freuen kann, wenn er auch in einer richtigen und fröhlichen Beziehung mit Gott lebt.

Es ist das Anliegen der Bibel, den Sinn des Lebens aufzudecken; sie ist kein Buch, das wissenschaftliche Informationen enthält. Ein Teil der biblischen Offenbarung zeigt, dass die Erde Gottes gute und geordnete Schöpfung ist. Darüber hinaus sagt die Bibel nichts. Es liegt in der Verantwortung des Menschen zu verstehen, wie Gott die Erde zusammengesetzt hat, und die Geheimnisse der Naturgesetze zu erforschen. In der Bibel lesen wir, dass Gott dem Menschen befahl, sich die Erde „untertan zu machen“, sie zu „füllen“, zu „bebauen“, über sie zu „herrschen“ und sie zu „bewahren“.

Anmerkungen

[1] *Muslimische Korankommentatoren glauben, dass die sechs Tage eine metaphorische Bedeutung besitzen. Ein Tag kann aus der Sicht Gottes zwischen 1000 bis zu 50 000 Jahren unserer Zeitrechnung dauern (siehe Koran 70:4). Bei diesen Schöpfungstagen handelt es sich in Wirklichkeit um sechs lange Zeitabschnitte.*
[2] *Nach muslimischem Glauben gibt es sieben Himmel: „Allah ist es, Der sieben Himmel erschuf" (Koran 65:12).*
[3] *Manche muslimischen Gelehrten vertreten die Ansicht, dass* Iblis *(Satan) kein Engel, sondern ein* Jinn *(Geist) war und eine Gruppe von* Jinn *anführte, die Allah nicht gehorchten.*

Im Namen Allahs, des Allerbarmers, des Barmherzigen.

3

ADAM UND HAUWA

DIE MUSLIMISCHE GLAUBENSAUFFASSUNG

„Wenn Ich ihn nun vollkommen geformt und ihm Meinen Geist eingehaucht habe, dann werft euch vor ihm nieder" (Koran 15:29). In einem weiteren Koranvers sagt Allah: „Dein Herr [sprach] zu den Engeln ...: ‚Wahrlich, Ich werde auf der Erde einen Nachfolger *(khalifa)* einsetzen'" (Koran 2:30). Muslimische Gelehrte sind sich nicht völlig einig darüber, was es bedeutet, den Menschen als *khalifa* (Vizeregent) Gottes zu bezeichnen oder Gottes Geist zu empfangen. Einige moderne muslimische Gelehrte glauben, der koranische Befund weise darauf hin, dass der Mensch in gewisser Hinsicht Gott ähnlich ist. Der orthodoxe Glaube lehnt die Vorstellung von der Gottesebenbildlichkeit des Menschen dagegen ab. Dass Gott dem Menschen Seinen (Gottes) Geist einhaucht, wird von einigen Gelehrten mit der menschlichen Fähigkeit erklärt, Wissen und Willen zu besitzen, die – richtig eingesetzt – dem Menschen Überlegenheit über die gesamte Schöpfung schenken. Das bedeutet allerdings nicht, Gott zum Menschen zu machen, denn Gott ist absolut transzendent.

Trotzdem ist der Mensch ein würdevolles Wesen, dem Gottes Geist eingeflößt wurde, und ihm wurde aufgetragen, Sein *khalifa* auf Erden zu sein. Dem Menschen wurde das Amt des *khalifa* anvertraut, weil er allein von Gottes Geschöpfen mit verstandesmäßigen

Fähigkeiten, geistlichem Streben und der Macht bewusster Handlungen begabt ist. Allah hat dem Menschen eine begrenzte Autonomie zugestanden, ihn zu seinem *khalifa* auf der Erde ernannt und ihn nachdrücklich angewiesen, Seiner Führung und Leitung entsprechend zu leben.

Weil Gott dem Menschen Seinen Geist eingehaucht hat, hat der Mensch etwas Besonderes an sich, etwas, das er zumindest zu einem gewissen Grad beibehalten musste. Dieses Besondere ist Folgendes:

a) Die Fähigkeit (das Wissen), zwischen Richtig und Falsch, Gut und Böse, Realität und Illusion zu unterscheiden.
b) Der freie Wille, der zwischen Gut und Böse, Wahr und Falsch, Recht und Unrecht wählen kann.
c) Die Autorität, sich die Dinge um sich herum zu eigen zu machen und sie zu gebrauchen.
d) Die Fähigkeit, zu sprechen, die Anbetung des Schöpfers in Worten auszudrücken.

Alle oben genannten Punkte sind geistliche Eigenschaften, die Gott dem Menschen anvertraut hat, und wenn sie in richtiger Weise gebraucht werden, versetzen sie den Menschen in die Lage, sich dem Willen Allahs zu unterwerfen. Weiterhin halten wir fest, dass Gott den Menschen bei Seiner Schöpfung angewiesen hat, nur Ihn und niemanden sonst anzubeten. Er stellte den Menschen für eine bestimmte Zeit auf die Erde, um ihn daraufhin zu prüfen, wie er die besonderen geistlichen Eigenschaften einsetzte, die Gott ihm mitgegeben hatte. Gott schuf den Menschen, damit er Ihn anbetete, nicht damit er Ihm in irgendeiner Weise gleich oder ein Rivale sei. Die geistlichen Eigenschaften des Menschen entsprechen also seiner begrenzten Natur.

So gut der Mensch auch sein mag, kann er sich doch nicht mit der Güte und Vollkommenheit Allahs, seines Schöpfers, messen. Die Geschichte hat gezeigt, dass der Mensch nachlässig, achtlos und vergesslich ist. Er ist gut, aber unvollkommen. Und weil er unvollkommen ist, muss er ständig daran erinnert werden. Darum sandte

Gott Seine Propheten und Boten, um dem Menschen zu helfen, Vollkommenheit zu erreichen. Durch die Propheten hat Gott den Menschen immer wieder an das Gesetz Gottes erinnert.

Die ersten Muslime

Der Islam bezeugt, dass Adam, Allahs erster *khalifa* auf Erden und der erste Mensch der Schöpfung, auch der erste Prophet war, der gesandt wurde, um der Menschheit Führung und Orientierung zu geben. Die Prophetie beginnt mit dem ersten Menschen. Dem ersten Menschen auf der Erde wurde eine klare Leitlinie und ein Gesetz gegeben, dem er folgen und das er seinen Nachkommen weitergeben sollte. Dieses Gesetz war und ist der „Islam", die Unterwerfung unter Allah.

Es ist die ernsthafte Überzeugung eines Muslimen, dass diese erste Phase des Lebens auf der Erde nicht in Sünde und Rebellion gegen den Schöpfer begann. Obwohl Adam und Hauwa (Eva) nach der Versuchung durch Satan aus dem himmlischen Garten vertrieben und zur Erde herab gesandt wurden[1], erkannten sie ihre Sünde und bereuten. Sie baten Gott um Vergebung. Ihnen wurde die notwendige Führung und Orientierung gewährt. Adam war ein wahrer Prophet Allahs. Sie waren die ersten wahren Muslime.

Dies wird im Koran deutlich offenbart. Wir lesen: „Sie sagten: ‚Unser Herr, wir haben gegen uns selbst gesündigt; und wenn Du uns nicht verzeihst und Dich unser erbarmst, dann werden wir gewiss unter den Verlierern sein'" (Koran 7:23). Der barmherzige Allah sandte sie mit den Worten zur Erde: „Da sprachen Wir: ‚Geht (vom Paradies) hinunter! Der eine von euch sei des anderen Feind. Und ihr sollt auf der Erde Wohnstätten und Versorgung auf beschränkte Dauer haben'" (Koran 2:36).

Trotzdem ist die Anwesenheit des Menschen auf der Erde keine Bestrafung, sondern eine Prüfung, ob er sich Allahs Willen beugt. Obwohl Er sie nach der Versuchung durch den Satan auf die Erde schickte, vergab Er ihnen ganz gewiss. Der Koran sagt: „Da empfing Adam von seinem Herrn Worte, worauf Er ihm verzieh; wahrlich, Er ist der Allverzeihende, der Barmherzige" (Koran 2:37).

Weil Gott der All-Liebende, der All-Barmherzige ist, trotz der Fehler des Menschen, sicherte Gott ihm seine Führung zu. Er sagte: „Geht hinunter von hier allesamt! Und wenn dann zu euch Meine Rechtleitung kommt, brauchen diejenigen, die Meiner Rechtleitung folgen, weder Angst zu haben, noch werden sie traurig sein“ (Koran 2,38).

So wurde dem ersten Menschen Inspiration und Führung für die gesamte Menschheit geschenkt. Gott sichert dem Menschen zu, dass jeder, der dieser Führung folgt, frei von Angst um die Gegenwart und die Zukunft ist und nicht um die Vergangenheit zu trauern braucht.

Viele Muslime glauben, dass Adam und Hauwa zunächst im Himmlischen Garten waren, um ihre Haltung auf die Probe zu stellen, bevor sie auf die Erde gesandt wurden, wo sie zu *khalifa* ernannt wurden.[2] Der Garten war der geeignetste Ort für diese Prüfung, weil er tatsächlich das Paradies war *(Janna)*. Dem Menschen wurde gezeigt, dass das Paradies der angemessene Ort für ihn sei, dass er jedoch nicht im Paradies bleiben könne, wenn er den Versuchungen Satans nachgebe. Die einzige Möglichkeit, den „Garten“ wieder zu gewinnen, bestand darin, dem Satan entschieden und mit Erfolg entgegen zu treten, indem der Mensch Gottes Gesetz gehorchte. Der Prophet Adam empfing wahre Führung und Leitung, so dass er selbst, seine Familie und Nachkommen sich dem Willen Allahs unterwerfen und so das Paradies wieder erlangen könnte.

Es ist bedeutsam, dass Hauwa (Eva) genau so wie Adam die Verantwortung dafür übernehmen musste, Satan nachgegeben zu haben. Beide wurden versucht, beide bereuten, beide wurden vom barmherzigen Allah gesegnet, beiden wurde vergeben. Beide waren wahre Muslime. Mann und Frau sind in den Augen Gottes gleich. Beide sind Gottes *khalifa* auf Erden. Kein Muslim sollte der Frau die Schuld am ersten Fehler der Menschheit zuweisen. Im Islam ist die Frau dem Mann nicht untergeordnet und der Mann nicht der Frau.

Die Schwachheit der Menschheit

Alle Menschen werden als wahre Muslime geboren, unschuldig, rein und frei (Koran 30:30). Noch keine Handlung hat den menschlichen Willen entstellt und verdreht. Jede Vorstellung von Erbsünde steht den wahren Lehren des Islam entgegen. Es bedeutet keine Sünde für den Menschen, fehlbar zu sein. Als begrenztes Geschöpf ist er notwendigerweise unvollkommen. Es wird allerdings zur Sünde, wenn der Mensch die Mittel in der Hand hält, um Vollkommenheit zu erreichen, und sich entscheidet, von ihnen keinen Gebrauch zu machen. Der Mensch ist nicht dafür verantwortlich, wenn er in seiner Kindheit eine Sünde begeht. Er steht erst für seine Taten ein, wenn er erwachsen geworden ist, ihm Gott Verstand geschenkt hat und er zwischen Recht und Unrecht unterscheiden kann. Erst dann kann er vor seinem Schöpfer die Verantwortung für seine Taten übernehmen. Weil der Mensch gut ist, ist es trotzdem zum großen Teil das Ergebnis äußerer Einflüsse und seines Umfelds, was aus ihm nach seiner Geburt wird.

Obwohl der Mensch ein gutes und verantwortliches Wesen ist, liegt es in der Verantwortung des einzelnen Gesetzesübertreters, wenn er sündige Handlungen begeht. Nach muslimischer Überzeugung ist Sünde nicht erblich, denn kein Mensch wird als Sünder geboren. In ähnlicher Weise ist Sünde ihrem Wesen nach auch weder etwas Gemeinschaftliches noch lässt sie sich übertragen. Gott hat dem Menschen einen freien Willen geschenkt, und jeder Mensch ist daher für seine Taten persönlich verantwortlich, mögen sie gut oder schlecht sein, richtig oder falsch. Ein Mensch kann seine Freiheit missbrauchen und sich dem Laster hingeben, doch gleichzeitig ist er in der Lage, sich zu bessern und Vergebung zu erfahren, wenn er den aufrichtigen Entschluss fasst, sich Gottes Führung zu unterwerfen. Sünde wird erworben, sie wohnt dem Menschen nicht von Natur aus inne, und deshalb kann ein Mensch der Sünde leicht aus dem Weg gehen, wenn er sich entschließt, seine besonderen Eigenschaften einzusetzen, mit denen er ausgestattet wurde. Sünde ist nicht unvermeidlich, weil der Mensch nicht sündig ist.

Zusammenfassung

Das muslimische Menschenbild lässt sich folgendermaßen zusammenfassen: Der Mensch ist ein würdevolles ehrenwertes Geschöpf, dem Gott Seinen Geist eingehaucht hat. Diesen Geist kann man als gottähnliches Wissen und gottähnlichen Willen bezeichnen; es bedeutet aber nicht, dass der Mensch nach dem Bilde Gottes geschaffen worden wäre, dass er Gott gleich oder sein Rivale wäre. Die geistlichen Eigenschaften, die der Mensch empfangen hat, entsprechen lediglich seinem begrenzten Wesen. Der Mensch wurde darüber hinaus zu Gottes *khalifa* auf Erden gemacht.

Der Islam glaubt nicht, dass die Menschheit sündig ist, sondern lehrt vielmehr, dass der Mensch nicht vollkommen ist. Nur Gott ist vollkommen! Doch der unvollkommene Mensch vergisst und ist nachlässig. Aus diesem Grund muss er ständig durch die Propheten und die Offenbarung an den richtigen Weg erinnert werden.

EINE CHRISTLICHE ENTGEGNUNG

Was ist der Mensch? Das ist die Frage. Was bedeutet es für den Menschen, Gottes Geist zu empfangen? Gewiss bedeutet es, dass Menschen die Krone der Schöpfung sind, wie der Islam bezeugt. Die Bibel sagt, dass der Mensch ein wenig tiefer gestellt ist als die Engel, doch mit Ruhm und Ehre gekrönt ist (Hebräer 2,7).

Das christliche Zeugnis erweitert den islamischen Glauben, dass die Menschheit bei der Schöpfung den Geist Gottes empfing. Die Bibel sagt: „Da nahm Gott, der HERR, Staub von der Erde, formte daraus den Menschen und blies ihm den Lebensatem in die Nase. So wurde der Mensch ein lebendes Wesen“ (1. Mose 2,7). Sie sagt außerdem: „So schuf Gott die Menschen nach seinem Bild, als Gottes Ebenbild schuf er sie und schuf sie als Mann und als Frau“ (1. Mose 1,27). Wenn man sagt, das Menschen nach dem Bild Gottes geschaffen wurden, bedeutet das nicht, dass Gott aussieht wie sie oder dass sie aussehen wie Gott. Es bedeutet, dass Menschen zutiefst gottähnliche Eigenschaften haben. Die Gottesebenbildlichkeit bedeutet insbesondere, dass Menschen die Fähigkeit besitzen, in Gemeinschaft mit Gott zu leben. Menschen können Gott kennen lernen. Sie sind in der Lage, sich an der Bundesbeziehung mit ihrem Schöpfer zu freuen; sie haben eine Persönlichkeit, sie sind Gott ähnlich.

Der Islam betont die intellektuellen Fähigkeiten des Menschen. Der christliche Glaube legt besonderen Wert auf den Menschen als Bundes- oder Gemeinschaftswesen. Im Islam wird die Menschheit erschaffen, um Gottes Willen zu gehorchen. Christen glauben, dass Menschen ihre umfassendste Menschlichkeit dort entdecken, wo sie mit Gott und anderen Menschen in froher Gemeinschaft leben.

Die Bibel schildert auch, was geschieht, wenn Menschen sich von Gott abwenden. Wenn Menschen gegen Gott rebellieren, werden sie böse und sündhaft. Christen glauben, dass das Ebenbild Gottes, nach dem sie geschaffen sind, verzerrt wird, wenn sie nicht in der rechten und frohen Gemeinschaft mit Gott leben. Die Bibel sagt: „Alle sind schuldig geworden und haben den Anteil an Gottes Herrlichkeit verloren" (Römer 3,23).

EINE KLARSTELLUNG VON MUSLIMISCHER SEITE

Es ist zu bezweifeln, ob der Geist Gottes, den Adam nach islamischer Überzeugung empfing, derselbe ist, der den Menschen nach christlichem Verständnis eingehaucht wurde. Wie oben erwähnt, glauben Muslime, dass sich dieser Geist auf das Leben bezieht, das von Gott geschenkt wird und das den Menschen mit Eigenschaften ausstattet, die ihn gegenüber anderen Wesen überlegen machen, vor allem mit überlegener Intelligenz, Wille, Autorität und Sprache.

Anmerkungen

[1] *Auch Satan wurde aus dem Garten vertrieben.*

[2] *A. Maududi,* The Meaning of the Qu'ran, *Vol. I (Lahore: Islamic Publications Ltd., 1971), S. 58–59.*

Im Namen Allahs, des Allerbarmers, des Barmherzigen.

4

SATAN UND DAS BÖSE

DER URSPRUNG DES BÖSEN

Als Muslime glauben wir zutiefst, dass Satan (Iblis) die Quelle und der Mittelpunkt des Bösen ist und bereits vor der Erschaffung von Adam, des ersten Menschen der Geschichte, war. Satan war das erste Geschöpf, das Gott nicht gehorchte und einen Aufstand gegen Ihn anführte, lange vor der Erschaffung des Menschen. Der Heilige Koran berichtet:

> *Und damals sprach dein Herr zu den Engeln: „Ich bin im Begriff, den Menschen aus trockenem, tönendem Lehm zu erschaffen, aus schwarzem, zu Gestalt gebildetem Schlamm. Wenn Ich ihn nun vollkommen geformt und ihm Meinen Geist eingehaucht habe, dann werft euch vor ihm nieder." Da warfen sich die Engel allesamt nieder, außer Iblis; er weigerte sich, unter den Sich-Niederwerfenden zu sein.* (Koran 15:28–30)[1]

Iblis' Ungehorsam war die Quelle und der Ursprung des Bösen unter der Menschheit. Als Gott Iblis fragte, warum er sich geweigert habe, sich niederzuwerfen, antwortete er: „Nimmermehr werde ich mich vor einem Menschen niederwerfen, den Du aus trockenem, tönendem Lehm geschaffen hast, aus schwarzem, zu Gestalt gebildetem Schlamm" (Koran 15:33). Er fügte hinzu, dass er weitaus besser sei als der Mensch, weil er selbst aus Feuer (oder Licht) geschaffen worden sei. Der Mensch dagegen war nur aus Lehm geschaffen worden.

Als Gott den ersten Menschen erschuf, hauchte Er ihm Seinen Geist ein, ernannte ihn zu Seinem *khalifa,* sagte ihm die Bezeichnungen aller Dinge, stellte die Engel auf die Probe, ob sie in der Lage seien, dasselbe zu tun, und als sie scheiterten, befahl Er den Engeln, sich vor Adam niederzuwerfen. Iblis weigerte sich hochmütig. Er wurde ein Ungläubiger. Daher ist er die Quelle alles Bösen.

Iblis war stolz, dass er aus Licht geschaffen worden und daher weitaus besser als der aus Lehm geschaffene Mensch war. Was Iblis allerdings übersehen hatte, war die Tatsache, dass der Mensch, obwohl aus Lehm, in der bestmöglichen Gestalt geschaffen worden war, dass Gott ihm einen Teil Seines Geistes eingehaucht und ihn zu Seinem *khalifa* ernannt hatte. Keine dieser Ehrenbezeugungen hatte Er jemals einem anderen Wesen verliehen, weder im Himmel noch auf der Erde. Wir sehen, dass Arroganz, Egoismus, Eifersucht und Rebellion, die die eigentlichen Quellen des Bösen sind, das exklusive Eigentum Satans waren (und sind).

Weil Iblis sich hochmütig weigerte, sich vor dem Menschen zu verbeugen und sogar die Engel beschimpfte, die sich wie der Mensch niederwarfen, vor dem sie sich verbeugten, wies ihn Gott zurück und verfluchte ihn. Gott sagte: „Hinaus denn von hier; denn wahrlich, du bist verflucht. Der Fluch soll auf dir lasten bis zum Tage des Gerichts" (Koran 15:34–35). Trotz dieser Zurückweisung äußerte Iblis noch eine Bitte, die ihm daraufhin gewährt wurde. Er sagte: „Mein Herr, so gewähre mir einen Aufschub bis zu dem Tage, an dem sie auferweckt werden" (Koran 15:36). Dieser Aufschub wurde ihm bis zu diesem Tag zugestanden. Und wieder schlug derselbe böse Iblis Gott vor:

> *Er sprach: „Mein Herr, da Du mich hast abirren lassen, so will ich ihnen wahrlich (das Böse) auf Erden ausschmücken, und wahrlich, ich will sie allesamt irreführen, außer Deinen erwählten Dienern unter ihnen."* (Koran 15:39–40)

Allah entgegnet dem Iblis, der sogar fälschlicherweise Gott die Schuld für seine Boshaftigkeit zuschiebt:

> *Dies ist ein gerader Weg, den Ich (dir) gewähre. Wahrlich, du sollst keine Macht über Meine Diener haben, bis auf jene der Verführten, die dir folgen. Und wahrlich, Dschahannam*[2] *ist ihnen allen der verheißene Ort. Sieben Tore hat sie, und jedem Tor ist ein Teil von ihnen zugewiesen. Wahrlich, die Gottesfürchtigen werden sich in Gärten und an Quellen befinden. Tretet hinein in Frieden und Sicherheit! Und Wir wollen hinwegnehmen, was an Groll in ihren Herzen sein mag; brüderlich (sollen sie) auf Ruhesitzen einander gegenüber sitzen.* (Koran 15:41–46)

Aus diesem Gespräch lernen wir, dass Iblis seit der Erschaffung der Welt bis in die Gegenwart der Erzfeind der Menschheit ist (Koran 7:14–18). Satan begann bereits den ersten Menschen, den Gott geschaffen hatte, mit seiner Bosheit zu traktieren. Seitdem hört er nicht auf, Menschen in Versuchung zu führen.

Nachdem Gott Iblis verflucht hatte, sagte er zu Adam: „O Adam, weile du mit deiner Gattin in dem Garten und esset, wovon immer ihr wollt, nur nähert euch nicht diesem Baum, sonst werdet ihr Ungerechte sein“ (Koran 7:19).

Zu dieser Zeit waren unser Urvater Adam und unsere Urmutter Hauwa in geistlicher wie materieller Hinsicht völlig unschuldig. Sie waren in einen geistlichen Garten der Unschuld und Wonne hineingestellt worden, der sich nicht auf der Erde, sondern in den Himmeln befand. Sie kannten das Böse nicht. Als Gottes *khalifa* waren sie allerdings durch den Geist Gottes mit der Fähigkeit zu wissen, etwas zu wollen und Entscheidungen zu treffen ausgerüstet. Obwohl sie in der Lage waren, etwas Falsches zu tun, mussten sie eine bewusste Entscheidung treffen, um das Böse abzulehnen. Gott, der Allwissende und Allweise, beschloss seine *khalifa* auf die Probe zu stellen, indem er in einer kleineren Angelegenheit ein Verbot aussprach und sie vor eine Entscheidung stellte. In diesem wunderschönen Garten war es den Menschen lediglich verboten, sich einem bestimmten Baum zu nähern – dem verbotenen Baum. Doch sie gaben der Versuchung des Meisters des Bösen nach.

Zu diesem Vorfall sagt der Koran:

Doch Satan flüsterte ihnen Böses ein, um ihnen das kundzutun, was ihnen von ihrer Scham verborgen war. Er sagte: „Euer Herr hat euch diesen Baum nur deshalb verboten, damit ihr nicht Engel oder Ewiglebende werdet." Und er schwor ihnen: „Gewiss, ich bin euch ein aufrichtiger Ratgeber." (Koran 7:20–21)

So verführte Iblis durch ein Täuschungsmanöver Adam und Hauwa dazu, von dem Baum zu essen, und führte so ihren Fall vom Garten zur Erde herbei. Noch dramatischer ist es, dass ihnen beim Essen zum ersten Mal ihr Schamgefühl bewusst wurde. Schnell bedeckten sie sich mit Blättern aus dem Garten. Bald rief sie ihr Herr zu sich und sagte: „Habe Ich euch nicht diesen Baum verwehrt und euch gesagt: ‚Wahrlich, Satan ist euer offenkundiger Feind'?" (Koran 7:22). Auf diese Weise schaffte es der Fürst des Bösen, die Vorfahren der Menschheit vom geraden Weg abzubringen, vom Willen ihres Herrn.

Wir müssen darüber hinaus in Betracht ziehen, dass Adam und Hauwa die Frucht des verbotenen Baumes aßen, weil Satan sie getäuscht und in Versuchung geführt hatte. Natürlich waren sie ungehorsam gegen Gott und begingen damit eine Sünde, aber gleichzeitig dürfen wir nicht vergessen, dass es sich nicht um willkürlichen und absichtlichen Ungehorsam handelte. Noch einmal halten wir fest, dass sie ihre Sünde sehr schnell begriffen, als Gott sie zu Sich rief. Sie baten Ihn, ihnen zu vergeben. Sie wandten sich nicht von Gott ab. Sie sagten: „Unser Herr, wir haben gegen uns selbst gesündigt; und wenn Du uns nicht verzeihst und Dich unser erbarmst, dann werden wir gewiss unter den Verlierern sein" (Koran 7:23).

Adam und Hauwa empfanden Scham, Schuldgefühle und Reue, weil sie Allah nicht gehorcht hatten. Sie verloren ihre glückselige Existenz im Garten. Darum baten sie Gott um Barmherzigkeit. Als Muslime können wir aus diesem Ereignis schließen, dass der Mensch unvollkommen ist, selbst wenn er im Paradies lebt. Gleichzeitig lernen wir, dass es das menschliche Herz nicht von einer geistlichen Erneuerung abhalten muss, wenn man eine so ernste Sünde wie Adam und Hauwa begangen hat.

Die Menschen wurden als Gottes *khalifa* mit genügend Wissen ausgestattet, um sie zu befähigen, ihre Sünden und Fallstricke zu erkennen. Besser noch, dieses Wissen hilft ihnen zu erkennen, wohin und an wen sie sich wenden können, wenn sie Führung suchen. Der Islam bezeugt, dass Allah in Seiner Barmherzigkeit und Gnade immer bereit ist, die Sünden aller Menschen zu vergeben, wenn sie bewusst Seine Führung suchen und sich entschließen, sich zum Besseren zu verändern. Die schlimmste Sünde im Islam wird mit *shirk* bezeichnet und bedeutet, Allah mit anderen Götzen zu identifizieren. Doch selbst Atheisten, Polytheisten oder Pantheisten kann von Allah vergeben werden, wenn sie ihre Sünden vor Allah bekennen und sich aufrichtig Seinen Geboten und Seinem Willen unterwerfen.

Als Adam und Hauwa Allah um Barmherzigkeit und Vergebung baten, fehlten ihnen die Worte, um es richtig auszudrücken, doch Allah, der allbarmherzig und über alle Maßen vergebungsbereit ist, verzieh ihnen, wie der Koran bezeugt: „Da empfing Adam von seinem Herrn Worte, worauf Er ihm verzieh; wahrlich, Er ist der Allverzeihende, der Barmherzige" (Koran 2:37). Adam und Hauwa wurden so von der Sünde des Ungehorsams freigesprochen, und ihre zukünftigen Nachfahren wurden gegen ihre Auswirkungen immunisiert. Allah nahm nicht nur Adams Buße an, sondern ging noch weiter und ernannte ihn zu seinem Botschafter, seinem Gesandten, um der Menschheit Führung zu geben.

Trotzdem sandte Allah, nachdem Er Adam und Hauwa verziehen hatte, sie aus dem Himmlischen Garten hinunter auf die Erde. Die Vertreibung aus dem Paradies schloss Iblis, den bitteren Feind des Menschen, ein. Dies zeigt sich im Ausdruck „die einen von euch seien der anderen Feinde" (Koran 7:24), der bedeutet, dass Gott verfügte, dass Iblis und Mensch einander als Gegner betrachten sollten. Iblis tut sein Möglichstes, um den Menschen vom Pfad Gottes abzubringen und auf den Pfad des Bösen zu führen. Doch dem Menschen ist durch die göttliche Führung aufgetragen, Iblis als seinen Feind Nummer eins zu bekämpfen. Es gehört weiterhin zur Erkenntnis des Islam, dass das Böse nur diejenigen anrührt, die ihm nachgeben, und dass es keine Macht über Allahs aufrichtige Diener besitzt, denen aufgrund Seiner Barmherzigkeit vergeben wurde.

Im Islam lässt sich Sünde also vermeiden, wenn jemand Allah aufrichtig anbetet. Sie lässt sich vergeben, wenn der Sünder vor Allah seine Verfehlungen bekennt. Sie ist nicht erblich.

Zusammenfassung

Der Islam bezeugt, dass Iblis, der Allah bereits vor der Erschaffung der Welt ungehorsam war, die Quelle des Bösen ist. Obwohl der erste Mensch, Adam, und seine Frau, Hauwa, sündigten, stand nicht die bewusste Absicht dahinter, ihrem Schöpfer ungehorsam zu sein. Sie wurden vom Meister des Bösen verführt – Iblis. Sie bekannten Allah aufrichtig ihre Verfehlung, der ihnen Verzeihung gewährte. Die Menschheit leidet nicht aufgrund Adams Ungehorsam unter der Sünde und dem Bösen. Sie ist nicht erblich. Nachdem Adam Reue gezeigt hatte, wurde er zu Allahs erstem Botschafter auf der Erde gemacht. Er sollte seinen Kindern Führung geben. Wie könnte Gott einem Übeltäter ein solch hohes Amt übertragen?

EINE CHRISTLICHE ENTGEGNUNG

Das Christentum bezeugt, dass der Ursprung des Bösen im Missbrauch persönlicher Freiheit liegt. Satan missbrauchte seine Freiheit. Er rebellierte gegen Gott und wurde daraufhin über alle Maßen böse. Unzählige Engel und Geister sind seinem Beispiel gefolgt. Die Bibel bezeugt, dass Satan Menschen zur Sünde verführte und dass sie sich entschlossen, Satans Verführung nachzugeben. Adam und Eva entschlossen sich, Gott nicht zu gehorchen. Sie nahmen die Frucht, die Gott verboten hatte. Sie rannten vor Gott weg und versteckten sich zwischen den Bäumen. Sie trafen die Entscheidung, sich von Gott abzuwenden (1. Mose 3,1–24).

Die Entscheidung der Menschheit, sich von Gott abzuwenden, ist die Wurzel des Bösen. In unserem Ungehorsam werden wir böse. Das Bild Gottes, in dem wir geschaffen sind, wird auf tragische Weise verzerrt, weil wir uns kollektiv und als Einzelne von Gott abgewandt haben. Gott kann man dafür nicht die Schuld zuschieben. Wir selbst haben uns von Gott abgewendet. Aus diesem Grund erfahren wir Schuld und Tod. Die Bibel sagt: „Der Lohn, den die Sünde zahlt, ist der Tod“ (Römer 6,23).

Anmerkungen

[1] *Siehe auch Koran 7:11; 2:34.*
[2] *Hölle (Anmerkung des Übersetzers).*

Im Namen Allahs, des Allerbarmers, des Barmherzigen.

5

DIE BÜCHER GOTTES

WAS SIND DIE SCHRIFTEN DES ISLAM?

Adam war der erste Mensch, der Führung von Gott empfing. Nachdem er Reue über seine Sünden gezeigt hatte (wie im vorherigen Kapitel besprochen), wurde ihm vergeben. Gleichzeitig versprach Gott Adam, ihm Führung zu geben. Er sandte Adam als Seinen *khalifa* auf die Erde und ernannte ihn zu seinem ersten Botschafter, um seinen Kindern und dem Rest der Menschheit Führung zu geben.

Sobald Adam und seine Kinder sich auf der Erde niedergelassen hatten, begann Satan wieder mit seinen schmutzigen Tricks. Doch jedesmal, wenn Chaos, Verwirrung oder Böses die menschliche Gesellschaft zu erfüllen drohten, schickte Gott einen Botschafter, um die Gesellschaft zu bessern. Diese Botschaft war oft in den Heiligen Büchern (Schriften) enthalten, die Seinen Propheten und Botschaftern offenbart wurden. Nicht allen Propheten und Botschaftern wurden allerdings solche Heiligen Bücher in die Hand gegeben. Gott offenbarte Seine Göttlichen Bücher lediglich einigen Propheten und Botschaftern.

Der Glaube an die vier Heiligen Bücher (Schriften) Allahs spielt eine zentrale Rolle für unseren Glauben als Muslime. Alle diese vier Bücher sind heilig und stammen ursprünglich von Gott. Sie sind auf die ewigen Tafeln im Himmel geschrieben. Von Zeit zu Zeit sandte

Gott genaue Kopien dieser göttlichen, himmlischen Schriften auf die Erde *(tanzil)*. Diese geoffenbarten Schriften bestehen aus vier Büchern. Sie haben vieles gemeinsam, und alle vier Bücher verfolgen dieselbe Absicht: die Menschheit zu bessern. Sie bestätigen einander. Von Muslimen wird verlangt, dass sie sie vollständig akzeptieren und an sie glauben. Wie Sie in der folgenden Liste bemerken werden, gibt es darüber hinaus auch noch ein fünftes Buch Gottes, dass nicht verfügbar ist, weil es verloren ging. Die Bücher sind:

Die *Suhuf* (Schriftrollen): Dies sind die zehn Heiligen Schriften, die dem Propheten Ibrahim (Abraham) (Fsmi) offenbart wurden, doch unglücklicherweise sind sie verschollen, und in der heutigen Weltliteratur findet sich keine Spur von ihnen.

Die *Taurat* (Tora): Dieses Heilige Buch wurde dem Propheten Musa (Mose) (Fsmi) offenbart.

Die *Zabur* (Psalmen): Dieses Heilige Buch wurde dem Propheten Daud (David) (Fsmi) offenbart.

Die *Injil* (Evangelien): Dieses Heilige Buch wurde dem Propheten Isa (Jesus) (Fsmi) offenbart.

Der Qu'ran (Koran): Dies ist das Heilige Buch und die letztgültige Botschaft an die Menschheit, die dem Propheten Muhammad (Fsmi) offenbart wurde.

Der Koran und die vorhergehenden Schriften

Wenn wir uns als Muslime demütig den hier genannten Schriften unterwerfen, die vor dem Koran offenbart wurden, gibt es dafür eine einfache Erklärung. Immer, wenn die Menschen im Glauben nachließen, sandte Gott eine neue Botschaft (Offenbarung). Die Botschaft ermahnte die Menschen zu bereuen, ihren Bund mit Allah zu erneuern und sich wieder Seinem Willen zu unterwerfen. Wir erkennen darüber hinaus an, dass Gott diese vorhergehenden Bücher Seinen Propheten offenbarte, damit die Menschheit Führung und Leitung habe. Der Koran ist genau wie die anderen Göttlichen Schriften davor keine eigenartige Neuoffenbarung. Ganz im Gegenteil! Der Koran ist einfach die letzte und letztgültige Offenbarung, die die früheren Schriften bekräftigt, alle Unklarheiten beseitigt und die Wahrheit vervollkommnet. Der Koran bezeugt, dass es vor ihm frühere Offenbarungen gab. Er sagt:

> *Er hat das Buch mit der Wahrheit auf dich herabgesandt als Bestätigung dessen, was vor ihm war. Und Er hat die Tora und das Evangelium herabgesandt vordem als Rechtleitung für die Menschen.* (Koran 3:3–4a)

Der Koran spricht sehr respektvoll von all den Propheten und Botschaftern vor Muhammad. Christen und Juden werden als *Ahl al-Kitab*, Leute des Buches, bezeichnet. Diese Menschen ermahnt der Koran:

> *Sprich: „O Leute der Schrift, ihr fußt auf nichts, ehe ihr nicht die Tora und das Evangelium und das in die Tat umsetzt, was von eurem Herrn zu euch herabgesandt wurde.“* (Koran 5:68)

Der Koran ermutigt weiterhin Muslime, mit dem Volk des Buches in Freundschaft zusammenzuleben und sogar ihre Frauen zu heiraten. Der Heilige Koran lehrt:

> *Heute sind euch alle guten Dinge erlaubt. Und die Speise derer, denen die Schrift gegeben wurde, ist euch erlaubt, wie auch eure Speise ihnen erlaubt ist. Und ehrbare gläubige Frauen und ehrbare Frauen unter den Leuten, denen vor euch die Schrift gegeben wurde.* (Koran 5:5)

Die vorhergehenden Göttlichen Schriften (Bücher), die von Allah offenbart worden waren, lehrten die Menschen naturgemäß Rechtschaffenheit, Liebe und den Lebensstil, der Allah am besten gefällt. Einige ihrer Gebote und Lehren scheinen allerdings auf einen bestimmten Stamm, eine bestimmte Gemeinschaft, Nation oder zeitliche Periode begrenzt zu sein.

Darüber hinaus sind sich Muslime bewusst, dass die Bibel auch menschliche Unvollkommenheit einschließt. Zum Beispiel sind auch die Persönlichkeiten der biblischen Propheten ein Teil der biblischen Schriften. Mehr noch, die biblischen Schriften enthalten beides, Geschichte und Gottes Wort. Die Bibel scheint eine Mischung aus Geschichtsschreibung und Offenbarung zu sein. Daher ist es äußerst schwierig, die wahrhaftige Offenbarung in der Bibel von der Geschichtsschreibung und den menschlichen Persönlichkeiten zu trennen, die die Bibel ebenfalls enthält.

Daher ist der Koran als letztgültige Offenbarung die Vervollkommnung und der Gipfel aller Wahrheit, die in den früheren Schriften (Offenbarungen) enthalten ist. Obwohl es in arabischer Sprache offenbart wurde, gilt dieses Buch für alle Zeiten und für die gesamte Menschheit. Die Absicht des Korans besteht darin, die früheren Offenbarungen zu bewahren, indem er Allahs ewige Wahrheit wiederherstellt. Der Koran ist die Fackel, in deren Licht die Menschheit auf dem richtigen Pfad geführt werden kann.

Das Wesen des Heiligen Koran

Der Koran ist ein einzigartiges Buch der Göttlichen Führung. Der Koran ist das Wort Allahs. Er wurde dem Propheten Muhammad (Fsmi) durch den Erzengel Jibril (Gabriel) offenbart, und zwar aus einer Urschrift, die im siebten Himmel aufbewahrt wird. „Ja, es ist ein ruhmvoller Qur'an auf einer wohlverwahrten Tafel" (Koran 85:21–22). Der Prophet Muhammad (Fsmi) war ein von Allah auserwähltes Werkzeug für die Offenbarung Seines Wortes. Jeder Buchstabe, jedes Wort, Inhalt, Form und Bedeutung des Koran wurde durch die göttliche Offenbarung enthüllt. Besonders überrascht dabei, dass der Koran Muhammad offenbart wurde, der weder lesen noch schreiben konnte.

Die Offenbarung begann auf diese Weise: Der Prophet Muhammad (Fsmi) pflegte sich in eine im Berg Hira gelegene Höhle, einige Kilometer außerhalb von Mekka gelegen, zurückzuziehen, um dort zu meditieren. Eines Nachts, als er sich auf dem Berg aufhielt, wurde er plötzlich von dem Engel Jibril geweckt. Dieser Engel befahl ihm etwas laut vorzulesen *(Iqra)*. Der Prophet entgegnete, von Furcht überwältigt, dass er nicht lesen könne. Der Engel wiederholte seinen Befehl und bekam wieder eine ähnliche Antwort. Schließlich zwang der Engel den zitternden Muhammad (Fsmi), die folgenden Zeilen lesen zu lernen:

Lies im Namen deines Herrn, Der erschuf.
Er erschuf den Menschen aus einem Blutklumpen.
Lies; denn dein Herr ist Allgütig,
Der mit dem Schreibrohr lehrt,
lehrt den Menschen, was er nicht wusste.
(Koran 96:1–5)

Mit diesen Worten begann die Offenbarung des Heiligen Korans. Der Göttliche Botschafter verlieh dem Propheten die Macht, Allahs Buch in Empfang zu nehmen und zu bewahren. Dies geschah etwa im Jahr 610 n. Chr.; der Prophet war damals etwa vierzig Jahre alt. Der Koran wurde über einen Zeitraum von dreiundzwanzig Jahren Stück für Stück offenbart, bis kurz vor dem Tod des Propheten im Jahr 632 n. Chr. Der letzte von Allah offenbarte Vers lautet: „Heute habe Ich euch eure Religion vervollkommnet und Meine Gnade an euch vollendet und euch den Islam zum Glauben erwählt" (Koran 5:3). Zwischen den hier erwähnten ersten und letzten Versen wurde das größte Buch der Geschichte der Menschheit offenbart.

Der Koran ist das am meisten gelesene Buch, das jemals geschrieben wurde. Muslime gebrauchen es in ihrer Andacht, und es ist das Buch, mit dem alle Muslime Arabisch lernen. Es ist die zentrale Realität im islamischen Leben. Der Koran (die Bezeichnung leitet sich von dem Begriff „vorlesen" oder „rezitieren" ab) unterscheidet sich von jedem anderem Buch. Er ist in 114 Kapitel *(Suren)* eingeteilt, von denen sechsundachtzig dem Propheten offenbart wurden, während er sich in Mekka aufhielt, und achtundzwanzig, als er in Medina war. Die Kapitel sind in *ayat* (Verse) unterteilt, alle von unterschiedlicher Länge. Die drei kürzesten Suren (102, 108, 110) haben jeweils drei Verse, während die längste Sure, *al-Baqara* (2), in 286 Verse unterteilt ist. Jede Einzelheit des Korans hat man sorgfältig studiert und festgehalten. Zum Beispiel weiß man, dass der Koran 6239 Verse enthält, 77934 Wörter und 323621 Buchstaben. Kürzlich wurde außerdem entdeckt, dass der Koran ein mathematisches Wunder ist, weil seine ganze Struktur auf dem Vielfachen von 19 beruht[1] („Sie wird von neunzehn [Engeln] überwacht", Koran 74:30).

Wer mit dem Koran nicht vertraut ist, wird überrascht sein, weil er von menschlichem Standpunkt aus gesehen in gewisser Weise unzusammenhängend erscheint. Im Gegensatz zu allen anderen Büchern werden die Informationen, Ideen oder Argumente zu bestimmten Themen, die der Koran enthält, nicht thematisch oder der Reihe nach geordnet. Sie sind über das ganze Buch verstreut. Und doch erschien es denjenigen, die als erste die Offenbarung empfingen, nicht zusammenhanglos, weil es in ihre eigene Situation hinein sprach.

Es gibt kein Thema, das im Koran nicht diskutiert wird. Theologie, Rechtsprechung, Wissenschaft und Geschichte sind einige der wichtigeren Gebiete, die der Koran behandelt. Das ist der Grund, warum der Koran in der islamischen Welt viele Jahrhunderte lang als wissenschaftliches Handbuch und als Grundlage für das Studium von Kunst und Geisteswissenschaften galt. Obwohl der Koran nicht alle Aspekte des Wissens in den feinsten Einzelheiten behandelt, stellt er trotzdem die Quelle und die Grundlage aller wahren Weisheit und allen wahren Wissens dar. Er ist Allahs Wort.

Obwohl der Koran nicht in chronologischer Reihenfolge geordnet ist, wurde die Ordnung nach Allahs Willen festgesetzt. Dies betont noch einmal die Einzigartigkeit des Korans. Wer mit dem Koran noch nicht vertraut ist, würde von der Lektüre mehr profitieren, wenn er begriffe, dass man den Koran als Göttliches Buch nicht mit irgendeiner anderen Form menschlicher Schreibkunst vergleichen kann. Er ist ein einzigartiges Buch, dessen literarischer Stil sich von allen anderen bekannten Literaturgattungen unterscheidet. Das Thema, das er behandelt, ist die Menschheit. Sein zentrales Thema ist die Aufdeckung der Realität. Die Absicht der Offenbarung ist es, die Menschen auf den geraden Pfad der wahren Führung einzuladen, den sie im Lauf der Zeit durch Nachlässigkeit oder andere Sünden verlassen hatten. Jeder, der den Koran studiert und dabei die oben genannten drei Aspekte im Kopf behält (Inhalt, zentrales Thema und Absicht), entdeckt, dass es im literarischen Stil dieser Göttlichen Schriften nichts Unzusammenhängendes oder irgendeine andere Unvollkommenheit gibt.

Darüber hinaus stellt der Koran die beste arabische Dichtung und Prosa dar, die jemals verfasst oder rezitiert wurde. Als die Ungläubigen den Propheten Muhammad (Fsmi) um einen Beweis baten, dass der Koran das Wort Gottes ist, forderte er sie auf, einen einzigen Vers oder eine einzige Zeile Arabisch von ähnlicher Qualität hervorzubringen. Niemand wurde dieser Herausforderung gerecht. Der Koran sagt:

> *Und wenn ihr im Zweifel seid über das, was Wir auf Unseren Diener herabgesandt haben, so bringt doch eine Sura gleicher Art herbei und beruft euch auf eure Zeugen außer Allah, wenn ihr wahrhaftig seid.* (Koran 2:23)

Die unübertroffene Qualität des Arabisch des Korans ist einer der Beweise für seinen göttlichen Ursprung (Koran 12:2).

Die Entstehung des Korans

Jedesmal, wenn der Prophet eine Offenbarung empfing, lernte er sie im Beisein des Engels Jibril auswendig. Nachdem er sich versichert hatte, dass Muhammad sie korrekt rezitieren konnte, teilte ihm Jibril mit, an welcher Stelle sie eingefügt werden sollte. Dann wies der Prophet seine Schreiber an (denn er selbst konnte weder lesen noch schreiben), sie unter seiner Aufsicht aufzuzeichnen. Jede Aufzeichnung wurde noch einmal vorgelesen, um sie auf ihre Richtigkeit zu überprüfen. Der Prophet selbst leitete also die Arbeiten, bei denen der Koran schriftlich festgehalten und in die richtige Reihenfolge gebracht wurde, so wie Allah es befohlen hatte. Schon bald wurde der Koran von den Gefährten des Propheten auswendig gelernt, weil sie ihn zur Anbetung gebrauchten oder sich einfach dafür interessierten. Die Araber, die ein lebhaftes Interesse an Literatur besaßen, fanden im Koran ein wunderbares Meisterstück der Literatur. Zu der Zeit, als der Prophet starb, hatte sich der Koran bereits dem Gedächtnis vieler Menschen eingeprägt und wurde auf vielen Materialien wie zum Beispiel Tontafeln, Knochen, Baumrinde, Keramikscherben und Stein festgehalten.

Im Jahr 632 n. Chr., nach dem Tod des Propheten Muhammad (Fsmi), wurde Abu Bakr der erste Kalif (Nachfolger des Propheten). Umar überzeugte Abu Bakr, den Koran in einem Band zusammenzutragen, weil viele derjenigen, die den Koran auswendig gelernt hatten *(Hafiz),* von der Bildfläche verschwanden, weil sie in der Schlacht gefallen oder eines natürlichen Todes gestorben waren. Abu Bakr wies Zaid Ibn Thabit, Muhammads obersten Schreiber, den gesamten Koran zu sammeln und zusammenzutragen, und zwar in derselben Reihenfolge, wie sie vom Propheten autorisiert worden war. Das tat er auch unter den wachsamen Augen und mit der Hilfe der Gefährten des Propheten, die den gesamten Koran auswendig gelernt hatten. Die Endfassung wurde von allen Muslimen, die den Koran vom Propheten selbst gehört hatten, geprüft und gebilligt. Der Koran war ihnen noch gut im Gedächtnis, denn er wurde lediglich zwei Jahre nach dem Tod des Propheten Muhammad (Fsmi) in Buchform gebracht.

Während der Regierungszeit des dritten Kalifen 'Uthman berichtete man ihm, dass der Koran mit unterschiedlichen Akzenten rezitiert wurde, vor allem von nicht-arabischen Konvertiten zum Islam. 'Uthman handelte sofort. Er rief alle Exemplare des Korans, die in Umlauf waren, zurück und ernannte ein Komitee von vier früheren Schreibern, darunter auch Zaid Ibn Thabit, die den Koran noch tiefer studieren sollten. Dieses Komitee autorisierte eine Standardfassung, die auf dem Quraish-Dialekt basiert, den der Prophet selbst gesprochen hatte. Der heute gebräuchliche Koran ist genau derselbe, wie er vom Propheten empfangen und von Kalif 'Uthman sowie den Gefährten *(sahaba)* des Propheten 651 n. Chr. autorisiert worden war. Kein Wort, keine Wortstellung, kein Satzzeichen wurde verändert, ausgelassen oder hinzugefügt. Selbst Gott bezeugt die Reinheit des Korans, wenn er sagt: „Wahrlich, Wir Selbst haben diese Ermahnung herabgesandt, und sicherlich werden Wir ihr Hüter sein“ (Koran 15:9).

Hadith

Der Islam lässt sich aufgrund von zwei Hauptquellen verstehen: erstens dem Heiligen Koran und zweitens der Sammlung aufgezeichneter Worte, Taten und Bestimmungen des Propheten Muhammad (Fsmi). Diese Taten *(Sunna)* und Aussprüche *(Hadith)* des Propheten sind unter dem Oberbegriff *Hadith* bekannt.

Die *Sunna* (Taten) und *Hadith* (Aussprüche) zeigen, wie der Prophet Muhammad (Fsmi) lebte. Die *Sunna* umfasst die Praktiken und die Lebensführung des Propheten, *Hadith* die Aufzeichnung dessen, was der Prophet sagte oder lehrte. Die Zusammenstellung der Schriften, die man als *Hadith* kennt, umfassen sowohl *Sunna* als auch *Hadith*. Einen Bericht oder die mündliche Überlieferung dessen, was der Prophet sagte, tat oder was er anderen entgegnete *(Sunna* oder *Hadith),* nennt man *einen Hadith,* die schriftliche Sammlung *den Hadith*. Wenn ein Gefährte des Propheten ihn etwas tun sah, zum Beispiel beten, berichtete er seinen Freunden davon, die wiederum anderen davon erzählten, so dass die Schilderung immer weiter getragen wurde. Viele Gefährten versuchten *Hadith* zum eigenen Gebrauch niederzuschreiben, wurden jedoch vom Propheten davon abgehalten, damit sie diese Überlieferungen nicht mit dem Koran verwechselten.

Später wurde die Wissenschaft des *Hadith* entwickelt, wodurch man *Hadith*-Sammlungen zusammentrug. In diesem Fall musste jedem Bericht ein Vorwort von einer Reihe von Erzählern *(isnad)* vorausgestellt werden, von denen man wusste, dass sie reif, fromm, intelligent und zuverlässig waren. Der Text *(matn),* den diese Erzähler weitergaben, musste gleichermaßen verständlich und glaubwürdig sein. Diese *Hadith*-Sammlung wurde im zweiten Jahrhundert der muslimischen Ära im Wesentlichen abgeschlossen. Infolge dieser Anstrengungen besitzen wir heute gut dokumentierte Bücher, die alle notwendigen Informationen über das Leben des Propheten Muhammad (Fsmi) liefern.

Der *Hadith* ist kein Heiliges Buch (Offenbarung) wie der Koran oder die vorhergehenden Schriften. Für Muslime allerdings ist es nach dem Koran das zweitwichtigste Buch. Der *Hadith* ergänzt den Koran. Er hilft den Koran zu erklären und zu verdeutlichen und ihn in praktikablerer Form darzustellen. Der Koran bezeugt dies folgendermaßen: „Wer dem Gesandten gehorcht, der hat Allah gehorcht" (Koran 4:80; siehe auch 33:21, 7:157, 14:44). Unser Wissen, das wir als Muslime besitzen, wäre lückenhaft und stünde auf wackeligen Füßen, wenn wir den *Hadith* nicht studieren und ihn befolgen würden. In ähnlicher Weise kann ein Außenstehender den Islam nicht verstehen, wenn er den *Hadith* ignoriert.

Zusammenfassung

Muslime glauben, dass Gott Sein Wort einigen Seiner Propheten und Gesandten offenbarte, um der Menschheit Richtlinien an die Hand zu geben. Jede Offenbarung, die den Menschen diese Führung geboten hat, muss erneuert werden, wenn der Glaube eines Volkes im Schwinden begriffen ist. Diese Offenbarungen sind in Form von Büchern zu uns gekommen. Alle vorhergehenden von Gott offenbarten Bücher müssen als wahr angenommen werden. Der Koran ist allerdings die letztgültige Offenbarung und vervollkommnet die Wahrheit. Auch wenn es sich beim *Hadith* nicht um eine Heilige Schrift handelt, ergänzt er den Koran.

EINE CHRISTLICHE ENTGEGNUNG

Christen und Muslime sind Völker der Schrift. Beiden ist eine außerordentliche Wertschätzung des Wortes Gottes zu eigen. Muslime respektieren die Bibel in ihrer ursprünglichen Form, wobei sie besonders die *Taurat* (Tora) des Propheten Mose, die *Zabur* (Psalmen) des Propheten David und die *Injil* (Evangelien) von Jesus dem Messias erwähnen. Diese drei Schriften sind alle in der Bibel enthalten. Der Wert, den Muslime diesen Schriften beimessen, wird durch die Warnung des Korans an Christen und Juden zum Ausdruck gebracht, dass sie ihre Schriften nicht verbergen, sondern der Menschheit zugänglich machen sollen (Koran 3:71). Christen sind dankbar, dass Muslime der Bibel Respekt zollen.

Trotzdem sollten Muslime und Christen zusammen über das Wesen und die Bedeutung der Offenbarung nachdenken. Wohnt nicht jeder göttlichen Offenbarung in gewisser Weise auch eine Inkarnation inne? Findet Gottes Wort, das der Menschheit offenbart wurde, nicht immer seinen Ausdruck durch menschliche Persönlichkeit, in menschlicher Sprache und in menschlichen Gedankenmustern? Weiter noch: Wir müssen uns fragen, welche Kriterien wir zugrunde legen, ob ein Buch wirklich das offenbarte Wort Gottes ist.

Christen glauben, dass das zentrale Ereignis göttlicher Offenbarung Gottes Selbstenthüllung ist. Gott offenbart sich in erster Linie durch sein Eingreifen in die menschliche Geschichte. Die göttlichen Schriften sind daher eine Offenbarung der Selbstenthüllung Gottes und die göttlich inspirierte Aufzeichnung der Antwort des Menschen auf diese Selbstenthüllung. Christen sehen die Offenbarung nicht als vom Himmel gesandte göttliche Bücher, sondern vielmehr als das persönliche Wort Gottes, das in einer lebendigen, aktiven Begegnung mit den Menschen Gestalt gewinnt. Das ist das Wesen der biblischen Offenbarung.

Christen betrachten die Bibel als das am meisten gelesene Buch, ganz oder teilweise übersetzt in mehr als 2300 Sprachen. Christen glauben, dass es außerordentlich wichtig ist, die Botschaft der gesamten Bibel zu empfangen und zu glauben. Es ist notwendig, die ganze Bibel zu lesen, damit wir Gottes Botschaft an die Menschheit empfangen können. Christen glauben nicht, dass manche Bücher nur einem bestimmten Volk zu einer bestimmten Zeit offenbart wurden. Jesus der Messias zitierte die heiligen Schriften vieler Propheten in seinen Predigten und schärfte seinen Nachfolgern ein, die Heiligen Schriften zu studieren. Die inspirierten Schriften gehören zusammen. Jeder Teil der Bibel wird gebraucht, um die Offenbarung Gottes an die Menschheit in ihrer ganzen Fülle zu verstehen. Darüber hinaus gibt es keinen einzigen Teil der göttlichen Schriften, der die gesamte Wahrheit enthält, die wir brauchen.

EINE KLARSTELLUNG VON MUSLIMISCHER SEITE

Muslime müssen an alle Bücher glauben, die der Menschheit ursprünglich von Gott offenbart wurden, und sie tun es auch. Muslime glauben außerdem, dass die allgemein gültigen Aspekte der vorhergehenden Schriften im Koran zusammengefasst worden sind. Im Koran sind die allgemein gültigen Aspekte der göttlichen Rechtleitung genau so bewahrt worden, wie sie dem Propheten Muhammad (Fsmi) offenbart wurden.

Anmerkung

[1] *Ahmad Deedat, Al-Qur'an:* The Ultimate Miracle *(Durban: 4001, Islamic Propagation Centre, Madressa Arcade, 1979), S. 1–75.*

Im Namen Allahs, des Allerbarmers, des Barmherzigen.

6

DIE PROPHETEN ALLAHS

DIE MUSLIMISCHE AUFFASSUNG

Muslime unterscheiden in der Regel zwischen einem „Propheten" und einem „Gesandten" oder „Botschafter" Allahs. Der Gesandte *(rasul)* wird mit einer göttlichen Schrift ausgesandt, um die Menschheit zu führen und zu bessern; er bekommt ein göttliches Buch mit auf den Weg. Der *Prophet (al nabbi)* ist im Besitz von Informationen oder verkündet Allahs Willen. Den Propheten werden im Unterschied zu den Gesandten keine Bücher an die Hand gegeben. Obwohl alle Gesandten auch Propheten sind, sind nicht alle Propheten Gesandte. Sowohl Gesandte wie auch Propheten sind Menschen, die von Gott ausgewählt wurden, um Seine Botschaft zu verkünden, die durch die göttliche Offenbarung enthüllt wurde *(Wahy)*. Diese göttliche Botschaft soll eine einzelne Gruppe von Menschen, ein Volk oder die gesamte Menschheit führen und leiten.

Das Wesen der Propheten

Allah verleiht das bedeutende Amt des Propheten einigen Seiner Diener, so wie es ihm gefällt. Sie wurden ausgewählt, um die Gemeinschaft, in der sie lebten, und die ganze Menschheit zu leiten und sie auf den geraden Weg Allahs zu führen. Sie alle brachten im Wesentlichen dieselbe Botschaft – den Islam. Gott schenkte ihnen ein größeres Wissen, was Seinen Willen, Seine Religion, das menschliche Herz sowie Gut und Böse betraf. Er führte und leitete die Menschheit, lehrte sie ein glückliches Leben auf der Erde zu führen und sich auf das Leben nach dem Tod vorzubereiten.

Alle Propheten waren Menschen. Sie konnten essen, trinken, gehen, schlafen, sprechen, atmen, leiden und sich Problemen stellen wie wir alle. Sie waren intelligent, vertrauenswürdig, wissend und Gott unbedingt gehorsam. Sie waren die besten Beispiele für moralische Vertrauenswürdigkeit, wie der Koran sagt: „Und kein Prophet darf (etwas von der Beute) unterschlagen“ (Koran 3:161). Allah bewahrte sie vor ernsthaften Sünden und gefährlichen Krankheiten.

Gerade weil die Propheten Menschen waren, löste ihr Zeugnis in den Gemeinschaften, in denen sie lebten, gemischte Gefühle aus und stieß sogar auf völlige Ablehnung. Der Koran sagt: „Und nichts hat die Menschen abgehalten zu glauben, als die Rechtleitung zu ihnen kam; doch sie sagten nur: ‚Hat Allah einen Menschen als Gesandten geschickt?‘“ (Koran 17:94).

Als Muslime dürfen wir weder den Fehler begehen, einen der Propheten Allahs als Hochstapler zu verurteilen noch ihn als übermenschliches Wesen zu verehren. Der Prophet Muhammad (Fsmi) betonte wie auch andere Propheten vor ihm seine menschliche Natur. Der Koran bezeugt: „Und Muhammad ist nur ein Gesandter; schon vor ihm gingen die Gesandten dahin“ (Koran 3:144). In einem anderen Vers spricht Allah: „Sprich: ‚Ich bin nur ein Mensch wie ihr, doch mir ist offenbart worden, dass euer Gott ein Einziger Gott ist‘“ (Koran 18:110). Muslime müssen an alle Propheten Allahs glauben. Das Prophetenamt auch nur eines einzigen zu verleugnen ist ein Akt des Unglaubens.

Wie bereits bemerkt, sandte Gott in verschiedenen historischen Epochen eine große Anzahl von Propheten, um die Menschheit recht zu leiten. Diese Propheten wurden aus fast jedem Volk herausgerufen, wie der Koran bezeugt: „Und in jedem Volk erweckten Wir einen Gesandten (der da predigte): ‚Dient Allah und meidet die Götzen‘“ (Koran 16:36). Der Koran sagt weiter:

Sprecht: „Wir glauben an Allah und an das, was uns herabgesandt worden ist, und was Abraham, Ismael, Isaak, Jakob und den Stämmen (Israels) herabgesandt wurde, und was Moses und Jesus gegeben wurde, und was den Propheten von ihrem Herrn gegeben worden ist. Wir machen zwischen ihnen keinen Unterschied, und Ihm sind wir ergeben." (Koran 2:136)

Die genaue Anzahl der Propheten Allahs ist nicht klar, doch die muslimische Überlieferung beziffert sie auf 124 000. Der Koran erwähnt lediglich fünfundzwanzig Propheten, doch Muslime müssen auch an die dort nicht erwähnten glauben. Allah sagt: „Es sind Gesandte, von denen Wir dir bereits berichtet haben, und Gesandte, von denen Wir dir nicht berichtet haben" (Koran 4:164).

Folgende Propheten werden im Heiligen Koran erwähnt: Adam, Saleh, Lut (Lot), Hud, Y'akub (Jakob), Ibrahim (Abraham), Yunus (Jona), Musa (Mose), Daud (David), Al-Ya'sa (Elisa), Zakara (Sacharja), Thu-l-Kifl (Hesekiel), Isa (Jesus), Nuhu (Noah), Shu'aib, Ismai'il (Ismael), Yusuf (Josef), Ishaq (Isaak), Harun (Aaron), Sulaiman (Salomo), Yahya (Johannes der Täufer), Ayyub (Hiob), Ilyas (Elia), Idris, Muhammad (Friede mit ihnen allen).

Muhammad (Fsmi) ist der letzte der Propheten und der Gesandte Allahs. Seine Sendung gilt der ganzen Welt und allen Zeiten.

Die Rolle der Propheten in der Geschichte

Adam, der erste Mensch auf der Erde, war außerdem der erste Prophet Allahs. Gott offenbarte Adam die Religion des Islam, die Unterwerfung unter den einen wahren Gott bedeutet, den Schöpfer und Erhalter der Welt, den Herrn des Universums und Meister am Tag des Gerichts. Gott machte Adam deutlich, dass Menschen einzig und allein Allah, den über alle anderen Erhabenen, anbeten und ihm gehorchen sollten. Das ist der Bund der Unterwerfung, den Gott Adam schenkte: Gott ist der Herr und die Menschheit der Diener *(abd)*.

Einige Nachkommen Adams, die ein rechtschaffenes Leben führten, folgten Allahs Lehre, doch andere glitten ab und gaben sich schändlichen Handlungen hin. Sie beraubten sich der wahren Führung und Leitung, indem sie Allah mit anderen Götzen und Gegenständen gedanklich in Verbindung brachten. Um der Menschheit feste und konstruktive Führung zu bieten, erweckte Gott in jedem Volk Propheten. Die grundlegende Botschaft, die von diesen Propheten verkündet wurde, war immer dieselbe. Sie lehrten oder erinnerten die Menschen an die Einheit Gottes, die Belohnung für ein gutes, frommes und friedliches Leben, den Tag des Gerichts und die schreckliche Bestrafung für Ungläubige. Alle Propheten verkündeten dieselbe Botschaft Allahs (Islam). Sie gingen mit gutem Beispiel voran. Sie mussten in ihrem Leben den Glauben, dem sie folgten, auch praktisch demonstrieren.

Die Propheten versuchten einen göttlich sanktionierten moralischen Kodex, soziale Gerechtigkeit und Zusammenarbeit unter ihren Mitmenschen einzuführen – das heißt, einen bestimmten Lebensstil, der alle Bereiche umfasste. Im Lauf dieses Prozess, in dem Gottes Herrschaft auf der Erde durchgesetzt wurde, waren einige Propheten erfolgreich, andere nicht. Viele Menschen tolerierten Gottes Propheten nicht. Sie misshandelten sie, bestraften sie, folterten sie und weigerten sich, ihre Lehren anzuhören oder sie zu akzeptieren. Trotz dieses Widerstands gaben die Propheten niemals auf oder verwässerten Allahs Wahrheit; ihre Mission war kein vollständiger Misserfolg.

Einige Propheten sind besonders hervorzuheben. Zum Beispiel war es die größte Leistung des Propheten Ibrahim (Abraham), den Einen wahren Gott zu verkünden, und dieser Glaube hat sich seit einigen tausend Jahren gehalten. Der Islam erkennt den Propheten Musa (Mose) als denjenigen an, zu dem Allah sprach: „Allah hat mit Moses wirklich gesprochen" (Koran 4:164). Mose wird der Titel „Kalim-ullah" verliehen, was übersetzt „Der, mit dem Gott sprach" bedeutet. So wichtig Moses Botschaft war, sein Volk glaubte, dass diese Führung nur für sie bestimmt sei. Darüber hinaus hat es dem ursprünglichen Gesetz des Mose zu viele rituelle Einzelheiten hinzugefügt. Wie alle Propheten vor ihm predigte auch Isa (Jesus), der Sohn Marias, dass es nur einen Gott gebe. Die Christen empfingen die allgemeingültige Botschaft Gottes, verwässerten sie jedoch, indem sie die „Dreieinigkeit" statt der „Einheit" Gottes betonten.

Zum Schluss sandte Allah durch den Propheten Muhammad (Fsmi) der Menschheit endgültig Führung und Leitung. Die Wahrheit, die von allen vorhergehenden Propheten der Menschheit verkündet worden waren, wurde nun durch den Propheten Muhammad (Fsmi) zur Vollkommenheit geführt. Der Koran, Allahs letztgültige Richtschnur, wurde dem Propheten Muhammad (Fsmi), dem Siegel aller Propheten, sechshundert Jahre nach dem Propheten Isa (Fsmi) offenbart. Muhammad (Fsmi) ist der einzige Prophet, der Allahs Auftrag zu Lebzeiten erfüllte. Die letzte Botschaft Allahs an Muhammad lautete: „Heute habe Ich euch eure Religion vervollkommnet und Meine Gnade an euch vollendet und euch den Islam zum Glauben erwählt" (Koran 5:3). Muhammad (Fsmi) war also Allahs letzter Gesandter, durch den die ursprüngliche Religion der Menschen – Islam – vollendet und vervollkommnet wurde sowie eine Gemeinschaft der Muslime begründet wurde.

Zusammenfassung

Muslime glauben an und respektieren alle Propheten Gottes, die Muhammad (Fsmi) vorangingen. Sie alle verkündeten eine einheitliche Botschaft Allahs, den Islam. Muhammad ist der letzte und das Siegel der Propheten. Durch ihn wurde der Islam vollendet und vervollkommnet. Weil er der Menschheit die letzte und letztgültige Richtschnur brachte, wenden sich Muslime allein zu ihm, um Leitung und Führung zu suchen.

EINE CHRISTLICHE ENTGEGNUNG

Sowohl Christen als auch Muslime glauben an die Propheten. Die Schriften und Lehren von mindestens dreißig Propheten und Aposteln sind in der Bibel enthalten. Die Namen vieler biblischer Propheten sind in der Bibel erwähnt. Mose ist einer der größten Propheten der Bibel.

Christen wie Muslimen täte es gut, zusammen über die Bedeutungen der Begegnung von Gott und Mose am brennenden Dornbusch nachzudenken, einem Ereignis, das Bibel und Koran schildern.

Dieses Ereignis sagt uns, dass Gott mit Mose sprach. Aus dieser Begegnung erwuchs ein neuer Name für Gott, den uns der biblische Bericht enthüllt: ICH BIN, hebräisch *Jahwe*. Mit dem Propheten Mose beginnend, offenbart sich Gott fortschreitend als *Jahwe* – der Gott der Bundesbeziehung, als derjenige, der den Menschen persönlich begegnet. Um das Gesamtbild der Selbstoffenbarung Gottes als Jahwe im prophetischen Zeugnis der Bibel zu verstehen, ist es notwendig, dass wir unser Leben dem gesamten prophetischen Zeugnis öffnen.

Die Botschaft der Propheten gleicht einem großartigen und schönen Gebäude. Die frühen Propheten wie Abraham und Mose legten den Grundstein. Spätere Propheten wie David und Jesaja zogen die Wände dieses Baus hoch. Der Prophet Jesus, der Messias, gleicht dem Dach des Gebäudes. Alle biblischen Propheten zusammengenommen bilden ein wunderschönes Gebäude. Christen bezeugen demütig und voller Ernst, dass alle Menschen die Botschaft aller wahren Propheten Gottes hören und beherzigen sollten. Jeder Teil dieses Gebäudes ist wichtig. Alle Menschen haben es nötig, Gottes Offenbarung an die Menschheit in ihrer ganzen Fülle zu verstehen.

EINE KLARSTELLUNG VON MUSLIMISCHER SEITE

Aus dem muslimischen Blickwinkel ist es nicht ratsam, der Begebenheit vom brennenden Dornbusch und dem Propheten Mose (Fsmi) allzu große Bedeutung einzuräumen. Obwohl Gott aus dem brennenden Dornbusch mit dem Propheten Mose (Fsmi) sprach, glauben einige muslimische Gelehrte, dass es der Engel Jibril war, der im Busch gegenwärtig war. Gleichzeitig würden Muslime bekräftigen, dass die Bezeichnung Allah der tiefste Name des Allmächtigen ist, der uns offenbart wurde. Muslime würden bezeugen, dass wir nichts Besseres tun können, als Gott mit diesem alle Schönheit übertreffenden Namen zu bezeichnen, den Er selbst seinem letzten Propheten Muhammad (Fsmi) offenbarte.

Im Namen Allahs, des Allerbarmers, des Barmherzigen.

7

DAS SIEGEL DER PROPHETEN

DAS MUSLIMISCHE ZEUGNIS ZUM PROPHETEN MUHAMMAD (FSMI)

Muhammad[1] wurde am 12. Rabi Awwal (beziehungsweise am Montag, dem 20. August) 570 n. Chr. in der Handelsstadt Mekka geboren. Seine Mutter war Amina bint Wahab, die aus Medina stammte. Sein Vater, Abdallah, war einer der vielen Söhne von Abdul-Muttalib, Oberhaupt der adeligen Familie Banu Haschim, einer Linie des Quraish-Stamms. Abdul-Muttalib war darüber hinaus der oberste Wächter des Heiligtums von Kaaba, des Hauses Gottes in Mekka, wo sich der heilige schwarze Stein befindet.

Muhammad (Fsmi) hatte keine glückliche Kindheit. Sein Vater starb einige Monate vor seiner Geburt. Mit sechs Jahren verlor er seine Mutter. Dann kümmerte sich sein Großvater Abdul-Muttalib um ihn, doch auch er starb nur zwei Jahre später. Mit acht Jahren war Muhammad (Fsmi) zum Waisen geworden. Es fehlte jedoch nicht an Verwandten, die für ihn sorgten. Bald nahm ihn sein Onkel Abu Talib, Abdul-Muttalibs Sohn, zu sich. Der Onkel liebte seinen Neffen und kümmerte sich gut um ihn.

Muhammad (Fsmi) verbrachte seine frühen Jugendjahre bei seinem Onkel. Er half ihm begeistert bei der Arbeit. Muhammad

(Fsmi) liebte die Arbeit und wusste sie zu schätzen. Er konnte jede Art von Arbeit leisten, ohne aufzubegehren. Er flickte seine Kleidung und seine Schuhe. Er hütete Schafen, Ziegen und Kamele und begleitete seinen Onkel in den Karawanen. Zweimal reiste er nach Syrien, das erste Mal, als er erst zwölf Jahre alt war. Muhammad (Fsmi) kam nicht in den Genuss einer ordentlichen Schulbildung. Er konnte weder lesen noch schreiben. Trotzdem wurde er als Jugendlicher von den Einwohnern von Mekka wegen seiner Aufrichtigkeit, Ehrlichkeit und seines guten Verhaltens respektiert und bewundert. Daher wurde ihm der Titel *al-Amin* (der Vertrauenswürdige) verliehen.

Die Gesellschaft, in die Muhammad (Fsmi) hinein geboren wurde

Die Gesellschaft, in der Muhammad (Fsmi) vor seiner Sendung lebte, wird *jahiliyya* genannt – die Epoche der Unwissenheit und Finsternis. Die Araber waren Polytheisten, die kaum eine Vorstellung von einem höchsten Gott – Allah – hatten. Sie beteten einen Pantheon von Göttern an. Die bedeutendsten, die vom Stamm der Quraish in Mekka anerkannt wurden, waren jedoch al-Uzza, al-Manat und al-Lat, die man als Töchter Allahs bezeichnete. Die Kaaba (das Haus Allahs in Mekka) war durch alle Arten von bösen Handlungen verunreinigt. Sie beherbergte nun 360 Götzenbilder, die alle arabischen Götter symbolisierten, und an jedem Tag des Jahres wurde ein anderer angebetet.

Weingenuss, Glücksspiele, Raubüberfälle und Blutrache waren an der Tagesordnung. Die Frauen führten unbekleidet Tänze auf und verfassten Gedichte, die jedes Körperteil beschrieben. Frauen brachte man keinen Respekt entgegen. Neugeborene Mädchen standen im Verdacht Unglück zu bringen, und manche von ihnen wurden von ihren Vätern unmittelbar nach der Geburt lebendig begraben. Nur Besitz zählte, denn der Wert eines Menschen bemaß sich danach, wieviel er besaß. Das war die Gesellschaft, in der Muhammad (Fsmi) aufwuchs.

Muhammad (Fsmi) hasste diese verdorbene Gesellschaft bereits als Kind. Als Mann mit hohen moralischen und geistlichen Maßstäben war Muhammad (Fsmi) durch die Verkommenheit und das Elend seines Volks verstört. Er begann eine Höhle im Berg Hira aufzusuchen, einige Kilometer außerhalb von Mekka gelegen, um dort zu meditieren. Trotzdem arbeitete er noch weiter, um sich seinen Lebensunterhalt zu verdienen.

Muhammads (Fsmi) Heirat

Da Abu Talib nur über sehr begrenzte Mittel verfügte, schaute er sich nach einer Stellung für seinen Neffen Muhammad (Fsmi) um und nahm Kontakt mit einer wohlhabenden Kauffrau, Khadija bint Khawaylid, auf. Sie erklärte sich sofort bereit, den vertrauenswürdigen Muhammad (Fsmi) als Karawanenführer einzustellen. Khadija war bereits zweimal verwitwet und hatte zwei Söhne und eine Tochter. Sie war äußerst wohlhabend. In ihrem neuen Angestellten fand sie einen ehrlichen, freundlichen, verantwortungsvollen, aufrichtigen und tugendhaften Mann. Muhammad (Fsmi) besaß die besten Eigenschaften, die man sich nur wünschen konnte.

Angezogen von Muhammads (Fsmi) seltenen Charakterzügen bot ihm Khadija die Ehe an. Er stimmte zu, und die Heirat fand statt. Er war fünfundzwanzig Jahre alt, Khadija vierzig. Das Paar genoss fünfundzwanzig glückliche gemeinsame Jahre bis zu Khadijas Tod. Allah schenkte ihnen sieben Kinder, doch ihre drei Söhne starben bereits sehr früh, und nur die vier Töchter überlebten. Schließlich überlebte ihn nur eine einzige Tochter, Fatima, und auch sie nur um sechs Monate.

Nach Muhammads (Fsmi) Eheschließung mit Khadija hatte er mehr Muße, was ihn in die Lage versetzte, seiner geistlichen Suche Zeit zu widmen. Der Koran bezeugt: „Hat Er dich nicht als Waise gefunden und aufgenommen; und dich auf dem Irrweg gefunden und richtig geführt; und dich dürftig gefunden und reich gemacht?" (Koran 93:6–8).

Muhammads (Fsmi) Prophetenamt (Risalat)

Wie bereits bemerkt, besuchte Muhammad (Fsmi) häufig die Höhle *(ghar)* von Hira, um dort zu meditieren. Eines Nachts im Monat Ramadan geschah es, dass er eine mächtige Stimme hörte, die ihm befahl, im Namen Allahs des Schöpfers zu lesen (Koran 96:1–5). An diese Nacht der Offenbarung erinnert man sich in der muslimischen Geschichtsschreibung als die Nacht der Kraft *(Lailat al-Qadr).* Dies geschah um das Jahr 610 n. Chr., als der Prophet Muhammad (Fsmi) etwa vierzig Jahre alt war. Die erste Offenbarung war durch den Engel Jibril (Gabriel) auf Muhammad (Fsmi) herabgekommen. Auf diese Weise wurde Muhammad (Fsmi) von Allah zu Seinem letzten Propheten ernannt (Koran 33:40).

Muhammad (Fsmi) rannte überwältigt von Furcht nach Hause und berichtete seiner geliebten Khadija alles, was geschehen war. Sie tröstete ihn und versicherte ihm, dass er wahrhaftig eine Offenbarung von Allah empfangen hatte. Sie war der erste Mensch in Mekka, der zum Islam übertrat.

Auf die erste Offenbarung folgte sehr bald eine zweite, die Muhammad (Fsmi) empfing, als er zitternd in ein Obergewand eingehüllt zu Hause saß. Der Befehl lautete: „O du Bedeckter! Erhebe dich und warne und verherrliche deinen Herrn“ (Koran 74:1–3). Muhammad (Fsmi) war durch Allahs Wort auserwählt worden, Seine Botschaft zu verbreiten.

Muhammad (Fsmi) begann seinen Auftrag in aller Stille. Er predigte den Einen Gott. Er betonte, dass Allah allmächtig sei: Er ist der Schöpfer des Universums und der Herr am Tag des Gerichts. Am Gerichtstag werden die Gläubigen und Gerechten mit dem Paradies belohnt werden, während die Ungläubigen und die Götzenanbeter in der Hölle enden werden, einem Ort des Leidens und der Qual.

Muhammad (Fsmi) machte bei seinen Predigten deutlich, dass er weder übermenschlich noch eine Inkarnation Gottes, sondern lediglich ein menschliches Wesen und ein Gesandter Allahs sei. Der Koran bezeugt Muhammads (Fsmi) menschliche Natur: „Sprich: ‚Ich habe nicht die Macht, mir selbst zu nützen oder zu schaden, es sei denn, Allah will es ... Ich bin ja nur ein Warner und ein Bringer froher Botschaft für die Leute, die gläubig sind‘“ (Koran 7:188).

In den ersten drei Jahren bekehrte Muhammad (Fsmi) lediglich einige Einwohner Mekkas. Zu ihnen zählten vor allem seine Frau Khadija, sein junger Cousin Ali, Abu Bakr, 'Uthman und Talha. Sie alle zählten zu seinen Freunden. Bald wurde Muhammad (Fsmi) von Allah befohlen, in der Öffentlichkeit zu predigen. Daraufhin begab er sich zum Berg Sabah, gegenüber der Kaaba in Mekka gelegen, wo er nachdrücklich bekräftigte, dass es nur einen Gott gebe. Er überschüttete die Götzen, die die Einwohner von Mekka anbeteten, mit Verachtung und lud die Menschen dann ein, sich dem einen wahren Gott – Allah – zu unterwerfen. Er warnte alle, die sich nicht unterwerfen wollten, vor Gottes Gericht: „Nein, sie leugnen die Stunde; und denen, welche die Stunde leugnen, haben Wir einen Höllenbrand bereitet" (Koran 25:11).

Widerstand und Verfolgung

An Muhammads (Fsmi) Predigten stießen sich viele Bürger von Mekka. Sie begriffen, dass seine Predigten ihre Macht beschneiden und ihrem ökonomischen Interesse als Wächter der *al-Ka'bah* schaden würden. Sie bedrohten ihn, doch er blieb standhaft. Sie versuchten ihn mit Reichtümern, mit Frauen und selbst mit der Königsherrschaft zu bestechen, wenn er nur seine Predigten aufgäbe, doch es misslang ihnen kläglich, ihn auf ihre Seite zu ziehen. Offene Verfolgung war die letzte Möglichkeit, und bald griffen sie danach. Einige von denen, die er zum Islam bekehrt hatte, wie Bilal oder Khabbab, wurden auf den sengend heißen Wüstensand gelegt, ihre Brust beschwerte man mit glühenden Steinen. Viele Muslime wurden zu Tode geprügelt. Selbst der Prophet entging nicht der Verfolgung. Man streute Dornen über seinen Pfad und entlud Unrat auf seinem Rücken. In der nördlich von Mekka gelegenen Stadt Taif wurde der Prophet Muhammad (Fsmi) gesteinigt, bis er blutete.

Ungeachtet der Verfolgung nahmen immer mehr Menschen den Islam an. Als die bedrohliche Verfolgung andauerte, riet der Prophet elf Familien, in das christliche Königreich Abessinien zu emigrieren, das Negus regierte. Sie wurden dort gut aufgenommen und beschützt. Auf die erste Gruppe von Exilanten folgten später dreiundachtzig weitere Personen, darunter 'Uthman bin 'Affan, der später dritter Kalif des Islam wurde. Versuche des in Mekka ansässigen ungläubigen Stammes der Quraish, die Muslime repatriieren zu lassen, schlugen völlig fehl. Der Negus weigerte sich, den heidnischen Quraish die Muslime auszuliefern, die an den einen Gott und alle seine Propheten, Jesus eingeschlossen, glaubten.

Trotz des Verlustes seiner ergebenen Nachfolger fuhr Muhammad (Fsmi) fort zu predigen und Bekehrte zu gewinnen. Auch die Offenbarungen hörten nicht auf. Etwa zu dieser Zeit nahmen zwei bedeutende Gestalten des Islam den Glauben an. Es handelte sich um 'Umar, der später der zweite Kalif des Islam wurde, und Hamza, den Onkel des Propheten. 'Umar, der von allen Quraish respektiert und gefürchtet wurde, begann in der Kaaba seine Gebete an Allah zu richten. Dies überraschte und störte die Quraish, und sie schworen, die Muslime und ihren Führer noch heftiger zu verfolgen.

Die Quraish verlangten von der Banu Hashim (Muhammads [Fsmi] Familie), ihn auszuliefern oder andernfalls die Konsequenzen zu tragen. Die Banu Hashim, deren Oberhaupt Muhammads (Fsmi) Onkel, Abu Talib war, weigerte sich. Als Folge davon wurden sie im Tal von Shu'ab Abu Talib drei Jahre lang boykottiert. Kurz nach diesem Nerven aufreibenden Boykott starb Abu Talib. Obwohl Abu Talib selbst nie den islamischen Glauben annahm, stand er bis zum Ende zu seinem Neffen und verteidigte ihn. Als ob dieser Schicksalsschlag nicht schon genug gewesen wäre, verlor der Prophet zu dieser Zeit auch noch seine geliebte Frau Khadija. Der Prophet schilderte diese Erfahrung später als Jahr des „Kummers".

Der Prophet und die Mir'aj

Etwa zu dieser Zeit besuchte eine Anzahl Menschen aus Medina, die vom Islam gehört hatten, den Propheten in Mekka und bekehrten sich zum Islam. Sie luden ihn ein, mit ihnen nach Medina (damals Yathrib genannt) zu kommen und dort zu bleiben, und sie legten den Eid ab, ihn zu beschützen. Der Prophet war für die Einladung dankbar, nahm sie jedoch nicht sofort an.

In der Zwischenzeit wurde der Heilige Prophet auf einer nächtlichen Reise *(isra)* in den Himmel geführt. Er wurde auf einem Tier namens al-Buraq von Mekka nach Jerusalem gebracht und stieg von hier in den siebten Himmel auf *(Mir'aj)*.[2] Die *Mir'aj* war sowohl eine körperliche wie auch eine geistliche Reise. Dem Propheten, dem Allah eine außerordentliche Ehre erwiesen hatte, wurde alles gezeigt, was im Himmel und im gesamten Universum war. Er sah das Licht und die Herrlichkeit Gottes. Dies war das größte Geschenk, das Gott einem Menschen machen konnte.

Es geschah während der *Mir'aj*, dass Allah den Muslimen die fünf täglichen Gebete befahl. Dem Propheten wurde die Ehre erwiesen, allen seinen prophetischen Vorgängern zu begegnen und sie im Gebet zu leiten. Diese Erfahrung schenkte dem Propheten Hoffnung und Kraft in diesem Jahr des Kummers, das er in Mekka verbrachte.

Die Wanderung des Propheten Muhammad (Fsmi)

Als Muhammad (Fsmi) durch die Erfahrung göttlicher Führung einsah, dass die Quraish entschlossen waren, die Muslime auszumerzen, gestattete er zweihundert seiner Anhänger, Zuflucht in Yathrib (Medina) zu suchen, wohin man sie bereits eingeladen hatte. Er selbst folgte einige Zeit später und entging so der wütenden Verfolgung durch die Quraish. Er wurde von seinem Gefährten Abu Bakr begleitet. Am 24. September 622 n. Chr. traf er in Yathrib ein. Die Übersiedlung von Mekka nach Yathrib ist unter der Bezeichnung *Hijra* bekannt.

Die Ankunft des Propheten in Yathrib löste unter der Bewohnern der Stadt großen Jubel aus. Man änderte sogar den Namen der Stadt von Yathrib in Madinatu 'an-nabi – Stadt des Propheten. Die Kurzform lautet Medina. Sechzehn Jahre später ordnete der Kalif 'Umar an, dass das Jahr der *Hijra* als offizieller Beginn der muslimischen Zeitrechnung gelten solle.

Die *Hijra* ist ein höchst bedeutungsvolles Ereignis. Der Koran lehrt:

> *Und damals schmiedeten die Ungläubigen gegen dich Pläne, dich gefangen zu nehmen oder dich zu ermorden oder dich zu vertreiben. Sie schmiedeten Pläne, (aber) auch Allah schmiedete Pläne, und Allah ist der beste Planschmied.* (Koran 8:30)

So war die *Hijra* der Beginn einer neuen Ära.

Die Muslime, die Mekka verließen, wurden *Muhajirun* (Emigranten oder Anhänger) genannt, und diejenigen, die sie in Medina willkommen hießen, wurden als *Ansar* (Helfer) bezeichnet. *Muhajirun* und *Ansar* waren nun unter dem islamischen Glauben und der Führerschaft des Propheten vereinigt. Auf diese Weise entstand die erste muslimische Gemeinschaft *(Umma)*. (Dies kommt im nächsten Kapitel ab Seite 84 zur Sprache.) In Medina war der Prophet nicht nur der Leiter der muslimischen Gemeinde, sondern auch der Nicht-Muslime. Jetzt war er Prophet und Staatsmann, und er empfing auch weiterhin Offenbarungen, die sich im besonderen um Fragen der Gesetzgebung und der Verwaltung drehten. Zum Beispiel wurde der Ramadan als Fastenmonat vorgeschrieben, und die *Qibla* (Gebetsrichtung) wurde von Jerusalem auf Mekka gedreht.

Die neue Gemeinschaft wurde mit vielen Problemen konfrontiert, die von den Feinden des Islam verursacht wurden. Es handelte sich dabei um Feinde, die unter den Muslimen oder sogar außerhalb von Medina lebten. Viele Menschen arbeiteten in verräterischer Absicht mit den Quraish zusammen, um die Muslime zu vernichten. Angesichts dieser bedrohlichen Situation war die muslimische Gemeinde wachsam und ergriff Maßnahmen, sich der Feinde zu erwehren.

Die Quraish von Mekka brannten immer noch vor Verlangen, die Muslime auszulöschen, und sandten ihre eintausend Mann starke Armee aus, um den Muslimen entgegenzutreten. Dies geschah im Jahr 624 n. Chr. (2 nach der *Hijra)*. Die Muslime konnten lediglich dreihundert Soldaten aufstellen. Die beiden Armeen trafen bei Badr aufeinander, und durch Allahs Willen brachten die Muslime unter der inspirierenden Führung des Propheten den Kämpfern aus Mekka eine rasche und vernichtende Niederlage bei. Dies bedeutete für die Muslime einen moralischen und geistlichen Sieg.

Ein Jahr darauf griffen die Quraish die Muslime in der berühmten Schlacht von Uhud erneut an. Dieses Mal errangen die Ungläubigen den Sieg in der Schlacht, hatten jedoch so viele Tote zu beklagen, dass sie aus ihrem Sieg kein Kapital schlagen konnten. Schließlich konnten die Muslime sie zurücktreiben. Und doch griffen die Quraish 627 n. Chr. Medina an und belagerten es. Allah war mit den Muslimen, denn später zogen sich die Quraish zurück.

628 n. Chr. führte der Prophet eintausendvierhundert Muslime in seine Heimatstadt Mekka, um dort zu beten. Er schloss mit den Quraish von Mekka den Vertrag von Hudaibiyya. Dieser Vertrag sah vor, dass die Einwohner von Mekka und Muslime gleich behandelt werden sollten. Darüber hinaus erklärten sich die Einwohner von Mekka einverstanden, die Stadt für drei Tage zu räumen, während die Muslime kamen, um anzubeten. Der Vertrag enthielt noch viele weitere komplizierte Artikel. Die Bedingungen für die Ungläubigen aus dem Stamm Quraish waren sehr milde.

Allerdings brachen die Quraish den Vertrag, und der Prophet zog mit muslimischen Truppen nach Mekka. Er nahm die Stadt im Januar 630 n. Chr. (8 nach der *Hijra)* ein, ohne auf Widerstand zu stoßen. Beim Einzug in die Stadt rezitierte er den Koranvers: „Gekommen ist die Wahrheit und dahingeschwunden ist die Falschheit; wahrlich, das Falsche verschwindet bestimmt" (Koran 17:81). Dann zertrümmerte er die 360 Götzenbilder, die die Kaaba umgeben hatten. Zu seinen Feinden, die Angst um ihr Schicksal hatten, sagte er: „Auf euch lastet an diesem Tag keine Schuld. Geht nach Hause, denn ihr seid alle frei."[3] Dies lehrte die Muslime, wie sie besiegte Feinde behandeln sollten.

Am 23. Februar 632 n. Chr. (10 nach der *Hijra)* begab sich der Prophet, begleitet von vierzehntausend Muslimen, auf seine Abschiedspilgerfahrt nach Mekka. In seiner letzten Predigt in Arafat behandelte er fünfzehn Aspekte des sozialen Lebens, die jedermanns zwischenmenschliche Beziehungen betrafen. Er betonte, dass Gott Einer sei, die Bedeutung von Allahs Botschaft, den Tag des Gerichts, die Heiligkeit des Lebens, Respekt gegenüber den Propheten, Respekt gegenüber Frauen, Respekt gegenüber Sklaven und die Wichtigkeit der muslimischen Bruderschaft. Er teilte der Umma mit, dass er ihnen zwei Dinge hinterließe: das Buch Gottes und die *Sunna* (Praxis) Seines Gesandten. Etwa um diese Zeit empfing er seine letzte Offenbarung, die wir bereits erwähnten (Koran 5:3).

Genau drei Monate nach dieser Abschiedspilgerfahrt geschah es, dass der Prophet erkrankte. Am Montag, dem 8. Juni 632 n. Chr. (dem 12. Rabil Awwal 11 nach der *Hijra)* starb der letzte Prophet und Gesandte Allahs genau zur Mittagsstunde, während er betete. Sein Tod war ein schrecklicher Augenblick für alle Muslime.

Abu Bakrs Bemerkung zum Tod des Propheten war bedacht und wirkungsvoll. Der trauernden muslimischen Gemeinde sagte er: „Wenn ihr Muhammad angebetet habt, dann ist er in der Tat tot; doch wenn ihr Gott anbetet – er lebt und kann niemals sterben.“[4]

Muhammad (Fsmi) – das Siegel der Propheten

Wie bereits erwähnt, sagen sowohl der Koran wie auch Muhammad (Fsmi) selbst in aller Deutlichkeit, dass er ein menschliches Wesen ist. Er ist weder Gott noch Sein Sohn, sondern lediglich der letzte Prophet Gottes, der gesandt wurde, um der ganzen Menschheit Führung und Leitung zu geben. Der Koran sagt:

> *Sprich: „O ihr Menschen, ich bin für euch alle ein Gesandter Allahs, Dessen das Königreich der Himmel und der Erde ist ... Darum glaubt an Allah und an Seinen Gesandten, den Propheten, der des Lesens und Schreibens unkundig ist, ... und folgt ihm, auf dass ihr rechtgeleitet werden möget.“* (Koran 7:158)

Darüber hinaus lernen wir aus dem Koran, dass der Prophet Muhammad (Fsmi) allen Geschöpfen Gottes, menschlichen und nicht-menschlichen, aus Barmherzigkeit gesandt wurde: „Wir entsandten dich nur aus Barmherzigkeit für alle Welten“ (Koran 21:107).

Muhammads (Fsmi) Botschaft war die logische Vollendung und Vervollkommnung aller vorhergehenden Offenbarungen. Gott hat durch den Koran und den Propheten die Endgültigkeit von Muhammads (Fsmi) Prophetenamt betont. Der Koran sagt: „Muhammad ist nicht der Vater eines eurer Männer, sondern der Gesandte Allahs und der letzte aller Propheten, und Allah besitzt die volle Kenntnis aller Dinge“ (Koran 33:40). Allah lehrt uns, dass Muhammad (Fsmi) die lange Reihe Seiner Apostel beschließt (besiegelt).

Wer ist in der Lage, sich der Lehre des Koran entgegen zu stellen? Als Muslime glauben wir an den Koran und daran, dass alles, was er sagt, absolut wahr ist. Nun, da die Zeit der Propheten endgültig vorbei ist, brauchen wir keine weiteren Propheten, sondern fromme Männer und Denker, die den Glauben wieder beleben und reformieren.

EINE CHRISTLICHE ENTGEGNUNG

Die christliche Sicht des Propheten Muhammad sollte sich vom gesamten biblischen Zeugnis bestimmen lassen, das Jesus den Messias betrifft. Christen und Muslime sind sich einig, dass Jesus der Messias ist. Was genau bedeutet das aber? Die Bibel bezeugt, dass der Messias die Vollendung der Schriften und der Propheten ist. Christen glauben, dass er der Erretter der Menschheit ist. Der Messias selbst sagte: „Ich bin der Weg und die Wahrheit und das Leben" (Johannes 14,6; *Luther 1984).* Daher glauben Christen, dass Jesus der Messias den Prüfstein jeglicher Wahrheit darstellt. So lautet das biblische Zeugnis.

Wenn ein Christ also den Propheten Muhammad betrachtet, ist es notwendig, dass er ihn im Licht des gesamten biblischen Zeugnisses beurteilt, das in Jesus dem Messias gipfelt.

EINE KLARSTELLUNG VON MUSLIMISCHER SEITE

Muslime respektieren den Messias. Allerdings glauben sie nicht, dass er allein aus diesem Grund höher steht als alle anderen Propheten. Tatsächlich bekräftigt der Koran sogar, dass Jesus das Kommen des Siegels der Propheten voraussagte. Der Koran sagt, dass Jesus kam als „Bringer der frohen Botschaft eines Gesandten, der nach mir kommen wird. Sein Name wird Ahmad [bzw. ‚der Gesandte' oder ‚Muhammad'] sein" (Koran 61:6).

Anmerkungen

[1] *Muhammad, übersetzt: „der Gepriesene".*
[2] *Weil Jerusalem der irdische Ausgangspunkt dieser Reise war, bleibt die Stadt bis heute der drittheiligste Ort der muslimischen Welt.*
[3] *Ibn Sa'd, Kitab al-Tabaqat, Serie II, Band 2 (Leiden, 1300 nach der Hijra), S. 54–55.*
[4] *Hadith aufgezeichnet von Ibn Ishaq-Ibn Hisham, Serat Rasul Allah, S. 683.*

Im Namen Allahs, des Allerbarmers, des Barmherzigen.

8

DIE UMMA

DIE MUSLIMISCHE GEMEINSCHAFT

Die muslimische Gemeinschaft heißt *Umma*. Sie unterscheidet sich von jeder anderen Gemeinschaft. Sie dreht sich nicht um Stammeszugehörigkeit, Nationalität, Rasse oder Sprachgruppen. Die Umma leitet ihre Bezeichnung nicht von einem Gründer oder einem bestimmten Ereignis ab. Die Umma ist die Gemeinde Allahs. Er ist die absolute Wahrheit, der die muslimische Gemeinde ihr Leben und ihre Existenz verdankt. Leben und Aktivität der Umma stehen unter seiner gesetzgeberischen Gewalt. Gleichermaßen steht auch das Leben des einzelnen Mitglieds der Umma, im Privaten wie im Öffentlichen, unter Gottes Befehlsgewalt. Allahs Gesetz muss in der Umma die höchste Autorität genießen. Was Gott der Gemeinschaft als gut befohlen hat, muss immer gut bleiben, und was er verboten hat, soll immer verboten bleiben. Die Umma besitzt nicht das Recht, Allahs oberstes Gesetz und Wertekanon zu verneinen, abzuschaffen oder zu annullieren.

Die Umma wurde von Gott ins Leben gerufen, wie der Koran bezeugt: „Und aus euch soll eine Gemeinde werden, die zum Guten einlädt und das gebietet, was Rechtens ist, und das Unrecht verbietet; und diese sind die Erfolgreichen“ (Koran 3:104). In einem anderen Koranvers preist Allah die Umma mit den folgenden Worten: „Ihr seid die beste Gemeinde, die für die Menschen entstand. Ihr gebietet das, was Rechtens ist, und ihr verbietet das Unrecht, und ihr glaubt an Allah" (Koran 3:110).

Das bedeutet, dass die muslimische Gemeinde Tugend fördert und Laster verabscheut. Die Gemeinschaft steht für Gerechtigkeit und Rechtschaffenheit ein. Der Koran lehrt:

> *O ihr, die ihr glaubt, seid auf der Hut bei der Wahrnehmung der Gerechtigkeit und seid Zeugen für Allah, auch dann, wenn es gegen euch selbst oder gegen Eltern und Verwandte geht. Ob der eine reich oder arm ist, so ist Allah beiden näher.* (Koran 4:135)

Gerechtigkeit ist eine Tugend, die in der Umma hoch geschätzt wird. Wir lernen aus dem Hadith weiterhin, dass einer der größten *jihad* (das Streben nach dem Weg Allahs) das Wort der Gerechtigkeit ist, das man einem ungerechten Führer sagt. Die Umma wird außerdem durch die Prinzipien der Einheit und Gleichheit zusammengehalten. Die Stärkung der muslimischen Bruderschaft ist das größte soziale Ideal des Islam. Der Koran stellt fest: „Die Gläubigen sind ja Brüder. So stiftet Frieden zwischen euren Brüdern und fürchtet Allah, auf dass euch Barmherzigkeit erwiesen werde" (Koran 49:10).

Muhammad (Fsmi) und die Umma

Im siebten Kapitel sahen wir, dass Muhammad (Fsmi) im Jahr 622 n. Chr. Mekka verließ und sich in Medina niederließ. Hier wurde er von den Muslimen, die in Medina ansässig waren, und von den vielen Exilanten, die er vorher aus Mekka ausgesandt hatte, begeistert willkommen geheißen. Die Einwohner von Medina, vor allem die Aws und Khazraj, die ihn vorher eingeladen hatten, waren glücklich, dass der Prophet gekommen war, um bei ihnen zu leben. Den Emigranten aus Mekka wurde der Titel *Muhajirun* (Exilanten) verliehen, während man ihre Gastgeber in Medina als *Ansar* (Helfer) bezeichnete. Die *Ansar* und *Mujahiru* akzeptierten den Propheten Muhammad (Fsmi) bereitwillig als ihr Oberhaupt.

Die erste Aufgabe, die der Prophet in seiner neuen Heimat in Angriff nahm, bestand darin, in Qaba eine Moschee zu bauen, um

Allah anzubeten, so wie es die islamischen Prinzipien vorschrieben. Dies war die erste Moschee, die für die Umma errichtet wurde. Darüber hinaus war es die erste Moschee der Geschichte. Dieser Bau markierte einen Wendepunkt in der Geschichte seiner Sendung und der Umma.

Seine zweite Aufgabe in Medina bestand darin, die *Muhajirun* aus Mekka, die mit kärglichen Besitztümern gekommen waren, zu versorgen. Die *Ansar* teilten alles, was sie hatten, mit den *Muhajirun*. Indem sie der Bruderschaft auf so wunderschöne Weise Ausdruck verliehen, wurden die beiden Gruppierungen zu einer Gemeinschaft zusammen geschweißt.

Nun, da die Muslime nicht mehr unmittelbar von den Quraish aus Mekka bedroht wurden, hatte der Prophet viel Zeit, die neue Gemeinschaft nach den Vorschriften des göttlichen Gesetzes neu zu organisieren. Nach Allahs Willen schuf er eine starke Umma in Medina. In der ersten Phase der Entstehung der Umma weitete der Prophet die Autorität der Umma über den Kreis der muslimischen Gläubigen hinaus aus. Dies war nur logisch, weil in Medina eine Anzahl von Menschen unter dem Propheten lebten, die den Islam noch nicht angenommen hatten. Die Exilanten, die Helfer und die Juden stellten die wichtigsten Gruppen dar. Diesen drei Gruppen garantierte der Prophet ihren Status, ihre Rechte und Pflichten.

Der Prophet verfasste eine Charta, die die Beziehungen zwischen den verschiedenen Gruppen in Medina regelte. Diese Charta gehört zu den ersten schriftlich niedergelegten Verfassungen der Welt. Ein gründliches Verständnis dieser Charta könnte uns verstehen helfen, warum die Umma den Feinden der Muslime erfolgreich Widerstand leisten konnte. Die Charta stellte fest:

> *Im Namen Allahs des All-Erbarmers, des Barmherzigen wird diese Charta von Muhammad, dem Gesandten Allahs, allen Gläubigen gegeben, ob sie nun Quraish sind oder aus Medina stammen, und allen Einzelpersonen, woher sie auch stammen mögen, die mit ihnen zusammen leben, die alle eine einzige Nation (Umma) bilden sollen.*[1]

Das Verhalten von Einzelpersonen und den unterschiedlichen Gruppierungen in Medina musste auf dieser neuen Charta und den darauf folgenden diesbezüglichen Offenbarungen gründen. Die Charta legte fest, dass die Juden, die zur islamischen Nation gehörten, vor allen Beleidigungen und vor Verfolgung geschützt werden sollten. Sie sollten die gleichen Rechte wie die Muslime besitzen und besaßen die Freiheit, ihre Religion wie die Muslime auszuüben. Selbst den Verbündeten der Juden wurden ähnliche Rechte zugestanden. Das Gebiet von Medina erklärten alle Unterzeichner der Charta für geheiligt und unantastbar. Doch die Juden und ihre Verbündeten hatten wie die Muslime die Pflicht, ihre Heimatstadt Medina gegen alle Feinde zu verteidigen. Jeder, der die Umma auf irgendeine Weise verriet, musste bestraft werden. Alle Muslime mussten jeden, der eines Verbrechens, der Ungerechtigkeit, der Stiftung von Unordnung oder des Verrats für schuldig befunden wurde, verabscheuen. Die Charta schloss mit der Festlegung, dass alle zukünftigen Streitigkeiten unter den Menschen im Geltungsbereich der Charta unter den Augen Gottes an den Propheten Muhammad (Fsmi) verwiesen würden.[2]

In Medina unterschied sich der Auftrag des Propheten beträchtlich von der Zeit in Mekka. Muhammad (Fsmi) war nicht mehr der verfolgte Prophet; er war nun das Oberhaupt der Umma. Er war der oberste Vermittler und der oberste Richter der Umma. Muhammad (Fsmi) fungierte nie als Stammesoberhaupt, dem vom Stamm eine begrenzte Autorität zugestanden worden war, wie es für die arabische Regierungsform der *jahiliyya* typisch gewesen war. Er regierte vielmehr mit absoluter von Gott verliehener Macht. Die Quelle seiner Autorität war nicht die öffentliche Meinung, sondern Allah, der sie Seinem Siegel der Propheten verliehen hatte. Die Umma war eine religiös-politische Einheit – eine Theokratie. Man unterschied nicht zwischen dem rein Religiösen und dem rein Politischen, ebensowenig wie zwischen privatem und öffentlichem Verhalten. Jede Institution der muslimischen Gesellschaft, ob politisch oder sozial, musste sich der *Scharia* – Gottes Gesetz – anpassen. Aus dem gleichen Grund war die muslimische Armee in Medina Allahs Armee, und das muslimische Staatsvermögen war Allahs Vermögen.

Während seiner Zeit in Medina empfing der Prophet, der außerdem als Staatsmann wirkte, weiterhin Offenbarungen. Das Wesen dieser Offenbarungen unterschied sich beträchtlich von denen während seiner Zeit in Mekka. Während sich diese vor allen Dingen um Fragen des Glaubens drehten, deckten die Offenbarungen, die er in Medina empfing, ein größeres Spektrum ab. Sie behandelten menschliches Verhalten, Essen und Trinken eingeschlossen, Heirat und Familienleben, Moral und Sitten, Frieden und Krieg, Handel und Geschäft, Verträge, *jihad* (das Streben nach dem Weg Allahs) sowie Verbrechen und Strafe. Gleichzeitig setzte der Prophet alles, was er predigte, als persönlichen, praktischen und nach außen gerichteten Ausdruck seines Glaubens und seiner Pflicht beispielhaft in die Tat um.

In Medina rief der Prophet einige wichtige Institutionen ins Leben. Das Gebet *(salat)* sollte fünf Mal am Tag abgehalten werden, voraus ging der *adhan* (Ruf zum Gebet). *Saum* (Fasten) sollte im heiligen Monat Ramadan praktiziert werden. Der jüdische Sabbat wurde durch den Freitag ersetzt. Die *al-Kaaba* in Mekka wurde als *Qibla* (Gebetsrichtung) festgesetzt. Diese Praktiken schweißten die Umma zusammen, die sich niemals auf eine Hierarchie von geweihten Priestern verließ. In Medina schuf der Prophet eine Umma, die jede ethnische und lokale Loyalität überstieg.

Probleme der frühen Umma

Obwohl es den Muslimen gelungen war, einen Staat (Umma) zu schaffen, gab es Feinde von innen und außen. Die erste Gruppe war die der „heuchlerischen Muslime“ *(Munafiqun)*. Diese waren irgendwie zur Herde des Islam gestoßen, hielten aber heimlich immer noch an ihrem Götzenglauben fest. Sie wurden toleriert, doch als ihr Anführer Abdallah Ibn Ubay starb, löste sich die Gruppe auf. Zweitens zeigte sich, dass die Juden sich nur unter Muhammads (Fsmi) Herrschaft gestellt hatten, weil es ihnen zeitweilig entgegenkam. Sie wünschten den Muslimen Schlechtes, verrieten ihre Heimatstadt und arbeiteten mit den Quraish aus Mekka zusammen, um die im Entstehen begriffene Umma auszulöschen. Die Muslime waren sich bewusst, dass es in der Umma von Medina unzufriedene Menschen gab, und behielten ihre Widersacher im Auge, und manchmal mussten sie wirkungsvolle Maßnahmen ergreifen, um mit ihnen fertig zu werden.

Im zweiten Jahr der *Hijra* stellten die Quraish aus Mekka eine starke Armee von eintausend Soldaten auf, um die Umma in Medina zu zermalmen. Die Umma, die das Recht zur Selbstverteidigung besaß, marschierte ihnen hastig mit einer schlecht ausgerüsteten Truppe von nur dreihundert Gläubigen entgegen. Die Heere stießen bei Badr, etwa einhundertdreißig Kilometer von Medina entfernt, aufeinander. In der Schlacht von Badr konnte die gereinigte Armee Allahs den Ungläubigen eine vernichtende Niederlage zufügen, obwohl die Armee der Ungläubigen mehr als drei Mal so groß war. Dieser erstaunliche Sieg schenkte der Umma in moralischer und geistlicher Hinsicht Zuversicht und Stärke. Gerechtigkeit, Wahrheit und Recht hatten über das Böse gesiegt.

Trotzdem waren die gedemütigten Ungläubigen aus Mekka immer noch entschlossen, die Umma in Medina auszulöschen. Zweimal, 625 und 632 n. Chr. marschierten sie gegen Medina, und bei beiden Gelegenheiten gelang es ihnen nicht, die muslimische Gemeinschaft zu zerstören. Trotz all dieser Hindernisse gelang es der Umma, nach nur einem Jahrzehnt harter Kämpfe, die arabische Halbinsel unter ihre Kontrolle zu bringen.

Die Verbreitung der Umma

Als der Prophet Muhammad (Fsmi) 632 n. Chr. starb, hatte sich die Position der Umma in ganz Arabien gefestigt. Dem Propheten war die universelle Natur seiner Sendung bewusst gewesen. Die Umma war nicht nur auf Araber beschränkt. Die ganze Welt musste die Botschaft des Islam hören. Daher traf er Vorbereitungen, seine muslimischen Abgesandten nach Syrien und Ägypten zu schicken. Er lud Oberhäupter und ihre Untertanen ein, sich dem Islam anzuschließen. Die Abgesandten wurden mit gemischten Gefühlen empfangen.

Als sich der Islam verbreitete, veränderte sich die Umma, die sich im Wesentlichen auf das islamische Gesetz gründete, schnell von einer arabischen in eine weltweite muslimische Umma. Es ist nicht überraschend, dass sich die Umma bald nach dem Tod des Propheten weit über die Grenzen der arabischen Halbinsel hinaus ausdehnte. Im Lauf dieses Prozesses brachte sie Völker aus verschiedenen Kulturen, Rassen und Nationen zusammen, die nun eine einzige große Umma bildeten. Noch heute breitet sich die Umma aus. Die allgemein gültige Botschaft der Erneuerung (Islam) wird heute von Hunderten von Millionen Menschen aus Ländern und Kulturen rund um die Welt angenommen.

Die Umma, die vor vierzehn Jahrhunderten entstand, hat lediglich eine nennenswerte Spaltung erlebt, als sie sich in Sunniten, die die Mehrheit stellen, und die Schiiten teilte. Das Schisma ergab sich aus der Frage, wer die Umma leiten solle. Schiitische Muslime glauben, dass das Oberhaupt (der *Imam)* der Umma ein Nachkomme des Propheten sein solle. Sie entwickelten eine Theologie des unfehlbaren *Imam*. Auf der anderen Seite gründet sich für die sunnitischen Muslime die Autorität der Gemeinschaft auf die *Scharia,* die sich von der Oberhoheit des Korans (Sunna) und dem Konsens der Umma in allen Fragen ableitet. Diese beiden Gruppierungen können jedoch nicht von der erstaunlichen Einheit der muslimischen Umma insgesamt ablenken.

Zusammenfassung

Die Umma ist eine Gemeinschaft von Muslimen, die sich dem Willen Allahs vollständig unterwerfen und die Lehren Seines Propheten Muhammad (Fsmi) streng befolgen. Der Grundstein für die Umma wurde vom Propheten Muhammad (Fsmi) durch Allahs Willen und Barmherzigkeit gelegt. Die Umma überwindet alle Grenzen von Stamm, Nation, Sprache oder Rasse.

EINE CHRISTLICHE ENTGEGNUNG

Christen sind von dem umfassenden Konzept der muslimischen Umma beeindruckt, die ein vollständiges Programm für gesellschaftliche, wirtschaftliche, kulturelle, politische und religiöse Organisationen enthält. Alle Aspekte des Lebens werden in der Umma unter die Herrschaft der *Scharia* gebracht. Dies stellt eine beeindruckende Leistung dar.

Auch die christliche Kirche fordert die Menschen auf, das ganze Leben unter Gottes Herrschaft zu stellen, eine Herrschaft, die Jesus der Messias als das Reich Gottes verkündete. Trotzdem glauben Christen nicht, dass die Mechanismen der politischen Macht das Reich Gottes aufrichten können. Jesus der Messias zeigte uns, dass das Reich Gottes niemals durch politische Maßnahmen aufgerichtet oder am Leben erhalten werden kann. Als Jesus von seinen Anhängern gedrängt wurde, eine politische Führungspersönlichkeit zu werden, wies er ihr Ansinnen zurück. Durch den Messias offenbarte Gott, dass das Reich Gottes in der Geschichte der Menschheit durch erlösende und leidende Liebe Gestalt gewinnt.

Gottes Reich wächst in der Stille. Es stellt die Ausweitung von Gottes Liebe und Gnade auf die menschliche Gesellschaft dar. Sie gleicht dem unsichtbaren Sauerteig im Brot, dem Licht in der Finsternis, oder dem Salz in der Nahrung. Gottes Reich beeinflusst Kultur und Gesellschaft von innen heraus, aber Gott zwingt den Menschen niemals seinen Willen auf. Gottes Reich ist jedes Mal gegenwärtig, wenn Menschen ihr Leben der rettenden Gnade Gottes öffnen.

Die Kirche ist trotz all ihrer Unvollkommenheiten von Gott berufen, unter den Völkern als Zeichen der Gegenwart von Gottes Reich zu dienen, einem Reich der Gerechtigkeit und des Friedens, das die Grenzen aller nationalen und kulturellen Systeme überwindet. Es lässt sich nicht mit irgendeinem religiösen oder politischen System identifizieren. Das Reich Gottes ist gegenwärtig, wo immer Menschen in der rechten und freudigen Beziehung mit Gott und ihren Mitmenschen leben.

Christen sollten bekennen, dass wir das Reich Gottes oft missverstanden haben. Manchmal sind wir daran schuldig geworden, zu versuchen, das Reich Gottes in die Geschichte hinein zu zwingen. Manchmal neigen wir dazu, das Reich Gottes mit einem bestimmten staatlichen System oder einer bestimmten religiösen Kultur gleichzusetzen. Wir bekennen, dass dies eine tragische Perversion unserer Berufung als Christen darstellt, und wir sollten hier Buße tun.

Anmerkungen

[1] *Nach A. A. Galwash,* The Religion of Islam, *Vol. 1 (Kairo: Supreme Council for Islamic Affairs, 1966), S. 94.*
[2] *Nach Stichwort „Al-Medinah", Shorter Encyclopaedia of Islam (London: Luzac & Co., 1965), S. 294.*

Im Namen Allahs, des Allerbarmers, des Barmherzigen.

9

GÖTTLICHE FÜHRUNG UND FRIEDEN

DIE MUSLIMISCHE SICHT

Das muslimische Verlangen nach Führung wird im Eröffnungskapitel *(al-Fatiha)* des Korans zusammengefasst. Es lautet:

Alles Lob gebührt Allah, dem Herrn der Welten,
dem Allerbarmer, dem Barmherzigen,
dem Herrscher am Tage des Gerichts!
Dir (allein) dienen wir, und Dich (allein) bitten wir um Hilfe.
Führe uns den geraden Weg,
den Weg derer, denen Du Gnade erwiesen hast,
nicht (den Weg) derer, die (Deinen) Zorn erregt haben, und nicht (den Weg) der Irregehenden. (Koran 1:2–7)

Ein Muslim ist jemand, der sich der göttlichen Führung unterwirft, die Gott der Menschheit aus Barmherzigkeit offenbart hat. In der Unterwerfung ist Frieden.

Islam ist Frieden

Islam ist der Weg des Friedens. Die muslimische Gemeinschaft, die Umma, ist die Gemeinschaft des Friedens, die sich Gottes Willen unterworfen hat. Jeder kann diesen Frieden erleben, wenn er unerschütterlichen Glauben an den einen Gott – Allah – hat und sich vollständig Allahs Willen und Geboten unterwirft. Diese Unterwerfung, in der Frieden liegt, schließt das Glaubensbekenntnis, den Glauben an die Bücher Gottes, Gehorsam gegenüber den Propheten und Unterwerfung unter das Gesetz Gottes ein. Wir werden jeden dieser Aspekte der Unterwerfung kurz besprechen.

Die Shahada

Der wahre Gläubige muss im Islam die *Kalimah* oder *Shahada* sehr ernst nehmen – *La ilaha illa 'lah, Muhammadu rasul Allah.* Die *Shahada*, die feststellt, dass es außer Allah keinen Gott gibt, der der Anbetung würdig ist, ist der Bund der Unterwerfung, den Allah der Menschheit gegeben hat. Es ist derselbe Bund der Unterwerfung, den alle Propheten Allahs, von Adam bis Muhammad, zu erneuern gekommen waren.

Die *Shahada* auszusprechen muss ein aufrichtiges Bekenntnis des tieferen Verständnisses und der Wertschätzung des einen wahren Gottes sein, der der Schöpfer, Herr und Herrscher all dessen ist, was im Universum existiert. Er allein ist transzendent und besitzt alle göttlichen Eigenschaften. Er steht jenseits und über seiner Schöpfung, und neben ihm jemand anders anzubeten, ist eine schwere Sünde. Der Koran bezeugt:

> *Oder stellen sie Allah Teilhaber zur Seite, die eine Schöpfung wie die Seine erschaffen haben, so dass (beide) Schöpfungen ihnen gleichartig erscheinen? Sprich: „Allah ist der Schöpfer aller Dinge, und Er ist der Einzige, der Allmächtige."* (Koran 13:16)

Dieser eine wahre Gott ist darüber hinaus der All-Liebende, All-Großzügige, All-Wohlmeinende, der All-Barmherzige, der Mitleid Zeigende und der über alle Maßen Vergebende. Frieden liegt vor der Tür aller Gläubigen, die sich Allahs Willen unterwerfen, Seinen Geboten und Seinem Gesetz gehorchen und neben Ihm keinen anderen Gott anbeten.

Der Koran

Wie bereits bemerkt, offenbarte Gott Seine Gebote, indem Er Seine Bücher der göttlichen Führung durch seine Boten sandte. Der Koran als die letzte Offenbarung ist das endgültige Kriterium der Wahrheit, und alle Muslime müssen sich seiner göttlichen Autorität unterwerfen. Der Muslim erfährt Frieden in der dankbaren Unterwerfung unter den wunderbaren Willen Gottes, wie er im Koran offenbart ist.

Die Sunna

Durch die Propheten wurden der Eine Gott und Seine göttlichen Bücher offenbart. Daher muss der wahre Knecht Allahs auch an alle Propheten glauben, den Propheten Muhammad (Fsmi), das Siegel der Propheten, eingeschlossen. Niemand gilt als Gläubiger, wenn er nicht dem Propheten gehorcht, durch den der Koran offenbart wurde. Der Weg des Propheten *(Sunna)* ist der Pfad der göttlichen Führung. Der Koran sagt:

> *Wahrlich, diejenigen, die nicht an Allah und Seine Gesandten glauben und eine Trennung zwischen Allah und Seinen Gesandten machen ... diese sind die Ungläubigen im wahren Sinne, und bereitet haben Wir den Ungläubigen eine schmähliche Strafe. Diejenigen aber, die an Allah und an Seine Gesandten glauben und zwischen ihnen keinen Unterschied machen, sind es, denen Er ihren Lohn geben wird; und Allah ist Allvergebend, Barmherzig.*
> (Koran 4:150–152)

Allah verlangt vollständigen Gehorsam gegenüber Muhammad (Fsmi) und allen Gesandten Allahs. Weil die Propheten die Führung Gottes verkünden, bleibt dem Gläubigen keine Alternative, als den Anweisungen dieser göttlich geführten Boten zu gehorchen. Was das Siegel der Propheten betrifft, an das sich Muslime wenden, um Wegweisung zu erhalten, bemerkt der Koran: „Wir haben dich nur als Bringer froher Botschaft und Warner für alle Menschen entsandt; jedoch die meisten Menschen wissen es nicht“ (Koran 34:28).

Der Prophet Muhammad (Fsmi) erlegte den Muslimen auf, seinen Anweisungen in Bezug auf alles zu folgen, was er als Offenbarung von Allah empfangen hatte. Muhammads (Fsmi) Leben war geheiligt, weil es der ganzen Menschheit als Beispiel diente. Seine Auslegung des Korans wurde von Gott bekräftigt. Muslime können keine Entscheidungen treffen, die denen des Propheten widersprechen. Die religiöse Bedeutung des Propheten Muhammad (Fsmi) wird in den Worten zusammengefasst: „Wahrlich, ihr habt an dem Gesandten Allahs ein schönes Vorbild für jeden, der auf Allah und den Letzten Tag hofft und Allahs häufig gedenkt" (Koran 33:21). Daher ist der aufrichtige Glaube an den Propheten und unbedingter Gehorsam gegenüber seinen Lehren und seinem Beispiel für einen Muslim der eine sichere Weg, Frieden zu erlangen.

Die Scharia

Die muslimische Umma, die Gemeinschaft des Friedens, muss Gottes Führung strikt folgen. Diese Führung beziehungsweise das Gesetz ist sowohl im Koran wie auch in der *Sunna* (den Worten und Taten) des Propheten enthalten. Dieser von Allah stammende Kodex wird als *Scharia* bezeichnet und bedeutet wörtlich „Straße" oder „Pfad". Die *Scharia* ist genau die Straße, die den Menschen zum Frieden führt, wenn man ihr recht folgt. Die *Scharia* kombiniert die Führung und Leitung, die in Koran und *Sunna* enthalten sind, und ihre eigentliche Basis ist die *Shahada*.

Die *Scharia* (die in Kapitel 11 ab Seite 109 noch ausführlich behandelt werden wird), ist das heilige muslimische Gesetz. Sie ist das göttliche Gesetz. Sie ist das Gesetz, dem alle Muslime all ihre Angelegenheiten unterordnen müssen, im öffentlichen wie im privaten Bereich. Die *Scharia* zurückzuweisen, bedeutet den islamischen Glauben zurückzuweisen. Die *Scharia* ist das ideale Muster für das Leben eines Muslimen und das Gesetz, das alle Muslime in einer einzigen Umma vereint. Die strikte Befolgung der *Scharia* schenkt den Gläubigen die Hoffnung auf ein glückliches Leben in dieser Welt und der nächsten. Die *Scharia* gibt den Kurs vor, nach dem Gott die Menschheit nach seinem Willen leiten will. Das strikte Festhalten an Allahs Kodex ist der Weg, auf dem man Frieden

(Islam) erfahren kann, weil die *Scharia* alle Aspekte der göttlichen Führung in sich vereint.

Persönlicher *Ibadat*

Die Unterwerfung, die Frieden bedeutet, ist zu allererst ein persönliches Streben. Allah, der All-Barmherzige, der Wohlmeinende, hat den Menschen durch Seine Propheten und Schriften Führung geschenkt. Er tat dies alles, um der Menschheit zu helfen, sich der einen wahren Quelle der Führung zu unterwerfen, nämlich Allah. Jeder Gläubige muss nach dieser Unterwerfung, die Frieden ist, streben.

Glaube allein reicht nicht aus. Man muss alle Pflichten, die vom islamischen Glauben verlangt werden, auch in die Tat umsetzen. Man muss die *ibadat* (Andacht und Anbetung) pflegen. *Ibadat* ist ein umfassendes Konzept, und wir haben ihm das folgende Kapitel gewidmet. Andacht und Anbetung schließen ein, dass man die wichtigsten von Gott befohlenen Pflichten erfüllt und alle anderen guten Taten tut. *Ibadat* ist die umfassende Erfahrung vollständiger und rückhaltloser Unterwerfung unter Allahs Willen.

Muslime glauben, dass man Frieden nur durch die totale Bindung an den Islam erreichen kann. Insbesondere meinen wir, dass man Frieden durch die totale Bindung an die *Shahada,* Glauben an den Koran und Muhammad (Fsmi), Gottes Apostel, und die totale Unterwerfung unter die *Scharia* erreicht.

Wer sich weigert, sich Allahs Willen auszuliefern, kann keinen Frieden erfahren. Er wird sogar die Hölle erfahren. Allah sagt:

> *Er sprach: „Ich treffe mit Meiner Strafe, wen Ich will; doch Meine Barmherzigkeit umfasst alle Dinge; so werde Ich sie bestimmen – für jene, die (Mich) fürchten und die Zakah entrichten und für jene, die an Unsere Zeichen glauben.“ (Koran 7:156)*

Zusammenfassung

In seiner Barmherzigkeit und Gerechtigkeit weiß Allah, wen er vor der Hölle retten will. Es gibt niemanden, der dem Menschen helfen kann, außer seinem aufrichtigen Glauben, wie er von Allah und seiner Barmherzigkeit verordnet worden ist. Allah warnt den Menschen vor der Sünde und verkündet:

> *Sprich: „Ich folge einem klaren Beweis von meinem Herrn, den ihr als Lüge erklärt. Es liegt nicht in meiner Macht, (herbeizuführen) was ihr zu beschleunigen wünscht. Die Entscheidung liegt nur bei Allah. Er legt die Wahrheit dar, und Er ist der beste Richter."* (Koran 6:57)

EINE ENTGEGNUNG VON CHRISTLICHER SEITE

Christen wie Muslime bezeugen, dass Gott Menschen einlädt, seinen Frieden zu erfahren. Christen glauben, dass wahrer Friede die Erfahrung einer rechten und freudigen Gemeinschaft mit Gott ist. Die Bibel spricht oft von „Frieden mit Gott". Christen glauben, dass der wahre Frieden mit Gott die Erfahrung der Erlösung von der Sünde ist. Wir glauben, dass es uns aufgrund unser Sündhaftigkeit unmöglich ist, den Willen und die Gebote Gottes angemessen zu befolgen. Wir glauben, dass unser *Ibadat* unvollkommen und unangemessen ist. Trotzdem glauben Christen, dass Gott es der ganzen Menschheit durch Jesus den Messias ermöglicht hat, Errettung und Frieden zu erfahren.

Die Bibel sagt:

> *Eure Rettung ist wirklich reine Gnade, und ihr empfangt sie allein durch den Glauben. Ihr selbst habt nichts dazu getan, sie ist Gottes Geschenk. Ihr habt sie nicht durch irgendein Tun verdient; denn niemand soll sich mit irgend etwas rühmen können. Wir sind ganz und gar Gottes Werk. Durch Jesus Christus hat er uns so geschaffen, dass wir nun Gutes tun können. Er hat sogar unsere guten Taten im Voraus geschaffen, damit sie nun in unserem Leben Wirklichkeit werden.* (Epheser 2,8–10)

Christen bezeugen, dass wir durch den Glauben an das, was Gott für uns durch Jesus den Messias getan hat, Frieden und Errettung erfahren.

Im Namen Allahs, des Allerbarmers, des Barmherzigen.

10

ANBETUNG

DIE MUSLIMISCHE PRAXIS

Anbetung (Singular: *ibadah* oder Plural: *ibadat)* ist der unterwürfige Gehorsam gegenüber seinem Meister, nämlich Gott. Sie ist deshalb die am tiefsten gehende religiöse Praxis. *Ibadah* ist das Bekenntnis, dass Allah der Herr und Meister und der Mensch sein Knecht oder Sklave ist. Alles, was der Knecht im Gehorsam vor Gott tut, gehört zur *ibadah*.

Der Koran sagt:

> *Sprich: „Wahrlich, mich hat mein Herr auf einen geraden Weg geleitet – zu dem rechten Glauben, dem Glauben Abrahams, des Aufrechten. Und er war keiner der Götzendiener." Sprich: „Mein Gebet und meine Opferung und mein Leben und mein Tod gehören Allah, dem Herrn der Welten. Er hat niemanden neben Sich. Und so ist es mir geboten worden, und ich bin der Erste der Gottergebenen."* (Koran 6:161–163)

Das Konzept der *ibadah* im Islam ist umfassend. Der zentrale Punkt ist von ganzem Herzen anzuerkennen, dass allein Allah, der Schöpfer aller Dinge, der Anbetung würdig ist. Allah hat einige religiöse Vorschriften bestimmt *(al-Din),* die als Ausdruck der Anbetung dienen.

Drei obligatorische Dimension der Anbetung im Islam sind:

1. Unterwerfung unter Allah *(Islam)*
2. Glauben *(iman)*
3. Gerechtigkeit oder Rechtschaffenheit *(ihsan)*

Die Haltung oder der Geist der rechten Anbetung beinhalten das Gebet *(du'a)*, Furcht vor Allah *(khawf)*, Hoffnung *(raja)*, Vertrauen *(tawakkul)*, Streben *(raghbah)*, Reue *(inabah)*, Opfer *(dhabh)*, Gelübde *(nadhr)*, Ehrerbietung *(khushu)*, Bitte um Zuflucht *(istiaanah)*, Bitte um Beistand *(istighathah)*, Bittgebet *(istiqanah)*, Ehrfurcht *(rahba)*, Erwartung *(khahyah)*.

All diese Formen der Anbetung sollten an niemand anderen als an Gott gerichtet werden. Wahre Anbetung bedeutet sicherzustellen, dass sich all diese Praktiken direkt und ausschließlich an Allah richten. Der Koran lehrt: „Und wer neben Allah einen anderen Gott anruft, für den er keinen Beweis hat, der wird seinem Herrn Rechenschaft abzulegen haben. Wahrlich, die Ungläubigen haben keinen Erfolg" (Koran 23:117). Der Anbetende muss bekennen, dass Gott die einzige Realität ist. Er ist der Herr, der Schöpfer, der All-Erbarmer.

Die rechte Haltung in der Anbetung *(Ibadat)*

Zunächst wollen wir einige der richtigen Haltungen in der Anbetung besprechen. Dann werden wir kurz über die obligatorischen Rituale, Glaubenssätze und Praktiken reden.

Furcht ist eine wertgeschätzte Haltung in der muslimischen Anbetung. Der Koran lehrt: „Es ist wahrlich Satan, der seine Helfer fürchten lassen will; fürchtet sie aber nicht, sondern fürchtet Mich, wenn ihr gläubig seid" (Koran 3:175). Wenn man sich also nach dem Guten sehnt und nicht nach dem Bösen und Gott in allem fürchtet, was man tut, leistet man eine wahre *ibadah*.

Hoffnung und *Vertrauen* in Gott sind für die wahre Anbetung ebenfalls wichtig. Ein Mensch, der in allem, was er tut, all seine Hoffnung und all sein Vertrauen in Gott setzt, leistet eine wahre *ibadah*. Solch ein Mensch wird zu einer großen geistlichen Würde erhoben, die eine große Belohnung darstellt. Allah sagt: „Der die sieben Himmel in Schichten erschaffen hat. Keinen Fehler kannst du in der Schöpfung des Allerbarmers sehen. So wende den Blick (zu ihnen) zurück: erblickst du irgendeinen Mangel?" (Koran 67:3).

Reue ist ein weiterer wichtiger Aspekt, der von Muslimen ernst genommen werden muss. Im Koran rät Allah den Muslimen zu bereuen und ein rechtschaffenes Leben zu führen, bevor es zu spät ist und das Gerichtsurteil gesprochen wird. Der Koran sagt: „Und kehrt euch zu eurem Herrn, und ergebt euch Ihm, bevor die Strafe über euch kommt; (denn) dann werdet ihr keine Hilfe finden" (Koran 39:54).

Das *Bittgebet* ist einer der wichtigsten Aspekte der muslimischen Anbetung. Im Koran lesen wir: „Alles Lob gebührt Allah, dem Herrn der Welten ... Dir (allein) dienen wir, und Dich (allein) bitten wir um Hilfe" (Koran 1:2–5). Das bedeutet, dass Muslime nicht nur Gott anbeten und Ihn um Hilfe bitten, sondern nachdrücklich nur Ihn allein anbeten und einzig und allein Ihn um seine Hilfe bitten, denn Er ist der Einzige, der der Hingabe würdig ist und Menschen helfen kann. Der Prophet Muhammad (Fsmi) sagte: „Wenn du Hilfe brauchst, bitte Allah um Beistand."[1]

Für einen Muslim stellt es eine *ibadah* dar, *alle Versprechen und geistlichen Gelübde treu zu erfüllen,* darunter auch Dienste, die man der Menschheit erweist. Wenn ein Mensch seine Versprechen im geschäftlichen und wirtschaftlichen Leben hält, in seinen Verträgen und auch im Umgang mit allen Leuten, denen er begegnet, ob Verwandten, Freunden oder Fremden, zählt dies alles zur *ibadah*. Der Koran bezeugt: „Sie vollbringen das Gelübde, und sie fürchten einen Tag, dessen Übel sich weithin ausbreitet" (Koran 76:7).

Zuflucht bei Gott zu suchen ist ein weiterer wichtiger Aspekt der Anbetung. Gott ist der Schöpfer, der Erhalter, der Herrscher und der Meister am Tag des Gerichts. Gott ist daher das einzige Wesen, das jederzeit ein Recht auf die Anbetung des Menschen hat. Es ist die Pflicht des Menschen, Gott anzubeten, indem er bei Ihm Schutz vor dem Bösen sucht. Gott beschützt diejenigen, die in der Anbetung Zuflucht bei ihrem Herrn suchen. Hierzu lehrt der Koran: „Ich nehme meine Zuflucht beim Herrn der Menschen, dem König der Menschen" (Koran 114:1–2).

Auch *Opfer* sind ein bedeutender Ausdruck der Anbetung. Was Opfer betrifft, ist das muslimische Zeugnis sehr eindeutig. Opfer dienen nicht dazu, höhere Mächte zu besänftigen, denn Gott ist Einer. Gott zeigt kein Interesse an dem Blut oder Fleisch unserer Opfer, sondern an dem Symbol unserer Dankbarkeit Ihm gegenüber, wenn wir das Fleisch des Opfertiers mit unseren Mitmenschen teilen. Es ist die andächtige Geisteshaltung, die beim Opfern zählt. Der Koran sagt uns: „Ihr Fleisch erreicht Allah nicht, noch tut es ihr Blut, sondern eure Ehrfurcht ist es, die Ihn erreicht“ (Koran 22:37). In einem anderen Koranvers wird uns gesagt:

> *Sprich: „Mein Gebet und meine Opferung und mein Leben und mein Tod gehören Allah, dem Herrn der Welten. Er hat niemanden neben Sich. Und so ist es mir geboten worden, und ich bin der Erste der Gottergebenen.“* (Koran 6:162–163)

Wir haben lediglich einige Aspekte der rechten Haltung und des rechten Ausdrucks bei der Anbetung beschrieben. Nun müssen wir einige Aspekte der obligatorischen Rituale und Praktiken der Anbetung betrachten.

Die obligatorischen Rituale, Glaubenssätze und Praktiken der *ibadah*

Wir haben gesehen, dass die *ibadah* ein Mittel darstellt, das körperliche und geistliche Leben eines Menschen zu reinigen. Wir haben einige der erwünschten Ausdrucksformen und Haltungen der Anbetung beschrieben. Über diese andächtige Haltung hinaus schreibt Allah gewisse obligatorische Rituale, Glaubenssätze und Praktiken der *ibadah* vor. Wir haben bereits bemerkt, dass dies die folgenden Punkte einschließt: 1. Unterwerfung *(Islam)* mit den Säulen der Pflicht; 2. Glauben *(iman)* mit allen Glaubensartikeln; 3. gute Werke *(ihsan)*.

Die obligatorischen Taten oder Rituale der *ibadah,* die zusammen die Unterwerfung *(Islam)* ausmachen, bestehen aus fünf Säulen: 1. zu bezeugen, dass es keinen Gott außer Allah gibt und das Muhammad (Fsmi) Sein Gesandter ist; 2. die Gebete zu verrichten *(salat);* 3. die obligatorischen Almosen zu geben *(zakah);* 4. im Monat Ramadan zu fasten *(saum);* 5. zur Kaaba zu pilgern *(Hajj).*

Die verpflichtenden Glaubenssätze, die zusammen den *iman* ergeben, sind folgende: Glauben an 1. Einen Gott (Allah), 2. Seine Engel, 3. Seine Bücher, 4. Seine Gesandten, 5. den Jüngsten Tag, 6. Seine Macht *(Qadar und Qatha').*

Schließlich besteht die obligatorische Praxis der *ibadah,* die den *ihsan* (rechtes Handeln) ergibt, darin Allah so anzubeten, als ob man Ihn sähe, denn obwohl man Ihn nicht sieht, sieht Er den Menschen.

Es liegt nicht in unserer Absicht, alle obligatorischen Rituale, Glaubenssätze und Praktiken, wie sie oben dargestellt sind, ausführlich zu diskutieren. Wir wollen uns auf einige Aspekte des *ihsan* (des rechten Handelns oder der Rechtschaffenheit) und des *salat* (Gebets) beschränken, eine sehr wichtige Form der *ibadah* der Unterwerfung (Islam), weil *salat* eine überaus wichtige Säule der Pflicht darstellt.

Rechtes Verhalten (Ihsan)

Das rechte Verhalten ist eine verpflichtende Form der Anbetung. Die *ibadah* des *ihsan* ist absolut wesentlich, weil jede gute Tat, die in der Unterwerfung unter Allahs Willen geleistet wird, tatsächlich einen Akt der Anbetung darstellt. Rechtschaffenheit deckt so viele Gebiete unseres privaten und öffentlichen Lebens ab, dass wir sie hier nicht erschöpfend behandeln können. Wenn ein Mensch den Armen hilft, den Hungrigen zu essen gibt, den Kranken hilft oder ähnliche gute Werke tut, nicht aus selbstsüchtigen Motiven heraus, sondern um Gottes Wohlgefallen zu suchen, dann ist das wahre Anbetung. Zur Rechtschaffenheit hat der Koran Folgendes zu sagen:

> *Es ist keine Frömmigkeit, wenn ihr eure Angesichter in Richtung Osten oder Westen wendet; Frömmigkeit ist vielmehr, dass man an Allah glaubt, den Jüngsten Tag, die Engel, das Buch und die Propheten und vom Besitz – obwohl man ihn liebt – den Verwandten gibt, den Waisen, den Armen, dem Sohn des Weges, den Bettlern*

und (für den Freikauf von) Sklaven, dass man das Gebet verrichtet und die Zakah entrichtet. Es sind diejenigen, die ihr Versprechen einhalten, wenn sie es gegeben haben; und diejenigen, die in Elend, Not und in Kriegszeiten geduldig sind; sie sind es, die wahrhaftig und gottesfürchtig sind. (Koran 2:177)

Gebet (salat)

Gebet ist die fundamentale und wichtigste Verpflichtung der *ibadah*. Vom Propheten ist das folgende Wort überliefert: „*Salat* ist die Säule der Religion, und wer sie verlässt, zerstört den Grundpfeiler der Religion."[2] Bei einer anderen Gelegenheit beschrieb der Prophet *salat* als „das Wesen der Anbetung". Es geschieht durch das Gebet, dass sich ein Muslim vollständig und praktisch Allah unterwirft.

Gebet ist eine religiöse Pflicht. Es ist *ibadah*. Gott sagt: „Bittet Mich; Ich will eure Bitte erhören. Die aber, die zu überheblich sind, um Mir zu dienen, werden unterwürfig in Dschahannam [Hölle] eintreten" (Koran 40:60). *Salat* ist die Erfüllung einer obligatorischen Pflicht, ein Akt der Ehrerbietung gegenüber Gott, eine Pflicht, die allen Gläubigen aufgetragen ist. Wer willentlich den *salat* vermeidet, verlässt den Islam.

Gebet ist das Herz und das innerste Wesen der Religion. Über seine Gebete wird man am Tag des Gerichts zuerst Rechenschaft ablegen müssen, noch vor allen anderen Pflichten. Wir lernen aus einem Hadith: „Sollten die Gebete eines Menschen als vollkommen beurteilt werden, werden all seine anderen Taten das Wohlgefallen des Barmherzigen Herrn erringen."[3] Weil das Gebet sehr wichtig ist, ist es die erste Pflicht, die Gott der Menschheit auferlegte, nach dem Glauben an den Einen Gott.

Es ist einem Muslim vorgeschrieben, fünf Mal am Tag zu beten – vor Sonnenaufgang, zwischen Mittag und Nachmittag, am Nachmittag, unmittelbar nach Sonnenuntergang und zwischen der Zeit nach dem Zwielicht und vor der Morgendämmerung. Die verschiedenen Körperhaltungen des Betenden verkörpern wahrhaft den Geist der totalen Unterwerfung unter Allah. Die verschiedenen Rezitationen stärken seine Hingabe an den allmächtigen Gott. Die Häufigkeit des

Gebets hilft den Betenden, Disziplin und Willensstärke zu entwickeln. Gebete stärken das Fundament des Glaubens und bereiten den Gläubigen auf ein Leben der Tugend, der Unterwerfung unter Allah, des inneren Friedens und der Stabilität vor. Sie helfen dem Menschen, ein ganz und gar aufrichtiges Leben zu führen – voller Ehrlichkeit, Geduld, Mut, Zuversicht und Hoffnung.

Bevor ein Muslim vor das Angesicht seines Herrn tritt, um seine Gebete darzubringen, muss er fleckenlos sauber und rein sein. Der Koran sagt: „Wahrlich, Allah liebt diejenigen, die sich (Ihm) reuevoll zuwenden und die sich reinigen" (Koran 2:222). Der Islam zeigt Interesse an der Reinigung des Körpers von allem Schmutz und aller Unreinheit wie auch der Reinigung des Verstands von allen fehlerhaften, falschen und entstellten Glaubensvorstellungen und Haltungen. Diese Reinigung von Verstand, Körper und Kleidung heißt *tahara*. Nur wenn ein betender Muslim sich im Zustand des *tahara* befindet, kann er sein *salat* verrichten. Die Reinigung des Körpers kann durch eine Waschung derjenigen Körperteile erreicht werden, die normalerweise Schmutz oder Staub ausgesetzt sind, oder auch durch ein Vollbad. Die Teilwaschung ist unter der Bezeichnung *wadu* (Abwaschung) besser bekannt, und das Vollbad nennt man *ghusul*. All dies beweist die Bedeutung des *salat* als einer Form der Anbetung.

Es wird empfohlen, das Gebet in der Gemeinschaft und in einer Moschee zu verrichten, wenn sich eine in der Nähe befindet. Dies gilt besonders für das gemeinschaftliche Freitagsgebet *(juma)*, das für alle Muslime verpflichtend ist. Zu allen anderen Gelegenheiten werden Muslime ebenfalls ihr Gebet vorzugsweise in einer Moschee verrichten, wenn es sich möglich machen lässt. Wenn es aber ungelegen ist, die Moschee zu besuchen, dürfen Muslime beten, wo immer sie sich gerade aufhalten – zu Hause, auf dem Markt, in einem Park, auf dem Bahnhof, im Botschaftsgarten oder an Bord eines Schiffs. Es ist kein ungewöhnlicher Anblick, Muslime am Straßenrand beten zu sehen.

Muslime können ihren *salat* überall verrichten. Der Koran sagt: „Alle Stätten der Anbetung sind Allahs" (Koran 72:18, *Ahmadeyya-Übersetzung)*. Trotzdem ist das gemeinsame Merkmal, das Muslime auf der ganzen Welt vereint, die Pflicht, barfuß zu stehen, sich nach Mekka auszurichten *(Qibla)* und den Gottesdienst in der Sprache des Koran abzuhalten. Diese allgemein gültige Praxis des *salat,* die von Muslimen auf der ganzen Welt geübt wird, unterscheidet Muslime von Nichtmuslimen. Die Einheit der weltweiten Gemeinschaft des Islam bestätigt sich im gemeinsamen Ritual des *salat.*

Wir haben den *salat* als einen Aspekt der *ibadah* der Unterwerfung diskutiert. Die anderen Rituale der Pflicht haben wir nicht behandelt, und wir haben auch keinen Aspekt der *ibadah* des *ihsan* (des rechten Verhaltens) näher betrachtet. Doch der *salat* ist eine Schlüsseldimension der gesamten *ibadah*-Erfahrung. Als solcher offenbart der *salat* die innere Bedeutung der Anbetung im Islam. Man kann sogar sagen, dass der Islam *ibadah* ist.

Das Wesen des Islams ist die *ibadah.* Es geschieht in der Anbetung, die ein allumfassender Lebensstil ist, ein Ausdruck der vollständigen und dankbaren Unterwerfung unter Gott, dass ein Muslim die Realität seines Glaubens an Gott bezeugt. Durch die *ibadah* verleiht der Muslim der Unterwerfung und dem Frieden Ausdruck, der der Islam ist.

Ausgehend von dem, was wir als *ibadah* identifiziert haben, können wir zuversichtlich behaupten, dass es keinen Islam ohne *ibadah* gibt. Durch die *ibadah* wird dem Islam Bedeutung verliehen. Es ist die *ibadah,* die die stützenden Säulen für das Haus des Islam liefert.

Abu Huraira erzählt in einem Hadith, dass ein Araber zum Propheten kam und sagte: „Leite mich zu einer Tat, durch die ich, wenn ich sie verrichtet habe, das Paradies betreten kann.“

Der Prophet entgegnete: „Bete Gott an und nichts anderes neben ihm, verrichte die vorgeschriebenen Gebete, gib die vorgeschriebenen Almosen *(zakah)* und faste im Ramadan.“

Der Araber antwortete: „Bei Ihm, in dessen Hand meine Seele liegt, ich werde nichts hinzufügen oder etwas davon weglassen.“

Als er sich entfernt hatte, bemerkte der Prophet: „Wenn irgendjemand einen Mann zu sehen wünscht, der unter den Leuten des Paradieses ist, so blicke er diesen Mann an.“[4]

Wenn also jemand allen wesentlichen Verpflichtungen *(ibadah)* nachkommt, ohne eine von ihnen auszulassen, wird er seinen Platz im Paradies finden. Durch die rechte Anbetung kann der Mensch auf das Paradies hoffen.

EINE CHRISTLICHE ENTGEGNUNG

Muslime haben Tiefgründiges zur Anbetung zu sagen. Die rechte Anbetung ist für Muslime eine Frage von großer Bedeutung, und viele Christen, die muslimische Freunde haben, sind von der Aufrichtigkeit und der Hingabe der muslimischen Anbetung beeindruckt. Die muslimische Disziplin, was Gebet, Fasten oder Almosengeben betrifft, ist beeindruckend. Christen wissen zu schätzen, dass das Wesen der islamischen Anbetung in der Unterwerfung unter Gott besteht. Wenn Christen das muslimische Zeugnis zur Anbetung hören und sehen, spüren sie oft die Herausforderung, sich in ihrem eigenen Gebets- und geistlichen Leben besser zu disziplinieren.

Gleichzeitig bezeugen Christen, dass sie alle, die Gott wahrhaft anbeten, einladen, das Geheimnis der Anbetungs*formen* hinter sich zu lassen und sich auf eine wirkliche Begegnung mit Gott einzulassen, eine persönliche Beziehung und Gemeinschaft mit dem, den Muslime wie Christen anbeten. Die Formen und Praktiken unserer Anbetung sind weniger wichtig als der Geist, in dem wir anbeten. Jesus der Messias lädt uns ein, Gott als unseren liebenden himmlischen Vater anzubeten. Wir sind eingeladen, unseren himmlischen Vater im Geist und in der Wahrheit anzubeten. Wir sind eingeladen, voller Freude an dem Übermaß seiner Gnade und Liebe teilzuhaben.

Das ist der Grund, warum das gemeinschaftliche Essen und Trinken in der Gegenwart Gottes (Abendmahl oder Eucharistie) das tiefste Symbol und der tiefste Ausdruck christlicher Anbetung ist; es ist ein Zeichen Gottes, unseres liebenden himmlischen Vaters, dass er voller Gnade unter seinem Volk gegenwärtig ist.

Wenn wir in der Gegenwart Gottes anbeten, werden wir als Muslime und Christen daran erinnert, dass die wahre Anbetung, die Gott gefällt, in der richtigen Haltung besteht.

EINE KLARSTELLUNG VON MUSLIMISCHER SEITE

Die Tatsache, dass Muslime sich viele Gedanken über die richtigen Anbetungsformen machen, sollte nicht darüber hinweg täuschen, dass ein wahrer Muslim sich in der Frage der Anbetung gleichermaßen viele Gedanken über die rechte Haltung der totalen Unterwerfung unter Gott machen sollte. In der islamischen Anbetung gehören das richtige Ritual und die richtige Haltung zusammen. Die dritte Dimension der islamischen Anbetung, *ihsan,* konzentriert sich auf die richtige Haltung. Der Koran sagt: „Es ist keine Frömmigkeit, wenn ihr eure Angesichter in Richtung Osten oder Westen wendet; Frömmigkeit ist vielmehr, dass man an Allah glaubt" (Koran 2:177).

Anmerkungen

[1] *Al Bukhari, Hadith.*
[2] *Nach Umar, Al-Hadith, Band 111 (Lahore: The Book House, von Fazul Karim, N. D.), S. 169.*
[3] *Nach Abi Hurayirah, Sahih Tirmidh (Damaskus: L-lftai von Minhaji Salihin & Izudin Baliyk, N. D.), S. 134.*
[4] *Al Bukhari, Hadith.*

Im Namen Allahs, des Allerbarmers, des Barmherzigen.

11

DAS RICHTIGE VERHALTEN

DAS MUSLIMISCHE IDEAL

Der allmächtige Gott offenbarte dem Propheten Muhammad (Fsmi) ein göttliches Gesetz und ein für immer gültiges Wertesystem. Das sind die Ideale, auf die sich das muslimische Verhalten gründen muss. Zunächst werden wir das Göttliche Gesetz *(Scharia)* als Grundlage des rechten Verhaltens betrachten. Dann werden wir kurz islamische Werte beschreiben.

Die *Scharia:* Was ist das?

Scharia leitet sich etymologisch von der arabischen Wurzel „der betretene Pfad" ab. Es ist dieser Pfad, der Menschen in die Unterwerfung führt. Die *Scharia* ist das göttliche Gesetz, wie es dem Propheten Muhammad (Fsmi) von Gott offenbart wurde, um der muslimischen Gemeinschaft Führung und Leitung zu geben. Es ist der detaillierte Gesetzeskodex, den Muslime befolgen müssen, im privaten wie im öffentlichen Leben. Es ist ein gut organisiertes System eines allgemein gültigen Gesetzes, das das rechte Verhalten vorschreibt. Es ist das göttliche Gesetz, das alle Muslime in einer einzigen *Umma* vereint, selbst diejenigen, die außerhalb der Grenzen der muslimischen Nation wohnen. Das ist die *Scharia*. Es ist hauptsächlich diesem allgemein gültigen Gesetz zu verdanken, dass der Islam in der Lage war, eine Zivilisation, eine vollständige Kultur und eine umfassende Weltordnung hervor zu bringen.

Was enthält die *Scharia?*

Die *Scharia* enthält jeden Aspekt menschlichen Tuns, ob nun weltlich oder geistlich. Politische, ökonomische und gesellschaftliche Angelegenheiten werden von der *Scharia* geregelt. Verschiedene Arten der Anbetung, moralische Maßstäbe und Bestimmungen zur Lebensführung sind in der *Scharia* enthalten. Durch die *Scharia* empfängt der Mensch Führung und Leitung, wie er sein Leben gestalten soll, im eigenen Interesse und weil Gott es gut mit ihm meint.

Ihm wird jedes Detail gesagt, wie er sein Leben führen soll, wie er zum Beispiel mit seinen Nachbarn, seinen Eltern und seinen Untergebenen umgehen soll. Während ihm befohlen wird, Barmherzigkeit zu erweisen, zeigt ihm die *Scharia* außerdem, wie er sich in bestimmten Situationen barmherzig verhalten kann. Die *Scharia* unterweist den Menschen, wie er essen, Besucher empfangen, kaufen und verkaufen, Tiere schlachten, sich reinigen, schlafen, zur Toilette gehen, eine Regierung führen, Gerechtigkeit üben, beten und andere Taten der *ibadat* ausüben soll.

Es gibt im Islam keine Unterscheidung zwischen privatem und öffentlichen Verhalten, und die *Scharia leitet den Menschen an, sein ganzes Leben nach dem göttlichen Willen auszurichten.* Durch die *Scharia* kann der Mensch seinem alltäglichen Leben einen Sinn geben. Dieses göttliche Gesetz ist für die Menschheit der richtige Verhaltenskodex, der das ganze Leben umfasst.

Als ein das ganze Leben umfassender Verhaltenskodex zeigt die *Scharia* eindeutig, welche Handlungen verpflichtend *(faradh)* sind, z. B. Gebet; welche verboten sind *(haram),* z. B. der Weingenuss; welche empfohlen sind *(Sunna),* z. B. zusätzliche Gebete; von welchen abgeraten wird *(mukrouh),* z. B. übermäßiges Essen; welche neutral *(mobah)* sind; ob man z. B. zu Fuß geht oder reitet.

Quellen der *Scharia* (Koran und *Hadith*)

Die wichtigste Quelle des göttlichen Gesetzes ist der Koran. Wie bereits bemerkt, ist der Koran die letztgültige und vollkommene Offenbarung. Jedes Wort, das im arabischen Koran enthalten ist, stammt von Gott. Als endgültige Offenbarung enthält er die endgültigen und vollkommensten Lösungen für alle Fragen des Glaubens und der Lebensführung. Der Heilige Koran enthält die Prinzipien des ganzen Gesetzes. Wir sollten allerdings nicht den Fehler begehen, ihn nur als ein Buch voller Gesetze zu betrachten, denn er behandelt neben dem Gesetz auch noch weitere Themen. Er ist lediglich eine sehr wichtige Quelle des göttlichen Gesetzes.

Obwohl alle allgemeinen Prinzipien des Gesetzes im Koran enthalten sind, werden sie nicht alle im Detail und der Anwendung ausdrücklich erklärt. Sie müssen ausgelegt und kommentiert werden. Der naheliegende Ausleger für das göttliche Gesetz war der Prophet Muhammad (Fsmi), durch den der Koran offenbart wurde. Der Koran sagt: „Nur diejenigen sind Gläubige, die an Allah und an Seinen Gesandten glauben" (Koran 24:62). Und in einem anderen Vers führt der Koran aus: „Zu dir haben Wir die Ermahnung herabgesandt, auf dass du den Menschen erklärest, was ihnen herabgesandt wurde, und auf dass sie nachdenken mögen" (Koran 16:44). Dem Prophet wurden also göttliche Weisheit *(hikma)* und die Autorität zu predigen und den Koran auszulegen verliehen, wie es heißt: „Dem Gesandten obliegt nur die deutliche Verkündigung" (Koran 24:54). Der Prophet legte der Gemeinschaft dar, wie das Gesetz, offenbart im Heiligen Koran, auszulegen und anzuwenden sei.

Als der Prophet starb, wurden all seine Aussprüche und Anweisungen *(hadith)* von denjenigen bewahrt, die sich in seiner Gesellschaft aufgehalten hatten. Später wurden sie gesichtet, sortiert und zu Büchern zusammengestellt, wie zum Beispiel *Sahih Muslim* und *Sahih Bukhari*. Diese Bücher sind unter der Bezeichnung *hadith* bekannt. Sie stellen einen Kommentar und eine Ergänzung des Koran dar. Die *hadith*-Schriften, die *Sunna* und *hadith* miteinander kombinieren, begründen die zweite grundlegende Quelle des Gesetzes nach dem Koran. Die auf den Propheten zurück gehenden *hadith (hadith* und *Sunna)* sind wie der Koran die unfehlbaren Quellen des Gesetzes.

Im Lauf der Jahre entwickelten und systematisierten muslimische Gelehrte *('ulama)* und vor allem Gesetzeskundige *(fuqaha)* die *Scharia.* Sie benutzten sowohl den Koran wie auch den *hadith,* um die Bände des Gesetzbuches zu verfassen, die heute in der *Scharia* enthalten sind. Zwei Prozesse wurden bei der Abfassung des muslimischen Gesetzes herangezogen, um die Bedeutung des Koran und des *hadith* abzustecken. Zum einen verließen sich die Gesetzesgelehrten auf den Konsens in der islamischen Gemeinschaft *('ijima).* Zweitens bedienten sie sich des analytischen Verstands *(qiyas).* Sowohl *'ijima* wie auch *qiyas* waren die akademischen Werkzeuge, die eingesetzt wurden, um die praktische Bedeutung des Koran und des *hadith* zu bestimmen. Auf diese Weise bildete sich die *Scharia* heraus. Im Lauf der Jahre entwickelten sich vier große juristische Systeme: die hanifitische, die malakitische, die schafiitische und die hanbalitische. Diese Schulen unterschieden sich in ihrem Herangehen an *qiyas* und *'ijima.* Doch Koran und *hadith* sind die Quelle *(madhab)* der *Scharia* für alle vier Schulen.

Eheschließung

Die Heiratsbestimmungen sind ein Beispiel für die Art und Weise, in der die *Scharia* vollkommene Führung bietet. Die *Scharia* bietet genaue Führung für jeden Aspekt der ehelichen Beziehung. Im Islam ist die Eheschließung ein feierlicher Vertrag. Obwohl Monogamie erstrebenswert ist, erlaubt der islamische Moralkodex unter bestimmten Bedingungen Polygamie oder Scheidung. Die *Scharia* regelt jedes Detail des Heiratsvertrages oder des Scheidungsverfahrens genau. Die Rechte der Frauen in einem polygamen Haushalt werden durch die *Scharia* auf ähnliche Weise definiert.

Polygamie wurde im Lauf der Geschichte der Menschheit immer wieder praktiziert. Weder ignoriert der Islam diese Praxis noch lässt er sie ungeregelt. Polygamie ist unter bestimmten Bedingungen erlaubt, mit einem Maximum von vier Frauen. Diese von bestimmten Bedingungen erteilte Erlaubnis ist keine Säule des Glaubens und auch kein Akt der Anbetung. Der Koran lehrt:

Heiratet, was euch an Frauen gut ansteht, zwei, drei oder vier; und wenn ihr fürchtet, nicht billig zu sein, (heiratet) eine oder was im Besitz eurer rechten (Hand ist). So könnt ihr am ehesten Ungerechtigkeit vermeiden. (Koran 4:3)

Es wird ein Maximum von vier Frauen erlaubt, vorausgesetzt, sie werden in materiellen wie immateriellen Dingen vollkommen gleich behandelt und erhalten auch das gleiche Maß an Zuneigung. Abdallah Yusuf sagt: „Da diese Bedingung am schwierigsten zu erfüllen ist, verstehe ich diese Empfehlung so, dass sie der Monogamie zuneigt."[1]

Die Regelungen zur Polygamie zielten nicht darauf, sie zur Notwendigkeit oder Regel zu erheben. Sie ganz abzuschaffen war allerdings nicht praktikabel, und deshalb machte der Islam den praktischen Schritt, sie mit bestimmten Einschränkungen zuzulassen.

Moral

Neben der *Scharia* stellt das System der Morallehre einen weiteren Entwurf für das ideale Verhalten eines Muslimen dar. Ethik und Moral ist ein so integraler Bestandteil des Islams, dass moralische Werte in fast jedem Abschnitt des Korans zur Sprache kommen. Wir können in diesem Kapitel nicht alle behandeln. Zu denen, die wiederholt erwähnt werden, gehören Aufrichtigkeit, Ehrlichkeit, Keuschheit, Milde, Wohltätigkeit, Höflichkeit, Liebe, Güte, Mut, Mitleid, Gerechtigkeit, Geradlinigkeit, Gehorsam, Wertschätzung, Freundlichkeit und Standhaftigkeit.

Die verschiedenen Aspekte von Ethik und Moral decken eine Anzahl von Aspekten ab. Dazu gehören hauptsächlich die Beziehung zwischen Mensch und Gott, zwischen Mensch und Mensch, zwischen Mensch und anderen Geschöpfen und die zwischen dem Menschen und seinem inneren Ich. Die moralischen Werte des Islam lehren den Menschen davon abzusehen, seinen Mitmenschen Verletzungen zuzufügen, und sie ermutigen ihn, anderen Gutes zu tun.

Das muslimische Verständnis der moralischen Werte lässt sich zum Teil mit dem folgenden Koranvers zusammenfassen:

> *Und dient Allah und setzt Ihm nichts zur Seite; und seid gut zu den Eltern und zu den Verwandten, den Waisen, den Armen, dem Nachbar, sei er verwandt oder aus der Fremde, dem Begleiter an der Seite, dem Sohn des Weges und zu dem (Sklaven), den ihr von Rechts wegen besitzt. Seht, Allah liebt nicht den Hochmütigen und Prahler.* (Koran 4:36)

Diese positiv ausgerichtete Moral, die die Menschheit ermutigt Gutes zu tun, betont, dass die Menschen den Einen wahren Gott lieben und ihm gehorchen müssen. Die Menschen müssen sich friedlich Allahs Willen unterwerfen. Die Unterwerfung unter Allahs Willen dient als Quelle erstarkender moralischer Qualitäten. Diese Qualitäten schließen Freundlichkeit und Liebe gegenüber Angehörigen, Eltern, Nachbarn oder Fremden ein. Menschen müssen die legitimen Rechte anderer respektieren. Sie sollten ehrlich sein, ihren Verpflichtungen nachkommen und ihre Sünden bereuen. Sie müssen für ihren Lebensunterhalt arbeiten.

Neben dieser positiv ausgerichteten Morallehre, die die Menschen anweist, sich dem Willen Gottes zu unterwerfen und sich selbst und anderen Gutes zu tun, gibt es auch schützende und vorbeugende moralische Werte, die den Menschen helfen davon Abstand zu nehmen, sich am Leben oder Eigentum anderer Menschen zu vergreifen. Wir wollen nun einige dieser Morallehren kurz betrachten.

Keuschheit

Ein Muslim darf keine ungezügelten Blicke auf Fremde werfen und muss sich davon enthalten, wollüstige oder romantische Geschichten anzuhören. Alle sexuellen Beziehungen außerhalb der Ehe sind verboten. Der Koran sagt: „Wahrlich, erfolgreich sind die Gläubigen, ... [die] ihre Schamteile bewahren; außer gegenüber ihren Gattinnen oder denen, die sie von Rechts wegen besitzen; denn dann sind sie nicht zu tadeln“ (Koran 23:1.5-6).

Wie man sich in der Öffentlichkeit zu kleiden hat, wird ebenfalls von den moralischen Werten des Islam geregelt. Der Koran stellt fest:

Sprich zu den gläubigen Männern, dass sie ihre Blicke zu Boden schlagen und ihre Keuschheit wahren sollen. Das ist reiner für sie. Wahrlich, Allah ist dessen, was sie tun, recht wohl kundig. Und sprich zu den gläubigen Frauen, dass sie ihre Blicke zu Boden schlagen und ihre Keuschheit wahren und ihren Schmuck nicht zur Schau tragen sollen – bis auf das, was davon sichtbar sein darf. (Koran 24:30–31)

Diese Zurückhaltung (Keuschheit) hilft dem Menschen, die höchste Ebene der moralischen Werte zu erreichen.

Ehrlichkeit

Muslimen ist aufgetragen, ehrlich und treu zu sein und sich um das zu kümmern, was ihnen anvertraut ist. Der Koran lehrt:

Und gebt den Waisen ihr Gut, und tauscht nicht (euer) Schlechtes mit (ihrem) Guten ein, und zehrt nicht ihr Gut zu dem eurigen hinzu; seht, das ist ein großes Verbrechen. (Koran 4:2)

In einem anderen Vers spricht Gott: „Gebt volles Maß und gehört nicht zu denen, die weniger geben; und wiegt mit richtiger Waage" (Koran 26:181–182). Die verschiedenen Lehren des Koran helfen den Menschen, sich gegen alle Formen der Verderbtheit zu schützen, indem sie ehrlich bleiben.

Frieden

Islam bedeutet Frieden und Unterwerfung. Friedfertigkeit ist einer der größten moralischen Werte. Muslime sind aufgefordert, im Frieden miteinander zu leben. „Wahrlich, Allah liebt die Gerechten. Die Gläubigen sind ja Brüder" (Koran 49:9–10). Friedfertigkeit bedeutet, dass niemand einem anderen irgendeinen Schaden zufügt. Danach strebt der Islam.

Höflichkeit

Muslime sind angehalten, in ihrem ganzen Verhalten Höflichkeit an den Tag zu legen. Sie sollen Verdächtigungen und leeres Gerede meiden. Dazu ermahnt sie der Koran: „O ihr, die ihr glaubt! Vermeidet häufigen Argwohn; denn mancher Argwohn ist Sünde. Und spioniert nicht und führt keine üble Nachrede übereinander" (Koran 49:12).

Gesundheit und Ernährung

Während diese vier Werte – Keuschheit, Ehrlichkeit, Frieden und Höflichkeit – dazu dienen, Menschen davon abzuhalten, anderen Schaden zuzufügen, gibt es andere Werte, die Menschen davor bewahren, sich selbst Schaden zuzufügen. Diese Werte verbieten es, alle berauschenden Substanzen anzurühren (Koran 2:159, 5:90–91) sowie Schweinefleisch, Wildtiere mit Klauen, alle Arten von Raubvögeln, Aas, Reptilien, Würmer und nicht ordnungsgemäß geschlachtete Tiere zu essen (Koran 2:172–173; 5:4). Dieses System von moralischen Werten wurde von Allah eingesetzt, um dem Menschen zu helfen, Charakter und Persönlichkeit im Einklang mit Allahs Willen zu entwickeln. Diese hohen moralischen Werte sind notwendig, damit der Mensch den geraden Weg entlang geführt wird.

Zusammenfassung

Es gibt keinen Islam ohne tiefe moralische Werte. Es ist Gottes Gesetz *(Scharia)* und Sein immerwährendes System von moralischen Werten, die als Vorlage für das ideale Verhalten eines Muslimen dienen. Die beiden ergänzen einander, und das muslimische Ideal des rechten Verhaltens kann, wenn auch nur eines fehlt, nicht vollständig realisiert werden.

EINE CHRISTLICHE ENTGEGNUNG

Wie werden wir gerecht? Der Islam erkennt, dass Regeln und Morallehre in vieler Hinsicht hilfreich sind. Doch die Frage bleibt: Sind moralische und zivilrechtliche Regeln ausreichend?

Die Bibel bezeugt:

Legt also eure frühere Lebensweise ab! Ja, legt den ganzen alten Menschen ab, der seinen Begierden folgt! Die betrügen ihn nur und führen ihn ins Verderben. Lasst euch in eurem Denken erneuern durch den Geist, der euch geschenkt ist. (Epheser 4,22–23)

Denn das steht fest: Mit Taten, wie sie das Gesetz verlangt, kann kein Mensch vor Gott als gerecht bestehen. Durch das Gesetz lernen wir erst die ganze Macht der Sünde kennen.
Jetzt aber ist die Gerechtigkeit Gottes, nämlich seine rettende Treue, offenbar geworden: Er hat einen Weg zum Leben eröffnet, der nicht über das Gesetz führt und doch in Übereinstimmung steht mit dem, was das Gesetz und die Propheten bezeugen. Dieser Weg besteht im Glauben, das heißt im Vertrauen auf das, was Gott durch Jesus Christus getan hat.
Alle erfahren Gottes rettende Treue, die in diesem Glauben stehen.
(Römer 3,20–22)

Anmerkung

[1] *Abdallah Yusuf Ali: Der Heilige Qu'ran (Beirut: Dar al Arabia, 1968), S. 179.*

Im Namen Allahs, des Allerbarmers, des Barmherzigen.

12

DER AUFTRAG DER UMMA

DAS WIRKEN DER UMMA

Die ersten beiden Offenbarungen, die Muhammad (Fsmi) empfing, waren Befehle zum Predigen. Am Berg Hira befahl Gott dem Propheten im Namen Seines Herrn, der alles erschuf, zu rezitieren. Mit dieser Offenbarung wurde Muhammad (Fsmi) ins Prophetenamt berufen. Im zweiten göttlichen Befehl hieß es: „O du Verhüllter! Verbringe die Nacht stehend (im Gebet) ... und trage den Qur'an mit Tartil vor" (Koran 73:1–3). Mit dieser Offenbarung wurde dem Propheten befohlen, Gottes Botschaft zu predigen. Er sollte öffentlich den Namen Allahs, des Herrn, verkünden. Durch diese Offenbarung wurde Muhammad (Fsmi) zum Gesandten Allahs berufen.

Der Auftrag des Propheten

Durch Allahs Plan und Willen gewann Muhammads (Fsmi) Auftrag an Logik und Erfolg. Zunächst wurde ihm aufgetragen, seine nächsten Verwandten zu warnen, dann sein Volk, dann die Araber, die um sie herum wohnten. Darauf folgte das gesamte Arabien und schließlich die ganze Welt. Der Auftrag des Propheten lautete, vom Bekannten ins Unbekannte vorzudringen. Allah sagt: „Wir haben sie als Qur'an auf Arabisch offenbart, auf dass ihr (sie) begreifen möget" (Koran 12:2). Und in einem anderen Vers heißt es: „Wir haben ihn (den Qur'an) in deiner Sprache leicht gemacht, damit sie sich ermahnen lassen" (Koran 44:58).

Muhammad (Fsmi) verkündete in Mekka Gottes Botschaft. Er warnte die Ungläubigen vor der schrecklichen Strafe nach dem Jüngsten Tag. Er rief die Einwohner von Mekka in Predigten auf, sich Gottes Willen zu unterwerfen. Die Mehrheit der Quraish nahm Muhammads (Fsmi) Botschaft mit offener Feindseligkeit auf. Muhammad (Fsmi) und seine Anhängerschar wurden gefoltert und verfolgt. Allah der Allmächtige befahl ihm, sich zu zügeln und geduldig zu sein. Als die Verfolgung von Muslimen übermächtig wurde, wurde dem Propheten von Allah geraten, sich auf die Wanderschaft zu begeben. Der Koran sagt:

> *Und damals schmiedeten die Ungläubigen gegen dich Pläne, dich gefangen zu nehmen oder dich zu ermorden oder dich zu vertreiben. Sie schmiedeten Pläne, (aber) auch Allah schmiedete Pläne, und Allah ist der beste Planschmied.* (Koran 8:30)

In Medina schweißte der Prophet die Gläubigen zu einer Bruderschaft, der *Umma,* zusammen. Die Muslime machten bald Gegner der *Umma* ausfindig, von innen und von außen. Es geschah etwa zu dieser Zeit, dass dem Propheten befohlen wurde, gegen die zu kämpfen, die gegen ihn kämpften, und sich von denjenigen zurückzuziehen, die keinen Krieg gegen ihn führten. Der Koran sagt: „Und wenn sie jedoch zum Frieden geneigt sind, so sei auch du ihm geneigt und vertraue auf Allah. Wahrlich, Er ist der Allhörende, der Allwissende" (Koran 8:61). Den Muslimen wurde von Anfang an befohlen, niemals mit Kampfhandlungen gegen andere Menschen anzufangen. Sie sollten allerdings Festigkeit bewahren, wenn sie sich gegen die *Umma* und die Menschlichkeit gerichtete Aggressionen und Unterdrückung zur Wehr setzten.

Wenn sie für den Auftrag der *Umma* werben, sollen Muslime den Lehren und dem Beispiel Muhammads (Fsmi) folgen. Der Koran sagt: „Nur diejenigen sind Gläubige, die an Allah und an Seinen Gesandten glauben" (Koran 24:62). Muslime erkennen an, dass Muhammad (Fsmi) als der letzte Prophet Allahs der einzige Prophet war, der seinen Auftrag zu Lebzeiten erfüllte. Die letzte Offenbarung, die er vor seinem Tod empfing, lautete: „Heute habe Ich euch eure Religion vervollkommnet und Meine Gnade an euch vollendet und euch den Islam zum Glauben erwählt“ (Koran 5:3).

Als Muhammad (Fsmi) starb, hatte er die *Umma* von Gläubigen gegründet und außerdem ein vollkommenes Modell auf dieser Erde entwickelt, dem die Menschheit folgen sollte. Nach dem Tod des Propheten griff die *Umma* die ehrenvolle Aufgabe auf, die vollkommene Botschaft des Islam auf der ganzen Welt zu verkünden.

Die Verbreitung des Islam

Der Koran und der Prophet Muhammad (Fsmi) machten deutlich, dass sie eine Botschaft für die ganze Menschheit hatten. In vielen Abschnitten ruft der Koran die Kinder Adams, das heißt die Menschheit, auf, sich für den Islam zu entscheiden. Die Botschaft des Koran ist weltweit gültig, auch wenn die Araber, die im Umfeld des Propheten wohnten, die ersten waren, die sie zu Ohren bekamen. Der Koran erleuchtet die Menschen, was Gott und Seinen Plan mit den Menschen betrifft. Der Koran ist der wahre Führer der Menschen in dieser Welt, und er bringt ihnen die frohe Botschaft von der nächsten Welt, wenn sie auf der Suche nach einem rechtschaffenen Leben sind.

Allah sagt: „Dies ist ja nur eine Ermahnung für alle Welten. Für denjenigen unter euch, der aufrichtig sein will“ (Koran 81:27–28).

In einem anderen Vers beschreibt Allah den Koran folgendermaßen: „(Dies ist) ein Buch, das Wir zu dir herabgesandt haben, auf dass du die Menschen mit der Erlaubnis ihres Herrn aus den Finsternissen zum Licht führen mögest ...“ (Koran 14:1).

Von Beginn seines Wirkens bis zum Ende verlor der Prophet niemals die universelle Natur seines Auftrags aus den Augen, ob er nun vor Verwandten predigte, vor Arabern oder vor der gesamten Menschheit. Der Auftrag lautet Islam. Islam bedeutet die totale Unterwerfung unter den einen wahren Gott, den Schöpfer, den Erhalter und obersten Herrscher aller Welten. Muslimen ist daher der edle Auftrag gegeben, die ganze Welt vor ihren obersten Herrscher zu bringen und sie von der Knechtschaft aller falschen Götter zu befreien. Alle Menschen mit dem Islam bekannt zu machen, ist daher eine religiöse Pflicht, die allen wahren Muslimen aufgetragen ist, indem sie dem guten Beispiel des Propheten folgen, der als „Barmherzigkeit für alle Völker“ gutgeheißen wurde.

Trachten nach der Sache Gottes *(jihad)*

Jihad (Bestreben) bezieht sich nicht auf den Krieg als Mittel zur Verbreitung des Islam. Der Vorwurf einiger Orientalisten, der Islam sei intolerant und mit dem Schwert verbreitet worden, zeigt nur, wie wenig Außenstehende vom Islam und seinem Auftrag verstehen. Wir sind an dieser Stelle nicht in der Lage, die Vorwürfe von Nicht-Muslimen gegenüber dem Islam sowie die Stellungnahmen von Muslimen zu diskutieren, die die Christen an die Massaker des byzantinischen Kaisers Justinian (527–562 n. Chr.) erinnern, an die schrecklichen Kriege des Christen Chlodwig (466–511 n. Chr.) und an die wüsten Ausschreitungen der Kreuzfahrer, als sie Jerusalem einnahmen – und das alles geschah im Namen des Christentums. Islam, ein umfassender Lebensstil, trifft keine Unterscheidung zwischen privatem und öffentlichem Verhalten, zwischen Weltlichem und Geistlichem. Dass auch der Krieg Eingang in die muslimische Gesetzgebung gefunden hat, steht damit in Einklang.

Einige Koranverse erwähnen, dass der Krieg ein Teil des Lebens ist, solange es Unrecht und Unterdrückung in der Welt gibt. Der Koran sagt: „Wenn Allah nicht die einen Menschen durch die anderen zurückgehalten hätte, dann wäre die Erde wahrhaftig von Unheil erfüllt. Doch Allah ist huldvoll gegen alle Welten“ (Koran 2:251). In einem anderen Vers heißt es:

> *Und wenn Allah nicht die einen Menschen durch die anderen zurückgehalten hätte, so wären gewiss Klausen, Kirchen, Synagogen und Moscheen, in denen der Name Allahs oft genannt wird, niedergerissen worden. Und Allah wird sicher dem beistehen, der Ihm beisteht.* (Koran 22:40, siehe auch Koran 2:216)

Der Islam begreift in seiner der Praxis zugewandten Lehre die Unvermeidlichkeit des Krieges und verfügt über die notwendige Gesetzgebung, um ein Regelwerk für den Krieg bereit zu stellen.

Trotzdem bejaht der Islam nicht die Ausbreitung der *Umma* durch kriegerische Mittel. Wenn Nicht-Muslime zu erklären versuchen, warum so viele Menschen auf der ganzen Welt in relativ kurzer Zeit den muslimischen Glauben annahmen, wird leider oft übereinstimmend der *jihad* beziehungsweise Heilige Krieg als Grund genannt. Der Begriff *jihad* verwirrt oft Nicht-Muslime wie Muslime gleichermaßen. Was ist der *jihad?* Im Arabischen ist *jihad* kein Synonym für Krieg. *Jihad* bedeutet, die äußerste Kraft aufzubieten, um einen Feind zurückzutreiben. Es ist ein Einsatz für die Sache Gottes.

Dieser Einsatz für die Sache Gottes kennt drei Erscheinungsformen. Die erste ist der Kampf gegen einen sichtbaren Feind. Die zweite ist der Kampf gegen die Versuchung des Teufels. Die dritte ist der Kampf gegen die eigenen Leidenschaften. Wenn Muslime einen *jihad* beginnen, müssen sie ihre Zeit, ihr Wissen, ihre Energie, ihren Besitz, ihre Begabungen und alles, was ihnen zur Verfügung steht, für die Sache Gottes einsetzen. Das ist die wahre Bedeutung des *jihad,* wie er von Allah befohlen und vom heiligen Propheten ausgelegt wurde, damit die Gläubigen diesem Weg folgten. Er hat eine viel umfassendere Bedeutung, als nur in der Schlacht zu kämpfen.

Wir haben bereits besprochen, wann und warum dem Propheten zu kämpfen befohlen wurde. Wir wiederholen, dass der Islam Kampfhandlungen nur in zwei Situationen als legitim anerkennt: zur Selbstverteidigung und zur Wiederherstellung von Gerechtigkeit, Freiheit und Frieden. Muslimen ist aufgetragen, niemals einen Konflikt anzufangen und sich keiner Aggression oder Unterdrückung seitens ihrer Feinde zu beugen. Der Koran lehrt:

> *Kämpft auf dem Weg Allahs gegen diejenigen, die gegen euch kämpfen ... Und kämpft gegen sie, bis es keine Verwirrung (mehr) gibt und die Religion Allah gehört. Wenn sie aber aufhören, so soll*

es keine Gewalttätigkeit geben außer gegen diejenigen, die Unrecht tun. (Koran 2:190–193)

Das ist die Bedingung für den Krieg im Islam. Krieg gehört nicht zum Auftrag des Islam und ist in der *Umma* auch nicht der normale Lauf der Dinge.

Islam ist Frieden

Islam ist die Religion des Friedens. Seine Bedeutung ist Frieden. Er ist die friedvolle Unterwerfung unter Allahs Willen und Befehle. Der muslimische Gruß „Assalaam Alikum" bedeutet „Möge der Friede Gottes auf dir sein". Der Islam strebt danach, Frieden in diese Welt zu bringen. Der Islam wird niemals mit Aggression gegen Nicht-Muslime reagieren, die ihren Frieden mit dem Islam geschlossen haben oder ihm sogar gleichgültig gegenüberstehen. Der Islam zwingt keinen Menschen, ihn anzunehmen, weil er eine Religion ist, die aus der tiefen Überzeugung des Einzelnen erwachsen muss. Der Koran bekräftigt dies kategorisch, indem er sagt: „Es gibt keinen Zwang im Glauben. Der richtige Weg ist nun klar erkennbar geworden gegenüber dem unrichtigen" (Koran 2:256). Der Auftrag der *Umma* lautet, die Botschaft des Islam allen Völkern der Erde friedlich zu verkünden und die ganze Menschheit in die *Dar al Islam* (Haus des Friedens), die die *Umma* darstellt, einzuladen.

Zu seinen Lebzeiten schickte der Prophet Muhammad (Fsmi) Gesandte aus, um den Herrschern der Nachbarländer das Licht des Islam zu bringen. Es handelte sich um den byzantinischen Kaiser Herakleios, den persischen Kaiser Chosrau, Negus von Abessinien und Hamza von Jemen. Die Gesandten wurden in den Hauptstädten mit gemischten Gefühlen aufgenommen. Den schlimmsten Empfang bereitete der persische Kaiser dem Gesandten. Es dauerte nicht lange, bis römische und persische Militärkommandos muslimisches Territorium bei Grenzscharmützeln verletzten. Vom römischen Hof wurde der Befehl ausgegeben, Jagd auf den Kopf des Propheten zu machen. So wurden die Muslime bis zum Tod des Propheten unfreiwillig in den Krieg mit den Nachbarländern gezogen. Einige Jahrzehnte später trieben die Muslime den Krieg bis zu seiner logischen Konsequenz weiter. Während sie ihre Feinde besiegten, verfolgten sie weder die ortsansässige Bevölkerung noch zwangen sie sie zum Übertritt.

Man sollte allerdings anmerken, dass nicht jeder Krieg, in den die Muslime zogen, für die Sache Gottes ausgefochten wurde. Wenn Muslime sich aus persönlichen Motiven zu Aggressionen hinreißen lassen, sollten sie wissen, dass sie den wahren Lehren des Islam zuwider handeln und Allahs Missfallen auf sich ziehen.

Die Muslime folgten Allahs Gebot und dem guten Beispiel des heiligen Propheten, indem sie der Welt den Islam predigten. Lehrer, Kaufleute, Mystiker, Gelehrte und einfache Laien – sie alle beteiligten sich an der edlen Aufgabe, den Islam in der ganzen Welt zu verkündigen. Einhundert Jahre nach dem Tod des Propheten wurde der Name Allahs des Allerhöchsten selbst in China im Osten, in Marokko im Westen und in Frankreich im Norden gepriesen. Um dieselbe Zeit hatte sich der Islam in Nord- und Ostafrika einen festen Stand erobert. Heute hat sich der Islam in allen Teilen der Welt ausgebreitet. Das zeigt den Erfolg und die Aktivität der *Umma* bei der Verkündigung der vollkommenen Botschaft Allahs.

Der Auftrag zum Dienst am anderen

Weil der Islam eine allumfassende Art zu leben darstellt, ist der Dienst am anderen ein wichtiger Aspekt des islamischen Auftrags. Der Prophet sagte: „Der ist kein wahrer Gläubiger, der sich satt ist, während sein Nachbar hungrig neben ihm liegt." Wir haben bereits angemerkt, dass jemand, der den Armen und Mittellosen großzügig hilft, den Hungrigen zu essen gibt, den Leidenden dient, damit auch seine *ibadah* (Anbetung) verrichtet. Die dritte Säule der islamischen Pflichten (obligatorische Almosen) wird den Muslimen auferlegt, um den Bedürftigen zu helfen.

Weil der Dienst am anderen eine wichtige Pflicht der Muslime darstellt, haben zwei islamische Organisationen in Kenia, nämlich die *Islamic Foundation* und die *Young Muslim Association,* Internate und Waisenhäuser in Nordostkenia eingerichtet, die kostenfrei zugänglich sind. Diese beiden Organisationen sind ein Beispiel für den islamischen Dienst am anderen in der ganzen Welt. Muslime tun ihr Bestes, um den Auftrag der *Umma* durch den Dienst an der Menschheit zu erfüllen.

Die *Umma* und die Geschichte

Es ist Gottes Wille, das sich alle Menschen der rechten Führung unterwerfen, wie sie in Koran und *hadith* offenbart und in der *Scharia* ausgelegt wurde. Jeder, der sich der *Scharia* unterwirft, wird gesegnet. Obwohl es in der Religion keinen Zwang gibt, und obwohl Gott selbst die Vielfalt religiöser Praktiken unter den Völkern anerkennt, ist es recht, dass nun, da das endgültige Buch von Gott offenbart wurde, alle Völker auf das muslimische Zeugnis antworten und sich der *Scharia* des Islam unterwerfen. Indem sie das tun, werden die Menschen ein Teil des Hauses des Friedens, der *Umma*.

Muslimische Gelehrte sind sich nicht sicher, wie weit sich die *Umma* vor dem Ende der Geschichte noch ausbreiten wird. Einige glauben, dass sich die *Umma* vor dem letzten Gericht auf alle Nationen und Völker ausweiten wird. Andere meinen, dass der Unglaube in den letzten Jahren zunehmen wird. Trotzdem glauben Muslime im Einklang mit den *hadith,* dass Jesus der Messias am Ende der Geschichte wiederkehren wird, um den Islam auf der ganzen Erde aufzurichten. Dann werden die Toten auferstehen, und im Jüngsten Gericht wird Gott entscheiden, wer zur Hölle fahren und wer in den Himmel kommen soll. Die Hölle wird als ein Ort des Feuers und der ewigen Strafe geschildert, und der Himmel ist ein Paradies der Freude und des Überflusses. Die beste Sicherheit gegen die Hölle bietet die Unterwerfung unter das Haus des Friedens, die *Umma,* indem man der *Scharia* gehorcht, die dem Propheten Muhammad (Fsmi) von Gott offenbart wurde.

Trotz der Probleme, denen sich die *Umma* im Lauf der letzten vierzehn Jahrhunderte stellen musste, zeitigte ihr Wirken bemerkenswerten Erfolg. Der Auftrag, Gottes vollkommene Botschaft in der ganzen Welt zu verkünden, wurde und wird ernst genommen. Viele muslimische Organisationen wie *Rabita (World Muslim League,* Mekka), *Islamic Call Society* (Libyen) oder die *Azhar University Mission* senden immer wieder Missionare aus, die den Islam an allen Enden der Welt predigen sollen. Für den Islam, der keine ordinierte Priesterschaft kennt, wurde im Allgemeinen von armen Muslimen geworben, die ihre begrenzten menschlichen und materiellen Mittel bis zum Letzten opfern mussten, um der Menschheit zu dienen.

Durch aufopfernden Dienst und treues Predigen wird die *Umma* immer danach streben, ihren Auftrag zu erfüllen, Gottes Herrschaft und Gesetz auf der Erde aufzurichten, nach dem Beispiel des Propheten Muhammad (Fsmi).

EINE CHRISTLICHE ENTGEGNUNG

Muslime glauben, dass sie der Welt ein Zeugnis zu geben haben. Das enorme Wachstum der *Umma* zeigt, dass die Muslime sehr wirkungsvoll Zeugnis abgelegt haben.

Christen glauben ebenfalls, dass sie der Welt etwas zu bezeugen haben. Christen wie auch Muslime müssen in ihrem Verhältnis zueinander begreifen, dass das Zeugnis das Herzstück ihres jeweiligen Glaubens ist. Wenn Muslime in Ländern leben, die vorwiegend christlich sind, muss sich die Kirche für Religionsfreiheit einsetzen, damit Muslime Zeugnis ablegen und Christen zum Islam konvertieren können, wenn sie sich dazu entschließen. Die Freiheit, Zeugnis abzulegen und zu konvertieren, ist ein von Gott geschenktes Grundrecht.

Wenn Christen in einem vorwiegend muslimischen Land in der Minderheit leben, sollte das Recht der Christen, in Freiheit Zeugnis abzulegen, in derselben Weise von den Muslimen garantiert werden. Und Muslime sollten die Freiheit besitzen, Christen zu werden, wenn sie sich dazu entschließen. Eine christliche Gemeinschaft, die nicht frei und öffentlich ihren Glauben bezeugen kann, erleidet großen Schmerz, denn im Zentrum des christlichen Glaubens steht der Drang und das Gebot Gottes, ein Zeuge zu sein. Weil die Freiheit des Menschen ein von Gott geschenktes Grundrecht ist, sollten alle Menschen das Recht haben, das Zeugnis anzunehmen, das sie hören, ob es sich nun um ein muslimisches Zeugnis, ein christliches Zeugnis oder das Zeugnis irgend einer anderen Glaubensrichtung handelt.

Christen wissen die nachdrückliche Überzeugung der Muslime zu schätzen, dass es „keinen Zwang im Glauben" gibt. Wir bekennen, dass wir in der Geschichte der Christenheit diesem Ideal manches Mal nicht gerecht geworden sind. Manchmal haben wir Gewalt angewendet, um Menschen zum Christentum zu bekehren. Wir bekennen diese Sünde und bereuen sie.

Christen wissen ebenfalls zu schätzen, dass der *jihad* im Islam im Idealfall dem Selbstschutz und nicht der Aggression dient. Wenn dieser Selbstschutz allerdings in einer Weise Gestalt gewinnt, dass er die Kirche vom treuen Zeugnis in dieser Welt abhält, bereitet das unsägliche Schmerzen. Echter Selbstschutz sollte auch die Bereitschaft beinhalten, auf das Zeugnis derer zu hören, von denen der Koran sagt, dass sie den Muslimen „am freundlichsten gegenüberstehen" (Koran 5:82).

Die Bibel bekräftigt ebenso wie der muslimische *hadith,* dass Jesus der Messias am Ende der Zeiten wiederkehren wird. Die Bibel erklärt sehr detailliert die Bedeutung der Wiederkunft des Messias. Es täte Muslimen wie Christen gut, gemeinsam die Bedeutung dieser Wiederkunft des Messias am Ende der Zeiten zu erforschen.

TEIL 2

DER CHRISTLICHE GLAUBE

Dankt dem HERRN, denn er ist gut zu uns,
seine Liebe hört niemals auf! (1. Chronik 16,34)

13

GOTT, DER HERR, IST EINER

DAS CHRISTLICHE ZEUGNIS

Christen glauben an *einen* Gott. Der Schlüsselvers der Tora[1] des Propheten Mose lautet: „Höre, Israel! Der HERR ist unser Gott, der HERR und sonst keiner. Darum liebt ihn von ganzem Herzen, mit ganzem Willen und mit aller Kraft“ (4. Mose 6,4–5). Gott befahl den Gläubigen, ihre Kinder diese Worte zu lehren, zu Hause und auf der Reise von Gott zu reden, morgens und abends, sich diese Worte auf die Arme und an die Stirn zu binden und sie an die Türpfosten ihrer Häuser zu schreiben (5. Mose 6,6–9).

Gott ist Einer

Gott ist Einer, und er befiehlt uns, ihn ganz und gar zu lieben. Es ist der Wille Gottes, dass er zum Mittelpunkt unseres ganzen Lebens wird. Dass es nur einen Gott gibt und dass wir ihn lieben sollen, ist die zentrale Lehre der Tora.

Über eintausend Jahre nach dem Propheten Mose wurde Jesus Christus (der Messias[2]) gefragt: „Welches ist das wichtigste von allen Geboten des Gesetzes?“ Jesus antwortete: „Jesus sagte: ‚Das wichtigste Gebot ist dieses: ‚Höre, Israel! Der Herr ist unser Gott, der Herr und sonst keiner. Darum liebt ihn von ganzem Herzen und mit ganzem Willen, mit ganzem Verstand und mit aller Kraft'"' (Markus 12,28–30).

Die Tora, der Prophet Mose und das Evangelium *(injil)* von Jesus dem Messias stimmen darin überein, dass es nur einen Gott gibt. Uns wird befohlen, diesen einen Gott zu lieben. Gott allein hat das Recht, unsere unbedingte Loyalität einzufordern.

Was Gott nicht ist

Warum hat Gott das Recht, unsere unbedingte Loyalität und Liebe einzufordern? Gott hat dieses Recht, weil er der ist, der er ist. Doch wer ist Gott? Um Gott, so wie er in der Bibel offenbart wird, zu verstehen, ist es hilfreich, zunächst einige negativ formulierte Sätze zu betrachten. Welche Behauptungen über Gott stimmen nicht?

Zunächst ist Gott keine Erfindung des menschlichen Verstands. Er wurde nicht von der Menschheit erschaffen. Er ist keine psychologische Projektion unseres Geistes, wie es manche Psychologen behaupten. Der Bibel zufolge sind alle von Menschen erdachte Götter falsch. Die Bibel nennt Götter, die von Menschen ersonnen oder gemacht wurden, Götzen (Hosea 13,2–3). Der eine wahre Gott kann nicht von Menschen erschaffen werden, weil Gott der Schöpfer ist.

Zweitens ist Gott kein Bestandteil der Natur. Gott erschuf die Erde. Kein Aspekt unseres Universums ist Gott, er hebt sich deutlich von seiner Schöpfung ab. Das ist einer der Gründe, warum die Bibel die Anbetung von Bildern verbietet. Kein Aspekt dieser Schöpfung ist es wert, angebetet zu werden. Allein Gott der Schöpfer verdient unsere Loyalität und Anbetung (2. Mose 20,4–6).

Drittens ist Gott kein philosophisches Prinzip. Philosophen beschäftigen sich oft mit Beweisen für die Existenz Gottes. Ein großer Teil der westlichen und östlichen Philosophie beschäftigt sich mit Fragen nach dem vereinigenden Prinzip hinter dem Universum. Menschen spekulieren darüber, ob Gott existiert oder nicht. Die Bibel gibt sich damit nicht ab. Der Gott, der in der Bibel offenbart wird, ist derjenige, der uns begegnet. Man lernt ihn nicht durch menschliche Philosophie kennen, sondern durch das, was er tut. Es ist Gott, der die Initiative ergreift, um sich der Menschheit zu offenbaren. Das ist biblische Theologie.

Gott ist aktiv

Wenn man Gott dadurch kennen lernt, was er tut, was hat er dann getan? Wir werden diese Frage einige Kapitel später gründlicher untersuchen, wollen hier jedoch kurz drei Wirkungsbereiche Gottes festhalten.

Zunächst einmal hat Gott als Schöpfer gewirkt. Gott ist der Ursprung aller Dinge. Bevor es die Schöpfung gab, existierte Gott bereits. Er ist der Urheber aller sichtbaren und unsichtbaren Dinge. Einer der Namen, den die Bibel gebraucht, um Gott als den Schöpfer der Menschheit zu bezeichnen, lautet „Vater". Gott der Vater kümmert sich um seine Schöpfung und ganz besonders um die Menschheit. Gott hat das Universum nicht im Stich gelassen. Er ist immer gegenwärtig, um das zu erhalten und bewahren, was er schuf. Gott erschafft und erhält das Universum.

Zweitens wirkt Gott, indem er sich von Zeit zu Zeit den Propheten offenbart. Gott leitete die Propheten (oder ihre Schüler) an, diese Offenbarung niederzuschreiben. Auf diese Weise entstand die Heilige Schrift. Die Propheten bezeugten hin und wieder, dass „der Geist" auf sie kam und sie dann prophezeiten (Hesekiel 2,2; 4. Mose 11,26–30; Sacharja 7,12). Als der, der sein Wort durch den Mund der Propheten offenbart, wird Gott häufig Geist genannt.

Drittens wirkt Gott auch in der Geschichte. Sein Eingreifen in die Geschichte wurde besonders deutlich von Menschen des Glaubens wahrgenommen, die zur biblischen Bundesgemeinschaft gehörten (Psalm 78,1–72). Christen bezeugen, dass Gott mit dem Kommen des Messias Jesus endgültig und dramatisch in die Geschichte eingriff. Durch den Messias offenbarte sich Gott auf besondere Weise als Retter (Matthäus 1,21).

Gott ist Liebe

In späteren Kapiteln werden wir das christliche Zeugnis, soweit es Jesus den Messias betrifft, noch tiefergehend diskutieren. Im Augenblick wollen wir lediglich festhalten, dass das Kommen des

Messias einen geschichtlichen Durchbruch darstellt, der für das christliche Verständnis Gottes von entscheidender Bedeutung ist – des Gottes, der die Menschheit so sehr liebt, dass er tatsächlich leidet, wenn wir uns falsch verhalten. Durch Gottes Handeln in Jesus dem Messias erfährt die christliche Kirche auf besondere und wunderbare Weise die erstaunliche Bestätigung, dass Gott die Menschen liebt. Diese Bekräftigung ist der Mittelpunkt all dessen, was Christen von ihrem Gott glauben und bezeugen.

Christen glauben, dass durch Gottes Offenbarung in Jesus dem Messias alle Dimensionen seiner Offenbarung durch Natur, Propheten und Geschichte erfüllt und erhellt werden. Durch Jesus erkennen wir auf besondere Weise, dass Gottes Offenbarung an die Menschheit ein Drama sich selbst aufopfernder Liebe ist. Das ist der Schlüssel, mit dem wir Gott als den Vater verstehen, der das Universum schuf, Gott als den Geist verstehen, der sich durch die Worte der Propheten offenbart, und Gott als den Retter verstehen, der in die Geschichte eingreift (Lukas 5,32). Der Apostel Johannes, ein Jünger, der Jesus dem Messias sehr nahe stand, sagt es in einfachen und tiefgründigen Worten: „Gott ist Liebe" (1. Johannes 4,16).

Gottes Liebe ist die Quelle des Lebens und der Wahrheit, von der das christliche Zeugnis über Gott ausgeht. Christen versuchen in Wort und Tat der Liebe, die sie erfahren haben, Ausdruck zu verleihen. Und doch wissen sie, dass das, was sie sagen und tun, kein angemessenes Zeugnis ist. Wie kann das christliche Zeugnis wahrhaft das Wunder, das Mysterium und die Einheit Gottes als Schöpfer, Geist und Retter vermitteln? Wie kann man die Überzeugung in Worte fassen, dass Gott ganz und gar liebt, dass Liebe das eigentliche Wesen Gottes ist, dass in Gott selbst die ewige Gemeinschaft sich selbst aufopfernder Liebe wohnt, dass die Einheit Gottes selbst in seine ewige sich selbst aufopfernde Liebe eingebunden ist? Christen bezeugen, dass Gott Einer ist, weil er Liebe ist. Der eine wahre Gott, der sich als Schöpfer, Geist und Retter offenbart, ist eine vollkommene Einheit sich selbst aufopfernder Liebe (Johannes 17,22).

Obwohl der Begriff nicht in der Bibel vorkommt, begannen Christen im Lauf der Kirchengeschichte das Wort *Dreieinigkeit* beziehungsweise *Trinität* zu gebrauchen, um in menschlicher Sprache das Geheimnis der vollkommenen Einheit Gottes und vollkommener Liebe auszudrücken. Tertullian, der Anfang des dritten Jahrhunderts in Afrika lebte, war wahrscheinlich der erste Kirchenvater, der den Begriff Dreieinigkeit gebrauchte. Heute wird er in der Kirche benutzt, um das biblische Zeugnis in Worte zu fassen, dass es nur einen Gott gibt, dessen tiefstes Wesen die rettende Liebe ist. Dieses Konzept der Dreieinigkeit bedeutet nicht, dass es drei Götter gibt. Niemals! Es ist eine einfache, aber tiefgründige Art zu sagen, dass es einen wahren Gott gibt, der sich durch das offenbart, was er als Schöpfer, Retter und Geist tut. Dieser eine, wahre, ewige Gott ist Liebe. Er fließt über vor Liebe und gibt sich selbst aus Liebe zur Menschheit hin.

Gott ist ein Geheimnis

Man kann das Geheimnis des dreieinigen Gottes unmöglich angemessen in Worte fassen. Kein Beispiel, mit dem wir es verdeutlichen wollen, scheint völlig ins Schwarze zu treffen. Trotzdem versucht das Christentum dieses Geheimnis Gottes als Schöpfer, Retter und Geist zu interpretieren. Manche greifen auf die Analogie mit dem Menschen zurück, der aus Geist, Körper und Seele zusammengesetzt ist. Diese drei Dimensionen eines Menschen bilden eine vollkommene Einheit. Geist, Körper und Seele sind in einer Person vereint, und doch drücken sich diese drei Eigenschaften eines Menschen auf unterschiedliche Weise aus. Mit den Händen stellt man Gegenstände her. Man durchdenkt Probleme mit seinem Geist. Die Seele drückt sich durch die Persönlichkeit aus. Das sind drei Dimensionen des Ichs und doch eine Person.

Christen halten den Versuch, Gott zu erklären, nicht für klug. Wir dürfen nicht vergessen, dass keine Analogie, die Gott zu verdeutlichen sucht, völlig stimmig ist. Niemand hat Gott je gesehen. Er bleibt ein Geheimnis. Unsere Versuche, Gott zu erklären, sind niemals völlig angemessen. Der Begriff Dreieinigkeit steht für die Unfähigkeit der menschlichen Sprache, das Geheimnis Gottes angemessen auszudrücken, der Einer ist und der Liebe ist.

Der Gott des Bundes

Obwohl Gott ein Geheimnis bleibt, ist er für uns kein Unbekannter. Die Bibel bezeugt, dass Gott sich uns bekannt gemacht hat. Wir haben bereits festgehalten, dass Gott sich durch sein Eingreifen in die Geschichte und besonders durch seine Beziehung mit dem Bundesvolk offenbarte. Im Bund[3] mit Gott erfahren wir seine errettende Liebe auf die vollkommenste Weise.

Gottes Bundesbeziehung mit den Menschen begann im Garten Eden mit Adam und Eva. Er wies sie an, den Garten zu bearbeiten, sich um ihn zu kümmern und Kinder zu bekommen. Adam und Eva brachen diesen ersten Bund zwischen Gott und Menschheit (1. Mose 1,28; 3,24). Die Bibel berichtet, dass Gott danach wiederholt die Initiative ergriff, um den Bund mit der Menschheit zu erneuern. Noah, Abraham, Isaak, Jakob, Mose, David und andere wurden von Gott eingeladen, an dieser Bundesbeziehung mit ihm teilzuhaben.

Gottes Bundesangebot zur Zeit des Propheten Mose ist besonders wichtig. Im 2. Buch Mose, das zur Tora (einem Teil der Bibel) zählt, lesen wir, dass die Hebräer, Nachfahren Abrahams, Sklaven des Pharao geworden waren. Gott erschien Mose im brennenden Dornbusch und befahl ihm, die Hebräer aus der Knechtschaft des Pharaos zu befreien. Mose zögerte. Er befürchtete, er sei dieser Aufgabe nicht gewachsen. Schließlich fragte er Gott: „Wie ist dein Name?" Gott antwortete: „Ich bin, der ich bin. So sollst du zu den Söhnen Israel sagen: Der ‚Ich bin' hat mich zu euch gesandt" (2. Mose 3,13–15, *Rev. Elberfelder Bibel).*

Mose gehorchte Gott und führte das hebräische Volk aus der furchtbaren Sklaverei unter dem Pharao heraus. Diese Geschichte wird in 2. Mose wunderbar beschrieben.

Was bedeutet dieser neue Name, den Gott im brennenden Dornbusch seinem Propheten Mose offenbarte? Gott hatte sich dem Propheten Abraham als Elohim oder Allah offenbart, was sich mit „allmächtiger Gott" übersetzen lässt.[4] Die hebräische Bezeichnung für „Ich bin" lautet Jahwe. Was bedeutet das?

Wenn Gott sich als Jahwe offenbart, bedeutet das, dass er den Menschen begegnet und sie errettet. Er lädt die Menschen ein, an einer rettenden Bundesbeziehung mit ihm teilzuhaben. Er ist der

Gott des Bundes. Nach der Befreiung aus der Sklaverei unter dem Pharao begegnete Gott Jahwe der gesamten hebräischen Nation in der Wüste am Berg Sinai. Die Tora schildert, wie Gott ihnen im Donner, Blitz, dicken Wolken, Feuer, Rauch, Erdbeben und im Klang der Trompeten begegnete. Die Menschen zitterten und fürchteten sich vor der Macht und der Heiligkeit des Gottes Jahwe.

Gott sprach vom Berg aus zu ihnen und gab ihnen die zehn Gebote, eine wunderbare Leitlinie für ein rechtschaffenes und fröhliches Leben. Darüber hinaus lud er die Menschen ein, sein Bundesvolk zu werden. Er versprach ihnen, ihr Vater zu sein, wenn sie ihm vertrauten und ihm gehorchten. Er würde sie segnen, für sie sorgen und sie erretten. Gott als Jahwe ist der Gott des Bundes (2. Mose 19,16–20.26).

Jahwe ist weder unbekannt noch weit entfernt. Unsere Bedürfnisse und Sorgen sind ihm nicht egal. Unsere Sünde und Rebellion macht ihn traurig. Er will uns retten, unsere Sünden vergeben und uns mit seiner Liebe und Gnade segnen. Das ist der Grund, warum Jahwe eine Bundesbeziehung mit den Menschen eingehen will. Weil Jahwe Liebe ist, ergreift er die Initiative, einen Bund mit den Menschen einzugehen. Er offenbart sich uns als derjenige, der uns befiehlt und einlädt, sein Bundesvolk zu werden. Die Menschen, die sich heute zur christlichen Kirche zählen, sind diejenigen, die auf Gottes Einladung reagiert haben, sein Bundesvolk zu werden.

In der Bundesbeziehung mit dem Gott Jahwe erfahren wir, dass er gerecht ist, dass er Liebe ist, dass er heilig ist und dass er niemals etwas Böses oder Sündiges akzeptieren kann. Weil er uns liebt und uns von dem Bösen erretten will, lädt uns Gott Jahwe ein, eine Bundesbeziehung mit ihm einzugehen. Wir lernen Gott kennen, wenn wir auf seine Einladung, mit uns einen Bund zu schließen, im Glauben antworten und Buße tun.

Zusammenfassung

Sowohl die Bibel wie auch die christliche Kirche bezeugen, dass Gott, der Liebe ist, die ganze Menschheit einlädt, eine Bundesbeziehung mit ihm einzugehen. Wenn wir im Glauben auf diese Einladung Gottes antworten, lernen wir ihn als liebenden himmlischen Vater kennen, der uns errettet und uns segnet.

EINE MUSLIMISCHE ENTGEGNUNG

Wenn Christen und Muslime über Gott sprechen, dann sprechen sie über denselben Gott, auch wenn ihr Zeugnis sehr unterschiedlich aussehen mag. Wenn sie von Gott, Allah, Jahwe oder Elohim sprechen, meinen sie den Gott, der nur Einer ist, den Schöpfer, den liebenden, den gerechten, den heiligen, den barmherzigen, den lebendigen und ewigen, den weisen und wissenden Gott. Trotzdem betont das christliche Zeugnis die Selbstoffenbarung Gottes (daher auch die „Dreieinigkeit"), während im Islam der Wille und die Führung Gottes offenbart werden.

Die Rollen, die der Prophet im Islam und Jesus Christus im Christentum spielen, unterscheiden sich voneinander, doch gleichzeitig haben sie als Botschafter des einen wahren Gottes vieles gemeinsam. Wenn Christen bezeugen, dass Gott mit dem Kommen des Messias Jesus Christus endgültig und dramatisch in die Geschichte der Menschheit eingriff, unterscheidet sich das deutlich von der muslimischen Auffassung. Hier herrscht der tiefe Glaube, dass das göttliche Wesen Gott selbst ist, nicht wie er in der Geschichte inkarniert wurde. Gott ist nach dem muslimischen Zeugnis absolut und transzendent.

Wenn Christen Gott als ihren „Vater" bezeugen, unterscheidet sich dies auch in hohem Maß von der muslimischen Auffassung. Nach den wahren Lehren des Islam darf man sich Gott nicht in menschlicher Gestalt oder mit menschlichen Eigenschaften vorstellen. Er ist in Gestalt und Existenz einzigartig. Er steht über allen anderen Eigenschaften. Weil Er einer und nur einer ist, kann ein Muslim ihn nicht im Namen des Vaters, des Sohnes oder des Heiligen Geistes anrufen. Alle göttlichen Eigenschaften sind in seiner vollkommenen Einheit eingebettet.

EINE KLARSTELLUNG VON CHRISTLICHER SEITE

Wenn Christen Gott als ihren Vater bezeichnen, sollten sie sich Gott nicht in menschlicher Gestalt vorstellen. Christen wie Muslime halten sich an das Verbot, sich ein Bild von Gott zu machen. Die Vorstellung von Gott als Vater bezieht sich vielmehr auf eine Beziehung. Gott als Vater und die Menschen als Söhne und Töchter des himmlischen Vaters beschreibt aus christlicher Perspektive die Bundes- und Gemeinschaftsbeziehung zwischen Gott und Menschheit.

Anmerkungen

[1] *Die Tora umfasst die ersten fünf Bücher der Bibel, 1. bis 5. Mose bzw. Genesis, Exodus, Leviticus, Numeri, Deuteronomium. Die arabische Bezeichnung für die Tora lautet* Taurat.

[2] *Messias ist die semitische Bezeichnung für den griechischen Begriff* Kristos *bzw. Christus. Messias bzw. Christus bedeutet „der Gesalbte". Weil Arabisch zu den semitischen Sprachen gehört, ist den meisten Muslimen der Begriff Messias eher vertraut als die Bezeichnung Christus. Daher werden wir Christus im allgemeinen mit seinem semitischen Titel Messias nennen.*

[3] *Ein Bund ist eine feierliche Übereinkunft zwischen zwei oder mehr Menschen, die niemals gebrochen werden sollte. In der Bibel erfahren wir, dass Gott die Menschen einlädt, einen Bund des Segens mit ihm einzugehen.*

[4] Elohim *und* Allah *leiten sich von derselben semitischen Wurzel ab:* El.

Dem HERRN gehört die ganze Erde
mit allem, was darauf lebt. (Psalm 24,1)

14

DIE SCHÖPFUNG

DIE CHRISTLICHE SICHT

Am Anfang schuf Gott Himmel und Erde" (1. Mose 1,1). Das ist der erste Satz der Bibel, der erste Satz der Tora des Propheten Mose.

Die christliche Sicht der Natur gründet sich auf das biblische Schöpfungszeugnis, das in 1. Mose in den Kapiteln 1 bis 3 festgehalten ist und in der ganzen Bibel bekräftigt wird. Diese ersten Kapitel der Tora liefern den grundlegenden Rahmen für all das, was danach zur Natur gesagt wird. Deshalb werden wir uns hier in erster Linie auf diese ersten drei Kapitel von 1. Mose stützen, wenn wir die christliche Sicht der Natur diskutieren.

Schöpfung und Entwicklung

Wir wollen vier Aspekte der Schöpfungsgeschichte kommentieren.

Zunächst einmal lesen wir, dass Gott der Schöpfer ist. Diese Feststellung geht in die Tiefe. Sie bedeutet, dass das Universum Gott gehört. Er gab ihm seine Gestalt und kümmert sich darum. Wir leben auf Gottes Erde. Weil er sich um die Erde sorgt, die er schuf, lädt er uns ein, zu ihm zu beten, wenn zum Beispiel der Regen ausbleibt. Wenn der Regen jedoch fällt, sollen wir mit ihm zusammenarbeiten. Was er erschuf, das erhält er auch und kümmert sich darum. Theologen sprechen von Gottes *Immanenz,* wenn sie über seine Gegenwart und seine Fürsorge für die Schöpfung nachdenken.

Als Schöpfer steht Gott außerhalb der von ihm geschaffenen Erde. Wenn es kein Universum gäbe, würde Gott trotzdem existieren. Kein Teil des Universums oder der Erde ist in irgendeinem Sinn eine Gottheit. Manche Leute glauben, dass Bäume Gottheiten sind; sie beten Bäume an. Viele Leute glauben, dass Berge Gottheiten sind; sie beten zu den Bergen. Manche Leuten beten gewisse Tiere an. Das ist nicht biblisch. Die Bibel besteht darauf, dass die Natur in keinem denkbaren Sinn eine Gottheit ist.

Darum wandten sich viele der hebräischen Propheten gegen die Praxis, auf dem Gipfel eines jeden Hügels Götzendienst zu feiern. Die Menschen brachten die Hügel mit Gottheiten in Verbindung; sie glaubten, dass sie auf den Hügeln in besonders engem Kontakt mit Gott oder den Götzen seien. Die Propheten verkündeten, dass das falsch sei. Gott, der das Universum schuf, kann nicht mit irgendetwas, das er geschaffen hat, in Verbindung gebracht werden, weil er etwas anderes als die Schöpfung ist. Theologen nennen diese „Andersartigkeit" Gottes *Transzendenz*. Gott als Schöpfer ist sowohl immanent als auch transzendent.

Zweitens ist die Schöpfung gut, auch wenn sie nicht mit Gott gleichgesetzt werden darf. Im ersten Kapitel von 1. Mose lesen wir, dass Gott nach jedem der sechs Schöpfungsabschnitte sagte: „Es war gut." Nach der Erschaffung des Menschen sagte Gott: „Es war alles sehr gut" (1. Mose 1,31). Die Erde ist gut!

Einige Philosophen, wie die alten Griechen und einige zeitgenössische östliche Lehrer, glauben, dass die materielle Welt nicht gut ist. Nur der Geist ist gut. Das entspricht nicht der biblischen Sicht. Die Bibel bezeugt, dass die Erde mit den Menschen darauf sehr gut ist. Sie ist da, damit wir uns an ihr freuen, am Sonnenaufgang und am Sonnenuntergang; am fallenden Regen und an den Dürrezeiten; an den Bäumen, Pflanzen und Gräsern; am Wechsel der Jahreszeiten; an den Sternen, der Sonne und dem Mond; am leisen Rauschen des Windes; am fruchtbaren Boden und am Wüstensand – das alles ist gut. Gott will, dass wir uns an seiner Schöpfung freuen und dafür dankbar sind. Wir lesen in der Bibel, dass Gott „uns alles reichlich gibt, wenn wir es brauchen" (1. Timotheus 6,17).

Drittens können wir die Erde verstehen. 1. Mose schildert einen geordnet fortschreitenden Schöpfungsprozess. Gott erschuf das Universum Schritt für Schritt in einer logischen Reihenfolge. Gott schuf das Licht, Himmel und Erde; das trockene Land und das Meer; die Pflanzenwelt; die Zyklen von Tag, Nacht und Jahr mit den verschiedenen Funktionen von Sonne, Mond und Sternen; Meerestiere und Vögel; alle Arten von Landtieren und schließlich die Menschen. Diese fortschreitende Schöpfung wird als sechsstufige Entwicklung beschrieben; jeder der sechs Schöpfungstage diente als Vorbereitung für die nächste Phase. Diese sechs Schöpfungstage sind ein Zeichen für die Ordnung, die in der Schöpfung herrscht. Es ist ein geordnetes und verstehbares Universum.

Wir haben drei grundlegende Tatsachen betrachtet, die die christliche Sicht der Natur betreffen. Zunächst ist Gott etwas anderes als seine Schöpfung. Zweitens handelt es sich um eine gute Schöpfung. Drittens leben wir in einer geordneten und verstehbaren Schöpfung.

Unsere vierte Beobachtung betrifft die Rolle der Menschen in der Schöpfung. Gott stellte Adam und Eva auf diese wunderbare Erde. Er stellte sie in den Garten Eden und gab ihnen das Privileg, sich an dem Garten zu freuen. Er sagte: „Als Nahrung gebe ich euch die Samen der Pflanzen und die Früchte, die an den Bäumen wachsen, überall auf der ganzen Erde" (1. Mose 1,29). Gott übertrug Adam und Eva eine ganz besondere Verantwortung! Sie sollten die ganze Erde füllen und in Besitz nehmen (1. Mose 1,28). Man erwartete viel mehr von ihnen, als nur zu essen und zu schlafen!

Zunächst einmal sollten sie Kinder bekommen; sie sollten die Erde mit Menschen füllen (1. Mose 1,28). Zweitens sollten sie die Erde in Besitz nehmen und über sie herrschen (1. Mose 1,28). Drittens sollten sie den Garten bebauen und bewahren (1. Mose 2,19). Viertens sollten sie den Tieren einen Namen geben (1. Mose 2,19). Und fünftens wurde ihnen verboten, vom Baum der Erkenntnis des

Guten und des Bösen zu essen (1. Mose 2,16–17). Diese Anweisungen sind bedeutsam. Sie offenbaren uns Gottes Plan für die Natur.

Alle Anweisungen, die Gott Adam und Eva gab, sind säkularer Art – das heißt, sie beschäftigen sich damit, wie Menschen mit der Erde umgehen sollen. Die Anweisungen zeigen uns, dass Menschen die Erde zum Guten der Menschheit gebrauchen sollten. Sie weisen auch darauf hin, dass Gott von Adam und Eva erwartet, die gute Erde, die er geschaffen hat, noch zu verbessern. Es fällt ins Auge, dass das erste Buch Mose niemals andeutet, Gott hätte eine vollkommene Erde geschaffen. Die Erde war „gut". Als allerdings die Menschheit geschaffen wurde, sagte Gott, dass sie „sehr gut" sei.

Vor der Erschaffung der Menschen war die Erde gut; nach ihrer Erschaffung war sie sehr gut. Das deutet auf zweierlei hin:

1. Die Erschaffung des Menschen trägt dazu bei, die Erde noch besser zu machen, als sie es vor ihrer Erschaffung war.
2. Die „gute" oder „sehr gute" Erde war nicht vollkommen. Es besteht die Möglichkeit, die Erde noch besser zu machen.

In anderen Worten stehen die Erschaffung von Adam und Eva und Gottes säkulare Anweisungen an sie in direktem Zusammenhang damit, aus der Erde einen noch besseren Ort zu machen. Gott lädt die Menschen ein, mit ihm zusammenzuarbeiten, um sich um die Erde zu kümmern und sie zu verbessern.

In heutiger Sprache würden wir sagen, dass Gott den Menschen befahl, an „Entwicklung" und „Fortschritt" teilzuhaben. Bessere landwirtschaftliche Methoden zu lernen, Autobahnen, Fabriken und Städte zu bauen, Krankheitsursachen zu entdecken und moderne Medikamente einzusetzen, um Krankheiten zu behandeln, die Kinderzahl so zu begrenzen, dass alle Kinder die reelle Chance haben, zur Schule zu gehen, und wir ihnen genug Nahrung bieten können, damit sie ein gesundes Leben führen können, Kohle und Erz aus der Erde zu holen, im Meer und in der Wüste nach Öl zu suchen, bessere Ziegen oder Kamele zu züchten – all das sind Beispiele für Menschen, die Gottes Gebot erfüllen. Durch diese Aktivitäten machen wir uns als Söhne und Töchter von Adam und Eva die Erde untertan, bebauen die Erde, pflegen den Garten – kurz, wir nutzen die Erde zum Guten der Menschheit und machen sie zu einem Ort, an dem man besser leben kann.

Diese Konzepte, in denen es um Entwicklung oder Fortschritt geht, darum, über die Natur zu herrschen, gründen sich auf die vier theologischen Säulen der Schöpfungsgeschichte.

1. Gott ist etwas anderes als die von ihm geschaffene Natur.
2. Die Natur kann man verstehen.
3. Die Natur ist gut.
4. Menschen sollen sich die Natur untertan machen.

Diese Prinzipien sind die vier Grundsteine der christlichen Haltung zur Entwicklung. Weil Gott etwas anderes ist als die Natur, haben wir keine Angst, dass ein Gott aus dem Baum springt und uns beißen will, wenn wir den Baum fällen wollen, oder dass eine Gottheit uns mit einer Krankheit schlägt, wenn wir Felsbrocken von einem Hügel sprengen. Weil die Natur auf vernünftige Art von einem Gott geschaffen wurde, der zuverlässig und vertrauenswürdig ist, sind wir zuversichtlich, dass wir bis zu einem gewissen Grad das Geheimnis verstehen können, wie Gott die Natur zusammensetzte. Wissenschaftliche Forschung, die die Naturgesetze untersucht, bietet den Menschen eine Möglichkeit, dem Befehl Gottes zu gehorchen, sich die Natur untertan zu machen und über sie zu herrschen. Weil die Natur gut ist und dem Menschen befohlen wurde, sich die Erde untertan zu machen, bringt es uns große Freude, die Natur zu verstehen und sie zum Guten der Menschheit einzusetzen. Dies sind die grundlegenden Bausteine für das christliche Verständnis von Technologie und wirtschaftlicher Entwicklung.

Selbstsucht und Stolz

Trotzdem kann ein Christ an diesem Punkt nicht einfach aufhören. Die Bibel schlägt einen nüchternen Ton an und gibt uns eine ernste Warnung. Adam und Eva wurde darüber hinaus befohlen, nicht von dem Baum der Erkenntnis des Guten und Bösen zu essen. Dieser Baum in der Mitte des Gartens Eden stand als Zeichen für die Möglichkeit, die Natur in unverantwortlicher Weise zu gebrauchen – das heißt, Gottes Gaben selbstsüchtig, stolz und ohne jeden

Sinn für Verantwortung gegenüber Gott oder unseren Mitmenschen einzusetzen.

Es gibt viele moderne Beispiele für den Baum im Garten. Vielleicht pflügt ein Bauer Ackerland, das auf einem Hügel liegt. Wenn die Regenzeit einsetzt, besteht die Gefahr, dass der Erdboden hinweg geschwemmt wird. Der Bauer könnte sagen, dass es keine Rolle spielt, was mit dem Land geschieht, da es ja ihm selbst gehört. Er bebaut den Boden, wie es ihm passt. Er hat keine Lust, so zu pflügen oder zu pflanzen, dass der Boden vor Erosion bewahrt wird. Die Folge davon ist, dass der Boden nach zwanzig Jahren hinweg geschwemmt ist und der Hof nutzlos geworden ist. Seine Kinder können mit dem Land nichts mehr anfangen, weil er den Boden auf unverantwortliche und selbstsüchtige Weise bearbeitete. Er handelte stolz und unabhängig; jetzt ist sein Hof wertlos, und er und seine Familie sind arm.

Der Baum der Erkenntnis des Guten und Bösen ist ein Zeichen Gottes, dass wir in Demut leben müssen, auch wenn uns die Erde gegeben wurde, um über sie zu herrschen. Wir dürfen nicht die gesamten Früchte des Gartens für uns selbst gebrauchen. Wir müssen die guten Gaben der Natur mit anderen teilen.

Der Baum ist ein Zeichen, dass wir Gott bei all unserem Streben nach Entwicklung niemals außer Acht lassen dürfen. Die Erde gehört Gott, nicht uns. Gott gab uns die Erde, damit wir sie uns zum Guten der Menschheit untertan machen, aber wir dürfen niemals vergessen, dass die Erde ein wunderbares Geschenk Gottes ist. Wir müssen die gute Erde als treue Verwalter pflegen und gebrauchen. Wir müssen sowohl Gottes Verbote wie auch seine Gebote respektieren. Obwohl er uns befohlen hat, uns die Erde untertan zu machen, müssen wir uns daran erinnern, dass er Adam und Eva gebot, nicht von diesem einen Baum zu essen. Dieser Baum ist ein Zeichen, dass wir unsere Abhängigkeit von Gott immer anerkennen müssen und niemals versuchen dürfen, unabhängig von ihm zu leben.

Trotzdem gehorchten Adam und Eva Gott nicht. Sie nahmen die Frucht von dem Baum der Erkenntnis des Guten und Bösen. Indem sie das taten, erklärten sie ihre Unabhängigkeit von Gott. Sie sagten damit, dass sie wie Gott sein wollten. Sie wollten alle Früchte, die

die Natur liefert, selbstsüchtig und unabhängig von Gott genießen (1. Mose 3,1–7).

Weil Adam und Eva gegen Gott rebellierten, verschlechterte sich die Natur im Gegensatz zu vorher. Gott „verfluchte" den Boden (1. Mose 3,14–24). Die Erde brachte Disteln und Dornen hervor. Arbeit, die eigentlich ein Segen sein sollte, wurde zur Plackerei. Im „Schweiße ihres Angesichts" mussten sich die Menschen ihren Lebensunterhalt verdienen. Die Aufgabe, sich die Erde untertan zu machen, war viel schwieriger geworden, weil sich die Menschen von Gott abgewandt hatten!

In der Bibel werden Naturkatastrophen wie zum Beispiel Dürre oft als Strafe Gottes interpretiert, oder auch als Erinnerung, dass wir von ihm abhängig sind und ihm für die guten Gaben der Natur dankbar sind. Obwohl die Menschheit in der Moderne große wissenschaftliche Fortschritte gemacht hat, werden wir durch Naturkatastrophen immer wieder daran erinnert, dass wir die Natur letzten Endes nicht unter Kontrolle haben. Auch wenn Gott uns beauftragt, uns für den ökonomischen und technologischen Fortschritt einzusetzen, müssen wir anerkennen, dass Stolz und Selbstsucht zerstörerisch wirken. Wann immer wir unser Leben unabhängig von Gott gestalten, wird uns das, was wir erreichen, eher zum Fluch als zum Segen.

Zusammenfassung

Christen glauben, dass die Erde Gottes gutes Geschenk an die Menschheit ist. Den Menschen wird von Gott aufgetragen, mit der Erde zur Freude und zum Nutzen der Menschheit verantwortlich umzugehen. Doch unsere Selbstsucht und unser Stolz verzerrt und zerstört die gute und froh machende Entwicklung unserer Erde.

EINE MUSLIMISCHE ENTGEGNUNG

Muslime bezeugen ebenso wie Christen, dass Gott der Schöpfer ist. Als Schöpfer ist er nicht dasselbe wie die Schöpfung. Er ist nicht die Natur, er steht über und jenseits seiner Schöpfung (er ist transzendent). Muslime glauben, dass Gottes Schöpfung vollkommen ist.

Muslime glauben außerdem, dass Adam der erste Mensch ist, der geschaffen wurde, und dass Gott ihn auf die Erde sandte, um sein Vizeregent zu sein. Für Adam wurde eine Gefährtin, Hauwa (Eva), in ähnlicher Gestalt geschaffen, um ihm beizustehen. Bevor Adam und Hauwa auf die Erde gesandt wurden, trug ihnen Allah auf, im himmlischen Garten (Paradies) zu leben und von allen Früchten des Gartens zu essen. Allerdings wurde ihnen untersagt, sich dem verbotenen Baum[1] zu nähern. Satan verlockte sie, die Frucht des verbotenen Baums zu essen.

Deshalb wurden sie von Allah aus dem Garten vertrieben. Gott sandte sie auf die Erde, wo ihnen die ehrwürdige Position des Vizeregenten Gottes auf Erden verliehen wurde. „Geht (vom Paradies) hinunter! Der eine von euch sei des anderen Feind. Und ihr sollt auf der Erde Wohnstätten und Versorgung auf beschränkte Dauer haben“ (Koran 2:36). Von diesem Vers ausgehend, glauben Muslime im Gegensatz zu Christen, dass der Garten, der Adam und Eva gegeben wurde, nicht auf der Erde lag.

In ähnlicher Weise teilen Muslime nicht die christliche Auffassung, dass Gott den Boden tatsächlich „verfluchte“ (1. Mose 3,14–24). Was die Erde betrifft, sagte Gott Adam, nachdem er ihn dort hingeschickt hatte, lediglich: „Auf ihr sollt ihr leben, und auf ihr sollt ihr sterben, und aus ihr werdet ihr (wieder) hervorgebracht werden“ (Koran 7:25).

EINE KLARSTELLUNG VON CHRISTLICHER SEITE

Wenn die Bibel nach dem Sündenfall davon spricht, dass der Boden verflucht sei, beschreibt sie damit in erster Linie die zerbrochene und unangemessene Beziehung zwischen Mensch und Natur. Es ist bemerkenswert, dass der betreffende Text sagt, der Boden sei um „deinetwillen“ (1. Mose 3,17) verflucht. Gewiss ist die Ausbeutung und der selbstsüchtige Umgang mit der Natur durch die Menschen ein Fluch, der die Natur trifft. An anderer Stelle spricht die Bibel davon, dass die Natur stöhnt, bis die Menschheit völlig von ihrer Sündhaftigkeit erlöst ist (Römer 8,19–23).

Anmerkung

[1] *Dieser Baum wird im Koran nicht näher erläutert und bleibt ohne Bezeichnung. Manche Kommentatoren halten ihn für einen Baum des Bösen.*

Du hast [Mann und Frau] mit Herrlichkeit und Ehre gekrönt.
(Hebräer 2,7b; *Einheitsübersetzung)*

15

ADAM UND EVA

DIE CHRISTLICHE ÜBERZEUGUNG

Dann sprach Gott: „Nun wollen wir Menschen machen, ein Abbild von uns, das uns ähnlich ist! Sie sollen Macht haben über die Fische im Meer, über die Vögel in der Luft, über das Vieh und alle Tiere auf der Erde und über alles, was auf dem Boden kriecht. So schuf Gott die Menschen nach seinem Bild, als Gottes Ebenbild schuf er sie und schuf sie als Mann und als Frau. (1. Mose 1,26–27)

Im nächsten Kapitel lesen wir, dass Gott der Herr der Menschheit „Lebensatem in die Nase [blies]. So wurde der Mensch ein lebendes Wesen" (1. Mose 2,7).

Bild und Ebenbild Gottes

Dies ist die erste Erwähnung des Menschen in der Bibel; dies ist das Zeugnis der ersten beiden Kapitel der Tora des Propheten Mose. Die Menschen sind nach dem Bild Gottes geschaffen! Menschen besitzen lebendige Seelen. Gott hauchte den Menschen seinen Lebensatem ein. Was bedeutet das?

Menschen sind lebendige Seelen, geschaffen nach dem Bild Gottes. Doch das bedeutet nicht, dass sie wie Gott aussehen oder dass Gott menschliche Form oder Eigenschaften besitzt; es weist offensichtlich nicht auf eine körperliche Ähnlichkeit zwischen Gott und Menschen hin. Stattdessen weist es auf eine tiefgründige geistliche Realität hin; Menschen sind fähig, eine tiefe Bundesbeziehung mit Gott einzugehen.

Wir müssen das Zeugnis der Bibel als Ganzes hören, um die Realität dessen verstehen, dass die Menschen nach dem Bild Gottes geschaffen sind. Ein großer Teil der restlichen Bibel ist im Grunde eine Weiterführung dessen, was es bedeutet, wenn ein Mensch nach dem Bild Gottes geschaffen ist, eine lebendige Seele ist und den Lebensatem von Gott empfangen hat. Wir können in diesem Kapitel nur oberflächlich darauf eingehen, doch wir werden die wichtigsten Dimensionen dieser biblischen Lehre besprechen.

Zunächst sollten wir beachten, dass sowohl Mann als auch Frau nach dem Bild Gottes geschaffen sind (1. Mose 1,27). Die Frau ist so wichtig wie der Mann. Sie sind gleichermaßen wichtig und gleichermaßen menschlich. Alle Menschen, ob Mann oder Frau, sind nach dem Bild Gottes geschaffen.

Zweitens bedeutet unsere Gottesebenbildlichkeit, dass wir beginnen können, die Schöpfung zu verstehen. Im letzten Kapitel sahen wir, dass den Menschen von Gott geboten wurde, sich die Erde untertan zu machen. Wir bemerkten, dass dies die Fähigkeit einschließt, die großartigen Gesetze der Natur zu studieren und zu verstehen. Es ist erstaunlich, dass der menschliche Verstand die Komplexität der Gesetze der Genetik und Vererbungslehre zumindest ansatzweise verstehen kann, oder dass der Mensch in der Lage ist, die Gesetze der Schwerkraft, Stoß und Trägheit, so effektiv anzuwenden, dass er damit zum Mond reisen kann. Dies sind komplexe Leistungen.

Gleichermaßen bedeutend ist unsere Fähigkeit, Häuser zu bauen, in denen wir wohnen können, Gärten anzulegen, die Nahrung hervorbringen, oder Vieh in Herden zusammenzufassen und sie auf die richtigen Weiden zu führen, damit sie die maximale Milchmenge geben. Menschen nach dem Bild Gottes verstehen gewisse Aspekte von Gottes wunderbarer Schöpfung und wissen außerdem, wie sie sich diese Schöpfung zunutze machen können, um ihr Leben besser zu gestalten.

Drittens sind wir kulturelle Geschöpfe. Tiere bringen keine Kultur hervor. Tiere handeln nach ihrem Instinkt oder erlernten Verhalten, doch Menschen bringen Kulturen hervor, die sich erheblich voneinander unterscheiden. Alle Hunde rund um die Welt bellen mehr oder weniger auf dieselbe Weise, doch menschliche Sprachen weisen eine enorme Vielfalt auf. Sprache ist ein bedeutender Aspekt der von der menschlichen Gesellschaft geschaffenen Kultur. Ebenso wohnen Menschen in ganz und gar unterschiedlichen Häusern, sie schaffen eine ungeheure Vielfalt an Kleidung und kochen Tausende von unterschiedlichen Gerichten. Die Natur zeigt uns, dass Gott eine enorme Vielfalt schuf! Achten Sie zum Beispiel einmal darauf, dass kein Mensch einem anderen gleicht. Unsere kulturelle Kreativität ist eine Dimension unserer Gottesebenbildlichkeit.

Viertens können wir Richtig von Falsch unterscheiden. Menschen sind moralische Wesen, wir handeln nicht in erster Linie aus unserem Instinkt heraus, wie es Tiere tun. Der Sinn für Richtig und Falsch ist tief in unserem Gewissen eingepflanzt. Obwohl sich menschliche Kulturen sehr voneinander unterscheiden, gibt es überall ein tiefgehendes Verständnis von Gut und Böse. Zum Beispiel scheinen die Menschen, auch wenn sich die spezifischen kulturellen Ausdrucksformen voneinander unterscheiden, überall zu empfinden, dass es nicht richtig ist, einen Mitmenschen umzubringen. Dieses moralische Bewusstsein ist ein wichtiger Aspekt unserer Gottesebenbildlichkeit als Geschöpfe Gottes.

Fünftens spüren wir, dass wir zu besseren Menschen heranwachsen sollten. Menschen in allen Kulturen scheinen ein Bewusstsein dafür zu hegen, dass sie nicht so gut, oder sollten wir sagen: so menschlich sind, wie sie sein sollten. Das ist es, was unsere Gottesebenbildlichkeit in unserem Gewissen bezeugt. Eine hartnäckige Stimme in unserem Gewissen sagt uns, dass wir bessere Menschen werden sollten, dass wir nicht immer das tun, von dem wir wissen, dass wir es tun sollten, dass wir wirklich freundlicher, mutiger, aufrichtiger, verlässlicher – Gott ähnlicher – sein sollten. Das Gewissen, jene Stimme, die uns auffordert, besser zu handeln, ist der Stempel der Gottesebenbildlichkeit in unserem Inneren. Es ist die

Aufforderung, innerlich zu wachsen und ein besserer Mensch zu werden.

Sechstens gibt es in allen menschlichen Gesellschaften ein Empfinden dafür, dass Menschen unsterblich sind. Wir wissen, dass der Tod nicht das Ende unserer persönlichen Existenz bedeutet; es gibt ein Leben jenseits des Grabes. Das ist ein wichtiger Aspekt unserer Gottesebenbildlichkeit als Geschöpfe Gottes. Gott ist ewig. Ganz ähnlich hat er in seiner Gnade bestimmt, dass wir nicht verschwinden, wenn unser Körper stirbt. Gott hat bestimmt, dass die Menschen, die er nach seinem Bilde schuf, ewig und unsterblich sein sollen. Wir werden in einem späteren Kapitel mehr darüber sagen.

Siebtens bedeutet die Gottesebenbildlichkeit, dass wir Gemeinschaft mit unseren Mitmenschen und mit Gott haben können. Sprache ist wichtig, um Gemeinschaft zu erfahren; sie ist ein Hinweis darauf, dass wir Menschen sind und uns danach sehnen, mit anderen Menschen in eine tiefe persönliche Beziehung zu treten. Gott sehnt sich ebenfalls danach, mit uns Gemeinschaft zu haben. Gott kann keine Gemeinschaft mit Tieren haben, weil sie keine Menschen sind; sie sind nicht nach dem Bild Gottes geschaffen. Menschen sind anders, sie sind Gemeinschaftswesen. Sie sind nach dem Bild Gottes geschaffen.

Die ersten Kapitel in 1. Mose schildern Adam und Eva in der gesegneten Gemeinschaft mit Gott. Gott sprach mit ihnen. Er unterhielt sich mit ihnen in der Abendkühle. Das ist Gottes Absicht mit den Menschen. Er sehnt sich danach, eine fröhliche und tiefe Beziehung mit den Menschen einzugehen. Das ist der Grund, weshalb Gott uns in eine Gemeinschaftsbeziehung einlädt, von der die Bibel sagt, dass sie der zwischen einem Vater und seinen Kindern gleicht. Tatsächlich ist dies der zentrale Aspekt dessen, was es bedeutet, nach dem Bild Gottes erschaffen worden zu sein. Wir sind Gottes geliebte Kinder. Gott ist unser himmlischer Vater (5. Mose 32,6; Psalm 103,13; Jeremia 31,9; Römer 8,14.17).

Die Bibel lehrt, dass wir unsere wahre Menschlichkeit in einer tiefen und bedeutungsvollen Bundesbeziehung mit Gott finden. Wir sind wahrhaft menschlich, wenn wir in der rechten und fröhlichen Beziehung mit Gott leben. Wenn unsere Loyalität und Liebe zu

Gott ausgehöhlt wird, wenn wir uns von Gott abwenden und unser Leben falschen Göttern widmen; wenn wir beginnen, unser Leben unabhängig von Gott zu gestalten, dann verkommt unsere Menschlichkeit zu einem Zerrbild.

Die Ehe ist ein Zeichen der Bundesbeziehung mit Gott. In 1. Mose lesen wir im zweiten Kapitel, dass, nachdem Gott Eva aus einer von Adams Rippen erschaffen hatte, Adam sie voller Freude als seine Frau annahm und sagte: „Endlich! Sie ist's! Eine wie ich! Sie gehört zu mir, denn von mir ist sie genommen." Der Bericht fährt fort: „Deshalb verlässt ein Mann Vater und Mutter, um mit seiner Frau zu leben. Die zwei sind dann eins, mit Leib und Seele. Die beiden waren nackt, aber sie schämten sich nicht voreinander" (1. Mose 2,24–25).

Aus diesem Grund akzeptieren Christen keine Polygamie als Gottes Idealform der Ehe. In diesem ersten biblischen Bericht über die Ehe lesen wir, dass mit der Heirat Mann und Frau eins (Luther: „ein Fleisch") werden. Wenn ein Mensch mehr als einen Ehegefährten hat, ist seine Loyalität geteilt. Geteilte Loyalität aber verdreht und verdirbt die Einheit dieses „einen Fleisches", die Gott mit dem Menschen im Sinn hat.

In ganz ähnlicher Weise verkommt unsere Beziehung zu Gott zu einem Zerrbild, wenn wir einer anderen Autorität als Gott unsere letzte Loyalität schenken. Wahre Gemeinschaft mit Gott hat mit völliger Hingabe an ihn zu tun, genau wie wahre Gemeinschaft in der Ehe nach der vollkommenen und ausschließlichen Hingabe an den Ehepartner verlangt (Hosea 2,14–3,5).

Die Sünde der Menschheit

Tragischerweise hörten Adam und Eva auf, Gott ihre erste Loyalität zu schenken. Sie wandten sich von Gott ab. Sie hörten auf die Stimme der Schlange, die ein Symbol für Satan darstellt. Sie nahmen und aßen die Frucht vom Baum der Erkenntnis des Guten und Bösen, die Gott ihnen streng verboten hatte. Indem sie diese Frucht aßen, erklärten sie sich unabhängig von Gott. Die Bibel sagt, dass sie die Frucht nahmen, weil sie „wie Gott" sein wollten. Das ist

Rebellion. Damit bringt man Stolz und Selbstsucht zum Ausdruck (1. Mose 3,1–7).

Die Bibel bezeugt, dass dieser Akt der Rebellion unserer Ureltern die Menschheit, die nach dem Bild Gottes geschaffen worden war, zum tragischen Zerrbild verkommen ließ. Auch wenn Spuren der Gottesebenbildlichkeit bleiben, hat sich die Menschheit kollektiv von Gott abgewendet, und die Sündhaftigkeit durchdringt uns einzeln und kollektiv. Unsere Sündhaftigkeit ist ein Krebsgeschwür, das uns vernichtet (Römer 3,23).

Die Rebellion der Menschheit gegen Gott begann mit dem Ursprung der Menschheit. Adam und Eva, die Ureltern der Menschheit, wandten sich von Gott ab; sie brachen den wunderbaren Bund, den Gott mit ihnen geschlossen hatte. An genau diesem Abend, nachdem sie die Frucht vom Baum gepflückt hatten, erschien Gott im Garten, um mit Adam und Eva zu sprechen, doch sie verbargen sich hinter den Büschen, verängstigt und verschämt. Gott rief: „Adam, wo bist du?" Adam entgegnete: „Ich hörte dich kommen und bekam Angst, weil ich nackt bin. Da habe ich mich versteckt!" (1. Mose 3,9–10).

Gott ließ Adam und Eva nicht im Stich. Vielmehr versteckten sich Adam und Eva vor Gott. Nicht Gott brach seinen Bund mit ihnen. Sie brachen ihren Bund mit Gott.

Gott verlässt uns nie. Weil er Liebe ist, sucht er immer nach uns und lädt uns ein, sein Bundesvolk zu werden. Wir sind es, die sich von ihm abwenden und die Einladung, sein Volk zu werden, ausschlagen. Das ist die Geschichte der Menschheit – die Geschichte einer Menschheit, die Gott zurückweist, sich von ihm abwendet, seine wunderbare Einladung ausschlägt, zur Bundesgemeinschaft des Glaubens dazu zu gehören!

Dies liefert uns zwei unterschiedliche Bilder der Menschheit. Auf der einen Seite sind wir nach dem Bild Gottes geschaffen und eingeladen, an der wunderbaren Bundesgemeinschaft mit Gott teilzuhaben. Auf der anderen Seite haben wir uns von Gott abgewandt. Die menschliche Rasse befindet sich als Ganzes in der Rebellion gegen Gott. Uns geht das Schlechte leichter von der Hand als das Gute.

Im nächsten Kapitel werden wir mehr zum christlichen Verständnis von Gut und Böse sagen sowie zu der Art und Weise, wie es die menschliche Gesellschaft durchdringt. Dann werden wir uns außerdem das biblische Zeugnis von Gottes wunderbarem Plan anschauen, die Menschheit von der Sünde zu retten, und auch zu der Art und Weise, wie Gott aus Gnade versucht, uns nach seinem Bild neu zu schaffen, weil wir zu einem Zerrbild wurden, nachdem wir uns von unserem himmlischen Vater abgewandt hatten.

EINE MUSLIMISCHE ENTGEGNUNG

Wenn Christen bezeugen, dass die Menschen nach dem Bild Gottes geschaffen wurden, ist das nicht gleichbedeutend mit dem muslimischen Zeugnis. Auch wenn Gott den Menschen seinen Geist einhauchte, wie Christen und Muslime glauben, sind für den Islam die einzigen göttlichen Eigenschaften, die dem Menschen durch Gottes Atem anvertraut wurden, Wissen, Willen und die Fähigkeit, zu handeln. Wenn Menschen diese göttlichen Eigenschaften richtig nutzen, um Gott zu verstehen und sein Gesetz strikt zu befolgen, haben sie weder für die Gegenwart noch für die Zukunft etwas zu befürchten und müssen auch keinen Kummer wegen der Vergangenheit empfinden.

Der Islam lehrt darüber hinaus, dass die Menschheit nicht nur in der bestmöglichen Form erschaffen wurde, sondern auch zu Gottes *khalifa* (Vizeregenten) auf der Erde gemacht wurde. Diese Würde ist das Geburtsrecht von Männern und Frauen, das Recht aller Menschen, ungeachtet ihrer Rasse, Sprache oder Kultur. Die Würde des Menschen besteht in dem besonderen Privileg, ein Diener oder Sklave Allahs zu sein. In der völligen Unterwerfung unter Allahs Willen kommt die Würde der Menschheit am deutlichsten zum Vorschein. Allah sagt: „Wahrlich, Wir haben den Menschen in bester Form erschaffen. Alsdann haben Wir ihn in die niedrigste Tiefe zurückgebracht, ausgenommen (davon) sind diejenigen, die glauben und Gutes tun; ihnen wird ein unverkürzter Lohn zuteil sein“ (Koran 95:4–6).

Wenn Christen bezeugen, dass die Rebellion unserer Ureltern den Menschen zum Zerrbild machte und dass die Sündhaftigkeit uns individuell und kollektiv durchdringt, steht das dem islamischen Zeugnis völlig entgegen. Der Islam lehrt, dass die erste Phase des Lebens auf der Erde nicht mit Sünde und Rebellion gegen Allah begann. Obwohl Adam Allah nicht gehorchte, bereute er doch, und ihm wurde vergeben, und er durfte sogar der Menschheit Führung und Leitung geben. Der Mensch wird nicht als Sünder geboren, und die Lehre von der Sündhaftigkeit des Menschen hat im Islam keine Grundlage.

Trotz des unterschiedlichen Menschenbildes in Christentum und Islam glauben beide, dass der Mensch Offenbarung braucht. Im Islam besteht die Offenbarung aus der göttlichen Rechtleitung für den Menschen, während im Christentum der zentrale Punkt der Offenbarung die Errettung des Menschen aus der Sünde ist.

Nichts ist so abgründig wie das menschliche Herz. Voll Unheil ist es; wer kann es durchschauen? (Jeremia 17,9)

16

DIE SÜNDE UND DAS BÖSE

DIE CHRISTLICHE SICHT

Das Böse stammt nicht von Gott, der der gerechte Schöpfer ist. Das Böse entspringt nicht wie selbstverständlich der guten Erde, die Gott schuf. Es hat nichts mit den stofflichen Aspekten der Schöpfung zu tun, wie die alten griechischen Philosophen glaubten. Sie hielten den Geist für gut und die Materie für böse. Für sie war das Böse in die stofflichen oder körperähnlichen Aspekte der Schöpfung eingebunden. Die Bibel weist all solche Vorstellungen vom Ursprung des Bösen zurück. Darüber hinaus wird das Böse auch nicht durch Unwissenheit verursacht. Wissen an sich ist nicht notwendigerweise gut, Unwissenheit nicht notwendigerweise böse. Weder Gott noch seine gute Schöpfung sind der Ursprung des Bösen.

Der Bibel zufolge werden wir böse, wenn wir uns von Gott abwenden. Bevor Adam und Eva sündigten, kannten sie das Böse gar nicht, doch als sie die Frucht vom Baum der Erkenntnis des Guten und Bösen pflückten, begannen sie sofort zu spüren, dass mit ihnen etwas überhaupt nicht mehr stimmte, in ihrer Beziehung zueinander, in ihrer Beziehung zu Gott und zur guten Erde, die Gott für sie geschaffen hatte, damit sie sich daran freuten.

Im letzten Kapitel sagten wir, dass das Pflücken der Frucht vom Baum der Erkenntnis des Guten und Bösen eine Unabhängigkeitserklärung darstellte, mit der sie sich von Gott lossagten. Es war ein Ausdruck des Hochmuts; Adam und Eva wollten wie Gott sein (1. Mose 3,4). Es war außerdem ein Akt der Selbstsucht; sie wollten alle Früchte des Gartens für sich allein haben (1. Mose 3,6). Es war Ungehorsam. Gott hatte ihnen geboten, nicht von diesem einen Baum zu essen (1. Mose 3,11).

Adam und Eva kamen selbst zu dem Entschluss, sich von Gott abzuwenden (1. Mose 3,1–7). Es stimmt, dass Satan sich in Gestalt einer Schlange im Garten aufhielt. Satan führte sie in Versuchung, von der Frucht zu essen, doch er war nicht die zentrale Figur in diesem Drama. Mann und Frau standen im Zentrum dieser Rebellion gegen Gott. Sie hörten auf die Versuchung der Schlange und nahmen die Frucht. Sie streckten ihre eigene Hand aus, um die Frucht vom Baum zu pflücken. Es war ihre persönliche Entscheidung, gegen Gott zu sündigen.

Die Sünde tritt durch den Missbrauch menschlicher Freiheit in die Welt. Wir alle haben Anteil an dieser Sünde der Menschheit; wir alle missbrauchen unsere Freiheit. Die Bibel sagt: „Wir alle waren wie Schafe, die sich verlaufen haben" (Jesaja 53,6a). Wir tragen persönlich und kollektiv Verantwortung.

Zu Beginn der menschlichen Geschichte wandte sich die Menschheit von Gott ab. Wir sollten nicht Adam und Eva oder unseren eigenen Eltern die Schuld für unsere Sündhaftigkeit zuweisen. Wir alle haben persönlich erfahren, was Rebellion gegen Gott bedeutet. Wenn wir über die Geschichte von Adam und Eva nachdenken, denken wir in Wirklichkeit auch über unsere persönliche Geschichte nach. Wir alle haben „den Anteil an Gottes Herrlichkeit verloren" (Römer 3,23). Die tragischen Konsequenzen dieser Rebellion werden in 1. Mose in den Kapiteln 3 und 4 geschildert. Die Geschichte von Adam und Eva ist die Geschichte eines jeden von uns. Es ist erzählte Geschichte, die Geschichte der Menschheit. Hier werden uns einige Konsequenzen der Sünde vor Augen geführt, für Adam und Eva und für jeden von uns.

Zunächst begannen Adam und Eva sich zu schämen (1. Mose 3,7). Bevor sie sich gegen Gott wandten, schämten sie sich nicht in der Anwesenheit des anderen. Sie trugen keine Kleidung, aber nachdem sie Gott ungehorsam gewesen waren, begannen sie sich zu verstecken. Sie nähten Feigenblätter zu einer Schürze zusammen, um sich zu bedecken. Sie versteckten sich hinter den Büschen im Garten. Sie schämten sich. Auch wir versuchen unser wahres Ich hinter der modischen Kleidung, die wir tragen, oder dem Lächeln auf unserem Gesicht zu verbergen. Wir versuchen vorzugeben, dass wir nicht der sind, der wir in Wirklichkeit sind. Wir schämen uns unseres wahren Ichs, und deshalb verstellen wir uns. Wir werden unaufrichtig. Scham, Verstellung und Unaufrichtigkeit sind die Folgen unserer Sünde. Sie bedeuten Heuchelei!

Zweitens hatten Adam und Eva Angst. Sie versteckten sich hinter den Büschen im Garten. Sie hatten Angst voreinander, und sie hatten auch Angst vor Gott. Als Gott, wie üblich, im Garten auf sie zukam, um mit dem Mann und der Frau Gemeinschaft zu haben, versteckten sie sich vor ihm. Sie hockten hinter den Büschen, in der Hoffnung, dass Gott sie dort nicht finden könne. Gott rief: „Wo bist du?“ Adam entgegnete: „Ich hörte dich kommen und bekam Angst, weil ich nackt bin. Da habe ich mich versteckt!“ (1. Mose 3,9–10).

Mann und Frau fürchten sich vor Gott! Verstecken sich hinter den Büschen! Menschen, die nach dem Bild Gottes geschaffen sind, Menschen, deren größte Freude es sein sollte, in der rechten und fröhlichen Beziehung zu ihrem Schöpfer zu leben, versteckten sich vor Gott, ihrem liebenden himmlischen Vater. Die Menschen schnitten sich selbst von Gott ab, wandten sich von Gott ab, versteckten sich hinter den Büschen. Adam und Eva, Sohn und Tochter Gottes, entfremdeten sich von ihrem himmlischen Vater. Statt Gott zu lieben, fürchteten sie sich vor ihm. Statt Gemeinschaft mit ihm zu erleben, rannten sie weg, um sich vor Gott zu verstecken!

Drittens waren Adam und Eva nicht bereit, die Verantwortung für das, was sie getan hatten, auf sich zu nehmen; sie suchten nach Entschuldigungen für ihre Sünde.

Gott fragte Adam: „Hast du etwa von den verbotenen Früchten gegessen?“

Der Mensch erwiderte: „Die Frau, die du mir an die Seite gestellt hast, gab mir davon; da habe ich gegessen."

Gott, der HERR, sagte zur Frau: „Was hast du da getan?"

Sie antwortete: „Die Schlange ist schuld, sie hat mich zum Essen verführt!" (1. Mose 3,11–13).

Adam schob Eva die Schuld für seine Sünde zu. Indirekt schob er auch Gott die Schuld zu. Er sagte, dass es die Frau gewesen sei, die ihn veranlasst hatte, zu sündigen. Eva wies natürlich Satan die Schuld zu. Keiner der beiden übernahm persönlich die Verantwortung. Sie suchten nach Entschuldigungen für ihre Sünde.

Wir sind genau so. Wenn wir wissen, dass wir etwas Falsches getan haben, schieben wir anderen die Schuld zu. Vielleicht sagen wir, weil Gott souverän und allmächtig sei, trage in Wirklichkeit er die Schuld an der Sünde. Wir denken vielleicht, Gott hätte niemals erlauben sollen, dass eine Versuchung in unser Leben tritt. Vielleicht werfen wir Gott sogar verbittert eine bestimmte Versuchung oder ein Missgeschick vor, das unseren Weg kreuzte. Noch öfter machen wir für unsere Sünde Satan verantwortlich. „Er ist derjenige, der uns zur Sünde veranlasst hat", sagen wir. Oft schieben wir unseren Eltern oder Geschwistern die Verantwortung für unser Versagen zu. Die allgemein menschliche Erfahrung, anderen die Verantwortung für das Böse, das wir tun, zuzuschieben, wird von modernen Psychologen Schuldprojektion genannt. Wir machen andere fälschlich für das verantwortlich, was *wir* tun.

Viertens nahm die eheliche Beziehung Schaden. Bevor sie sündigten, hatten Adam und seine Frau in einer wunderbaren Beziehung gelebt, doch nachdem sie gesündigt hatten, begannen sie ihr wahres Ich voreinander zu verbergen.

Wir lesen außerdem, dass Adam über seine Frau zu herrschen begann und sie sich ihm unterwarf (1. Mose 3,16). Diese Art ehelicher Beziehung ist eine Form der Ausbeutung. Der Ehemann herrscht, und seine Frau unterwirft sich. Aufgrund der Rebellion des Menschen gegen Gott wurde die Beziehung zwischen den Geschlechtern auch von Ausbeutung geprägt. Frauen kleiden und verhalten sich so, dass es auf Männer anziehend wirkt. Männer verhalten sich andererseits aggressiv und versuchen Frauen zu bewegen, sich ihnen innerhalb und außerhalb der Ehe zu unterwerfen.

Die Geburt wurde zu einer schmerzhaften Erfahrung (1. Mose 3,17–19). Kinder sollten eigentlich einen großen Segen für jedes Heim bedeuten, doch die Sünde trug den Schmerz in die Erfahrung, Kinder zu bekommen und zu haben, hinein. Kinder werden unter Schmerzen geboren, und sie bereiten ihren Eltern Schmerzen durch Ungehorsam und Rebellion.

Fünftens wurde die Arbeit zu einer Plage für die Menschheit (1. Mose 3,17–19). Bevor sich die Menschen von Gott abwandten, war die Arbeit ein Segen; sie war von zentraler Bedeutung für den Bund, den Gott mit Adam und Eva schloss. Gott gebot ihnen zu arbeiten, um die Erde zu verbessern. Nachdem sie gegen Gott rebelliert hatten, gestaltete sich ihre Beziehung zur Natur schwierig. Sie begannen die Natur auszubeuten, und die Erde stöhnte unter der Ausbeutung. Der Boden wurde um des Menschen willen verflucht. Disteln begannen auf dem Land zu wachsen, wo Menschen Getreide aussäten. Die Menschen wurden unfreundlich zur Natur, und gleichermaßen wurde die Natur unfreundlich zum Menschen. Die Menschen begannen mit der Natur zu ringen und zu kämpfen; sie mussten für ihren Lebensunterhalt hart arbeiten.

Sechstens kam der Tod. Gott ist derjenige, der Leben schenkt. Wir erfahren dieses Leben, wenn wir in einer fröhlichen Beziehung mit Gott leben, dem ewigen Geber des Lebens. Als sich Adam und Eva von Gott abwandten, als sie ihre Unabhängigkeit von Gott erklärten, erklärten sie in Wirklichkeit ihre Unabhängigkeit vom Geber des Lebens. Indem sie sich von Gott abwandten, wandten sie sich im Grunde dem Tod zu. Wir sterben, weil wir in Rebellion gegen Gott leben. Die Bibel sagt: „Der Lohn, den die Sünde zahlt, ist der Tod" (Römer 6,23).

Tod im biblischen Sinn ist etwas weitaus Ernsteres als der biologische Tod. Es ist offensichtlich, dass ein Mensch, der den Körper eines Geschöpfes besitzt, einmal den körperlichen Tod erleiden muss. Der biologische Tod mag ein Aspekt der Folgen der Sünde sein, aber er steht ganz gewiss nicht im Mittelpunkt dessen, was es bedeutet, als Folge der Abwendung von Gott zu sterben. Die tiefere

Bedeutung des Todes ist die tragische Verderbtheit der Menschheit, die nach dem Bild Gottes geschaffen wurde. In unserem Leben sollte sich die Herrlichkeit und Gerechtigkeit Gottes widerspiegeln. Stattdessen sind wir selbstsüchtig und stolz. Unsere Menschlichkeit liegt am Boden. Wir hassen, statt zu lieben. Wir beuten aus, statt zu teilen. Wir werden verbittert, statt zu vergeben. Wir werden klein statt groß. Wir werden dem Satan immer ähnlicher statt Gott. Wir täuschen eher, als aufrichtig zu sein. Wir entfernen uns immer weiter von Gott, wir spüren den Tod, solange wir leben. Tod bedeutet die ewige Trennung von Gott! Trennung von Gott ist das schlimmste aller Übel. Die Trennung von Gott bedeutet Tod.

Siebtens breitet sich der Tod in der gesamten Familie der Menschheit aus und vergiftet alle menschlichen Beziehungen. In der Familie von Adam und Eva regierte der Tod. Kain, der älteste Sohn, brachte den Zweitgeborenen Abel um (1. Mose 4,1–16). Kain brachte seinen Bruder um, weil er auf ihn eifersüchtig war. Die erste Familie der Menschheit erlebte einen Mord. Der älteste Sohn brachte seinen jüngeren Bruder um!

Dieser Mord in der ersten Familie der Menschheit war ein Zeichen, dass die Sünde sich über Adam und Eva hinaus ausgebreitet hatte. Auch die Kinder rebellierten gegen Gott. Tatsächlich hat sich diese Rebellion gegen Gott über die ganze menschliche Rasse verbreitet. Jeder Mensch an jedem Ort hat Anteil an dieser Rebellion gegen Gott. Die Bibel sagt: „Kein Mensch kann vor Gott als gerecht bestehen“ (Römer 3,10). Wiederum lesen wir: „Alle Menschen gehören zu Adam, darum müssen sie sterben“ (1. Korinther 15,22). Der Prophet Jesaja schreibt: „Wir alle waren wie Schafe, die sich verlaufen haben; jeder ging seinen eigenen Weg“ (Jesaja 56,6). Jeder Einzelne von uns wie auch die gesamte menschliche Gesellschaft trägt seinen Anteil an dieser Rebellion gegen Gott und am Tod. Unsere gemeinsame Menschlichkeit ist auf tragische Weise zerstört. Menschen als Kinder Gottes, geschaffen nach Gottes Bild, haben sich gegen Gott gewandt. Wir sind nicht gerecht, sondern sündig; wir leben nicht, sondern sterben vielmehr.

Unsere Sünde ist die Rebellion. Sie umfasst mehr als die falschen Handlungen, die wir manchmal begehen. Wir selbst sind es, die sündig sind; unser Herz ist böse. Die Bibel sagt: „Nichts ist so abgründig wie das menschliche Herz. Voll Unheil ist es; wer kann es durchschauen?“ (Jeremia 17,9). Die falschen Dinge, die wir tun, sind eine Konsequenz unseres bösen Herzens. Wir selbst sind sündig. Das ist der Grund, warum wir Falsches tun.

Die Bibel schildert, auf welch erstaunliche Weise Menschen im Lauf der Geschichte Sünde und Tod erfahren haben. Selbst der Priester Aaron half dem Bundesvolk, ein goldenes Kalb zu machen, das sie dann anbeteten (2. Mose 32)! König David beging Ehebruch und arrangierte den Mord des guten Ehemanns der Frau, mit der er gesündigt hatte (2. Samuel 11). Selbst die Propheten erleben, was es heißt zu sündigen! Die Bibel ist absolut ehrlich. Adam, Noah, Abraham, Mose, Aaron, David – all diese Männer, die in der Bibel geschildert werden, haben Versagen und Sünde erfahren. Die Bibel enthüllt, dass diejenigen, die gerecht erscheinen, in Wirklichkeit oft unaufrichtige Heuchler sind. Die Bibel sagt: „Alle haben gesündigt!“

Auch die Geschichte zeigt unsere Sündhaftigkeit. All unsere Geschichtsbücher aus jeder Zivilisation und Kultur erzählen von Kriegen. Die Geschichte erzählt vom Tod: von Menschen, die Menschen umbringen; von der Zerstörung all des Guten, das die Menschheit aufgebaut hat; vom Aufstieg und Fall von Reichen, vom Tod der Zivilisation; vom Tod von Weltreichen; vom Tod von Menschen durch Krieg und Konflikte. Die Menschheit ist dem Tod verfallen. Wir haben uns von Gott abgewandt. Der Tod ist unsere gemeinsame Erfahrung.

Die Rebellion gegen Gott erstreckt sich über die menschliche Familie hinaus auf die Welt der Geister und Engel. Diese Wesen sind ebenfalls personal und besitzen einen freien Willen. Sie können sich gegen Gott wenden, wenn sie sich dazu entschließen. Satan ist ein Engel, der rebellierte. Er wurde hochmütig und wandte sich gegen Gott (Jesaja 14,12–14). Andere Engel folgten seinem Beispiel. Diese bösen Engel gehorchen dem Befehl des Satans, der jene „Geistesmacht“ genannt wird, „die ihr Reich zwischen Himmel und Erde hat und von dort her ihre Herrschaft über diese Welt ausübt. Sie wirkt noch jetzt als Geist der Verführung in den Menschen, die sich Gott nicht unterstellen" (Epheser 2,2). Satan und die bösen Engel und Geister, die er führt, befinden sich in totaler Rebellion gegen Gott. Sie streben danach, alles zu zerstören, was gut ist. Die Bibel nennt diese bösen Kräfte „unsichtbare Mächte und Gewalten ... die bösen Geister, die diese finstere Welt beherrschen" (Epheser 6,12). Diese bösen Mächte sind todes-orientiert. Sie versuchen, Menschen und Gesellschaften im Tod festzuhalten.

Ob das Böse nun durch unsichtbare Mächte und Gewalten oder durch die menschliche Sündhaftigkeit in Erscheinung tritt, es ist immer die Folge der Rebellion gegen den gerechten Gott, der das Leben schenkt. Alle Formen der Rebellion gegen Gott sind böse. In einer fröhlichen Beziehung mit Gott zu leben ist immer gut, doch die Menschheit gehorcht Gott nicht. Aus diesem Grund machen wir die Erfahrung des Todes.

Zusammenfassung

Unser Problem lautet folgendermaßen: Wie können wir vom Tod errettet werden? Wie können wir, die wir uns von Gott abgewandt haben, wieder beginnen, die Freude am Leben zu verspüren? Wie kann das Ebenbild Gottes, das durch die Rebellion zu einem Zerrbild geworden ist, noch einmal neu geschaffen werden? Die Bibel handelt von den Antworten auf diese Fragen.

EINE MUSLIMISCHE ENTGEGNUNG

Während Muslime mit Christen einer Meinung sind, dass Adam und Eva Gott ungehorsam waren, indem sie die Frucht des verbotenen Baums aßen, werden die folgenden Ereignisse in den beiden Religionen verschieden überliefert. Nach der christlichen Sicht der Dinge erklärten Adam und Eva, als sie die Frucht nahmen, ihre Unabhängigkeit von Gott und wollten wie Gott sein.

Muslime glauben, dass Adam und Eva, nachdem sie ihren Fehler oder ihre Sünde eingesehen hatten, Gott um Vergebung baten und ihnen auch vergeben wurde. Adam wurde darüber hinaus zum ersten Gesandten Gottes auf der Erde. Das christliche Zeugnis minimiert die Rolle des Satans und weist dem Menschen selbst die Verantwortung für die Rebellion zu. Wir glauben, dass Satan, die Macht des Bösen, eine zentrale Rolle in diesem Drama spielte und zum großen Teil dafür verantwortlich war, dass Adam aus dem Garten gewiesen wurde.

Als Muslime machen wir Adam und Eva nicht den Vorwurf, der ganzen Menschheit die Sünde und das Böse gebracht zu haben. Beiden wurde ihre Sünde vergeben, und ihre Nachkommen wurden gegen ihre Auswirkungen unempfindlich gemacht. Sünde ist weder erblich noch unvermeidlich. Sie ist nicht von Gott. Man zieht die Sünde durch freie Entscheidung auf sich, aber sie ist durch Wissen und wahre Führung Gottes auch vermeidbar. Muslime glauben, dass der Mensch im Grunde ein gutes und würdevolles Wesen ist. Er ist kein gefallenes Geschöpf. Muslime sind ganz sicher nicht der Meinung, dass selbst die Propheten an der Sündhaftigkeit Anteil gehabt hätten!

EINE KLARSTELLUNG VON CHRISTLICHER SEITE

Es stimmt zwar, dass manche christlichen Theologen oft von Vorstellungen wie Erbsünde sprechen, doch bietet dieser Begriff keine angemessene Erklärung für die kollektive und individuelle Sündhaftigkeit, von der die Bibel spricht. Aus einem biblischen Blickwinkel ist es weitaus wichtiger anzuerkennen, dass wir Erlösung von unserer Sündhaftigkeit brauchen, als Theorien darüber zu entwickeln, wie Sünde genau weitergegeben wird und wie nicht.

Dein Wort ist eine Leuchte für mein Leben, es gibt mir Licht für jeden nächsten Schritt. (Psalm 119,105)

17

DAS WORT GOTTES

WAS SIND DIE CHRISTLICHEN SCHRIFTEN?

Christen glauben, dass die Bibel das niedergeschriebene Wort Gottes ist; es ist von Gott inspiriert. Die Bibel bezeugt von sich selbst:

> *Denn jede Schrift, die von Gottes Geist eingegeben wurde, ist nützlich für die Unterweisung im Glauben, für die Zurechtweisung und Besserung der Irrenden, für die Erziehung zu einem Leben, das Gott gefällt. Mit den Heiligen Schriften in der Hand ist der Mensch, der sich Gott zur Verfügung gestellt hat, ausgerüstet für alle Aufgaben seines Dienstes.* (2. Timotheus 3,16–17)

Der Begriff „inspirieren" bedeutet „einhauchen". Christen glauben, dass die Heilige Schrift von Gott „eingehaucht" ist. Gottes Gedanken wurden den Heiligen Gottes eingehaucht, die Gottes Wort verkündigten oder niederschrieben. Die Bibel wurde von Gott inspiriert.

Göttliche Inspiration bedeutet nicht göttliches Diktat (Verbalinspiration). Christen glauben nicht, dass die Propheten, die Gottes Wort verkündigten oder niederschrieben, lediglich Sprachrohre waren, durch die Gottes Wort hindurch floss. In der gesamten Heiligen Schrift scheint die Persönlichkeit der jeweiligen Verfasser hindurch. Der Prophet David schrieb als inspirierter Dichter; er war ein Dichter. Der Prophet Jeremia schrieb als inspirierter Prediger; er war ein Prediger. Begabungen und Persönlichkeit der Verfasser sind ein Teil der biblischen Botschaft. Gottes inspirierendes Handeln setzte die menschliche Beteiligung an diesem Prozess nicht außer Kraft; der Stempel der menschlichen Persönlichkeit gehört zum Inhalt der biblischen Offenbarung. Die Bibel ist das wunderbare Schauspiel über Gott, der sich den Menschen offenbart, und über Gottes Propheten, die diese Offenbarung Gottes in menschlicher Sprache und menschlichen Denkmustern ausdrücken.

Der Aufbau der Bibel

Die Bibel ist in zwei Hauptteile untergliedert: das Alte Testament und das Neue Testament. „Testament“ bedeutet „Bund“ oder ein „feierliches Versprechen“, das nicht gebrochen werden darf. Das Alte Testament, oder der Alte Bund, bezieht sich auf den Bund, den Gott mit dem Volk Israel am Berg Sinai schloss, nachdem er sie aus der Sklaverei unter dem Pharao befreit hatte. Am Berg Sinai gab Gott dem Volk Israel die Zehn Gebote (2. Mose 20,1–17). Er lud sie ein, sein Bundesvolk zu werden, und versprach ihnen, für sie wie ein Vater für seine Kinder zu sorgen. Das Alte Testament ist der Bericht von Gottes Selbstoffenbarung und der Antwort des Volkes des Glaubens, das sein Bundesvolk werden wollte.

Tragischerweise scheiterte das Volk Israel daran, Gott so sehr zu vertrauen, wie es dies hätte tun sollen. Sie hielten sich noch am Berg Sinai auf, als sie ein goldenes Kalb anzubeten begannen. Wiederholt wandten sie sich von Gott ab. Sie waren nicht in der Lage und oft auch nicht bereit, den guten Geboten Gottes zu gehorchen. Sie waren ein sündiges Volk (2. Mose 32,7–10). Langsam führte Gott die Propheten des Alten Testaments zu der Einsicht, dass der Alte Bund nicht ausreichte. Sie kamen zu der Erkenntnis, dass Gott einen neuen Bund mit der Menschheit schließen würde, einen Bund der Kraft und der Gnade, der das Herz der Menschheit umgestalten würde, einen Bund, der das Ebenbild Gottes im Menschen von neuem erstehen lassen würde – dieses Ebenbild, das durch die Rebellion gegen Gott auf so tragische Weise verzerrt worden war.

Der Prophet Jeremia spricht von diesem neuen Bund folgendermaßen:

> *„Gebt acht!" sagt der HERR. „Die Zeit kommt, da werde ich mit dem Volk von Israel und dem Volk von Juda einen neuen Bund schließen ... Ich werde ihnen mein Gesetz nicht auf Steintafeln, sondern in Herz und Gewissen schreiben. Ich werde ihr Gott sein, und sie werden mein Volk sein", sagt der HERR.* (Jeremia 31,31–33)

Die Propheten des Alten Testaments erkannten auch, dass der neue Bund durch den Messias erfüllt werden würde. Bereits als Adam und Eva sündigten, offenbarte Gott, dass ein Kind, von der Frau geboren, den Kopf des Bösen zermalmen würde (1. Mose 3,15). Obwohl dies die erste Prophetie der Bibel ist, die den Messias betrifft, erwarteten die Propheten des Alten Testaments im Lauf der Zeit immer stärker, dass Gottes Verheißungen für die Menschheit mit dem Messias erfüllt und vollendet werden würde. Er war derjenige, durch den Gott einen neuen und besseren Bund mit den Menschen stiften würde (Jesaja 11,1–9).

Die alttestamentlichen Prophetien, die den Messias betreffen, sind erstaunlich detailliert. Hier einige Beispiele:

- Er würde aus Davids Familie stammen (2. Samuel 7,12–13).
- Er würde von einer Jungfrau geboren werden (Jesaja 7,14).
- Er würde in Bethlehem geboren werden (Micha 5,2).
- Er würde „Gott steht uns bei" genannt werden (Jesaja 7,14).
- Er würde von der Menschheit nicht akzeptiert werden (Jesaja 53,3–9).
- Er würde leiden und durch Verbrecherhand sterben (Psalm 22,17–18).
- Er würde im Grab eines reichen Mannes begraben werden (Jesaja 53,9).
- Er würde von den Toten auferstehen (Psalm 16,10).

Dies sind nur einige der vielen alttestamentlichen Prophetien über den kommenden Messias, die alle durch Jesus erfüllt wurden.

Das Neue Testament ist der Bericht darüber, wie Gott die Prophetien des Alten Testaments (des Alten Bundes) erfüllte, die den Messias betrafen, und einen neuen Bund stiftete. Es enthält den Bericht vom Leben und den Worten des Messias und der Gründung der Kirche, die die Gemeinschaft des Neuen Bundes ist. Das Alte Testament erwartet das Kommen des Messias. Das Neue Testament offenbart, dass der Messias gekommen ist.

Wir brauchen sowohl das Alte als auch das Neue Testament, um Gottes Offenbarung für die Menschheit zu verstehen und zu akzeptieren. Das Alte Testament stellt eine Vorbereitung auf das Neue Testament dar; das Alte ist ein Zeichen für das Neue, das Neue erfüllt das Alte. Christen nehmen beide Testamente als Gottes inspiriertes, schriftlich niedergelegtes Wort an.

Nun wollen wir den Inhalt der beiden Teile der Bibel genauer betrachten.

Das Alte Testament

Die Lehren und Schriften von etwa dreißig Propheten sind im Alten Testament enthalten. Gottes Offenbarung durch einige dieser Propheten ist so bedeutsam, dass ganze Abschnitte des Alten Testaments nach bestimmten Propheten benannt sind. Zum Beispiel ist die Offenbarung Gottes durch den Propheten Jeremia in einem Buch des Alten Testaments namens Jeremia festgehalten. Einige Teile des Alten Testaments befassen sich hauptsächlich mit der Geschichte des Bundesvolks. Andere Teile enthalten die Lieder, die von den Menschen zur Anbetung gesungen wurden. Diese verschiedenen Gattungen werden im Alten Testament in drei Hauptgruppen zusammengestellt: der Tora, den Propheten, den Schriften. Wir werden jeden dieser größeren Teile der Schriften des Alten Testaments erläutern.

Die Tora (Taurat) des Propheten Mose ist der erste Teil des Alten Testaments. Sie enthält die ersten fünf Bücher der Bibel – 1. Mose/Genesis, 2. Mose/Exodus, 3. Mose/Levitikus, 4. Mose/Numeri sowie 5. Mose/Deuteronomium. Mose ist der große Prophet der

Tora und im Grunde des gesamten Alten Testaments. In der Tora lesen wir, dass Gott Mose ausdrücklich gebot, die Worte des Bundes niederzuschreiben (2. Mose 34,27–38). Das ist ungewöhnlich. Normalerweise „sah“ oder „hörte“ der Prophet im Alten Testament das Wort des Herrn, welches er dann dem Volk verkündete. Verlässliche Jünger oder Sekretäre schrieben dann das Wort Gottes auf, das durch den Propheten offenbart worden war (siehe zum Beispiel Jeremia 36,4). Allerdings lesen wir, dass Mose selbst einige Teile von Gottes Offenbarung mit eigener Hand niederschrieb (5. Mose 31,9). Wir glauben fest, dass wir heute die Tora als Ganzes in den Händen halten, die durch den Propheten Mose und seine treuen Jünger überliefert wurde, die diese inspirierten Offenbarungen bewahrten und weitergaben, so dass wir sie heute lesen können.[1]

Der zweite Teil des Alten Testaments sind die Schriften. Die Schriften umfassen Bücher, die sich mit der Geschichte des Bundesvolkes befassen, sowie Dichtung. Die Geschichtsbücher sind Josua, Richter, Ruth, 1. und 2. Samuel, 1. und 2. Könige, 1. und 2. Chronik, Esra, Nehemia und Esther. Zur Dichtung gehören Hiob, Psalmen, Sprüche (Sprichwörter), das Hohelied und Prediger (Kohelet). Unter diesen fünf dichterischen Büchern sind die Psalmen am bekanntesten. Muslime nennen die Psalmen *zabur* des Propheten David. Gewiss verfasste David viele dieser Psalmen. Viele von ihnen sind wunderschöne Lieder, die Gott für seine große Liebe und Barmherzigkeit preisen, die er der Menschheit erweist.

Der dritte Teil des Alten Testaments besteht aus den Propheten. Es handelt sich um die Bücher Jesaja, Jeremia, Klagelieder, Hesekiel, Daniel, Hosea, Joel, Amos, Obadja, Jona, Micha, Nahum, Habakuk, Zefanja, Haggai, Sacharja und Maleachi. In gewissem Sinn sind alle Schriften des Alten Testaments prophetisch. Wenn aber der Glaube des Bundesvolks im Schwinden begriffen war, sandte Gott besondere Propheten, um das Volk wieder zu sich zu rufen. Alle Propheten geboten dem Volk, Buße zu tun und zu dem Bund zurückzukehren, den Gott mit ihnen am Berg Sinai geschlossen hatte, als er ihnen die Zehn Gebote durch den Propheten Mose offenbarte. Gleichzeitig begannen die Propheten zu erkennen, dass der alte Bund nicht gut genug war. Sie freuten sich auf das Kommen des Messias, dessen Leben und Lehren im Neuen Testament festgehalten sind.

Einer der größten alttestamentlichen Propheten war Jesaja, der auf wunderbare Weise vorhersah, dass der Messias einen neuen Bund stiften würde, der der gesamten Menschheit zum Segen gereichen würde. Er prophezeite auch, dass der Messias leiden und sein Leben für die Sünden der Menschen geben würde.

Das Neue Testament

Die ersten vier Bücher des Neuen Testaments sind unter der Bezeichnung Evangelium oder *injil* bekannt.[2] Christen glauben, dass der Messias selbst das Evangelium ist. Wir werden in Kapitel 19 (ab Seite 184) noch mehr dazu sagen, doch im Augenblick ist es wichtig zu wissen, dass das Evangelium der Bericht über das Leben und die Lehre von Jesus dem Messias ist. Es enthält sowohl sein Leben als auch seine Lehren, weil er selbst das Evangelium ist. Die Offenbarung, wer der Messias ist und was er tut, ist ebenso wichtig wie die Offenbarung durch seine Lehren und Predigten. Folglich ist das geschriebene Evangelium eine Darstellung des Messias.

Dieses Evangelium, das der Messias selbst ist, wurde von den Menschen gesehen. Diejenigen, die dem Messias am nächsten standen, wurden Jünger genannt. Einige dieser Jünger wurden zu Aposteln Gottes. Diese Apostel waren Augenzeugen des Evangeliums. Sie hatten mit dem Messias gelebt und waren um ihn herum gewesen. Sie kannten ihn persönlich. Nach dem Tod und der Auferstehung des Messias inspirierte Gott die Apostel aufzuschreiben, was sie gehört und gesehen hatten. Die Berichte von Matthäus, Markus, Lukas und Johannes wurden in vier Büchern niedergeschrieben. Jedes Buch ist ein apostolisches Zeugnis, das über Jesus den Messias berichtet. Dieser zeugnishafte Aspekt dieser Evangelien wird in den Anfangsversen des Evangeliums, wie es von Lukas aufgeschrieben wurde, auf schöne Weise bekräftigt.

> *Schon viele haben versucht, die Ereignisse zusammenhängend darzustellen, die Gott unter uns geschehen ließ und mit denen er seine Zusagen eingelöst hat. Diese Ereignisse sind uns überliefert in*

den Berichten der Augenzeugen, die von Anfang an alles miterlebt hatten und die den Auftrag erhielten, die Botschaft Gottes weiterzugeben. So habe auch ich mich dazu entschlossen, all diesen Überlieferungen bis hin zu den ersten Anfängen sorgfältig nachzugehen und sie für dich, verehrter Theophilus, in der rechten Ordnung und Abfolge niederzuschreiben. Du sollst dadurch die Zuverlässigkeit der Lehre erkennen, in der du unterwiesen wurdest. (Lukas 1,1–4)

Das Zeugnis der Evangelien wurde auf die Inspiration Gottes hin niedergeschrieben, damit wir „die Zuverlässigkeit der Lehre“ (Lukas 1,4) erkennen.

Das Neue Testament enthält weitaus mehr als den Bericht über Jesu Leben und Lehren. Das fünfte Buch des Neuen Testaments heißt Apostelgeschichte. Dieses Buch ist eine kurze Geschichte der apostolischen Kirche. Es erzählt, wie sich die Gemeinschaft des neuen Bundes bildete, und schildert, wie das Volk des neuen Bundes seinen Auftrag in der Welt ausführte und so die Arbeit fortsetzte, die Jesus der Messias begonnen hatte. Die Apostelgeschichte enthält eine Anzahl von Predigten, die von den Aposteln gehalten wurden. Diese Botschaften offenbaren den grundlegenden Sinn des Lebens, des Todes und der Auferstehung von Jesus dem Messias. Die Apostelgeschichte ist die früheste kirchengeschichtliche Darstellung.

Darauf folgen die Briefe. Sie wurden von Aposteln oder apostolischen Männern verfasst, die die Bedeutung des Evangeliums auslegten. Es handelt sich um Römer, 1. und 2. Korinther, Galater, Epheser, Philipper, Kolosser, 1. und 2. Thessalonicher, 1. und 2. Timotheus, Titus, Philemon, Hebräer, Jakobus, 1. und 2. Petrus, 1., 2. und 3. Johannes, Judas und Offenbarung. Einige dieser Briefe waren an eine bestimmte Gruppe von Christen gerichtet, erteilten ihnen Unterweisung und Ratschläge zu Problemen, die in den Gemeinden aufgekommen waren; andere Briefe waren an Gemeindeleiter gerichtet.

Zum Beispiel wurde der Philipperbrief vom Apostel Paulus an die Gemeinde von Philippi in Mazedonien geschrieben. Der Hebräerbrief beschreibt den Messias als die wunderbare Erfüllung des

Alten Testaments. Er deutet die Tieropfer als Zeichen des Opfertodes und der Auferstehung von Jesus dem Messias. Ein von Jakobus verfasster Brief sagt uns, wie Christen leben sollten. All diese an Gemeinden gerichteten Briefe erklären den christlichen Glauben und christliche Lebensführung.

Andere Briefe richteten sich an Gemeindeleiter, um sie in ihrer Aufgabe zu unterweisen. Zum Beispiel gibt es zwei Briefe, die vom Apostel Paulus an einen jungen Bischof namens Timotheus geschrieben wurden. Ein weiterer interessanter kurzer Brief, Philemon, wurde an einen Sklavenhalter geschrieben und wies ihn an, seinen Sklaven wie einen Bruder zu lieben. Wahrscheinlich ließ der Herr seinen Sklaven frei, nachdem er diesen Brief von einem Apostel Gottes erhalten hatte! Das letzte Buch des Neuen Testaments ist die Offenbarung; sie schildert den Triumph des verherrlichten Messias am Ende der Geschichte, wenn sich Gottes Plan für die Menschheit erfüllt hat.

Die Bibel ist ein wunderbares Buch. Die Lehren von über dreißig Propheten und Aposteln sind in der Bibel aufgezeichnet. Die Abfassung der biblischen Schriften erstreckt sich über einen Zeitraum von mehr als eintausend Jahren. Sie wurden in Zeiten gewaltiger Umbrüche unter ganz unterschiedlichen Bedingungen verfasst. Und doch verbindet ein roter Faden all diese Schriften: Gott wirkt in der Geschichte. Sein Plan ist es, die Menschheit vom Tod zu erretten und zu erlösen. Sein Erlösungswerk wird in Jesus dem Messias erfüllt und vollendet.

Manuskripte und Übersetzungen

Weit über eintausend Jahre lang wurden alle biblischen Manuskripte von Hand abgeschrieben. Dabei besteht immer die Möglichkeit, dass sich aufgrund menschlichen Versagens ein Fehler in den Text einschleicht. Im späten fünfzehnten Jahrhundert wurden Bibeln gedruckt; dies schloss die Möglichkeit bestimmter Fehler beim Abschreiben aus. Trotzdem machen sich sogenannte Textkritiker darüber Gedanken, ob der uns heute vorliegende Text Änderungen zum Originaltext aufweist. Deshalb vergleichen sie unsere heutigen gedruckten Texte mit den ältesten von Hand abgeschriebenen Texten, die uns vorliegen.

Theologen bemühen sich darum, dass der Text der Bibel, wie er uns heute vorliegt, eine möglichst genaue Übersetzung des Originals darstellt. Das Alte Testament wurde ursprünglich auf Hebräisch verfasst, das Neue Testament auf Griechisch. Die Gelehrten wollen sicherstellen, dass die hebräischen und griechischen Texte, die uns heute vorliegen, zuverlässig sind. Sie nutzen ausgefeilte Methoden der Textkritik, Linguistik und Archäologie, um diese Aufgabe zu lösen.

In den letzten Jahren haben einige Aufsehen erregende Entdeckungen antiker Manuskripte die Textkritik enorm vorangebracht. Zum Beispiel gewährte die Entdeckung der Schriftrollen in Qumran in der Nähe des Toten Meeres den Gelehrten Zugang zu Manuskripten des Alten Testaments, die aus dem 2. Jahrhundert vor Christus stammen. Ebenso half die Entdeckung einiger antiker Manuskripte der neutestamentlichen Forschung; eines wurde nicht später als einhundert Jahre nach der Kreuzigung Jesu niedergeschrieben. Es gibt heute mindestens fünftausend antike Manuskripte des Neuen Testaments, die der Forschung zugänglich sind. Dieses Studium der antiken Texte hat das Vertrauen in die Genauigkeit der Bibel, wie sie uns heute vorliegt, außerordentlich gestärkt. Zum Beispiel versichern uns die Forscher, dass die Wahrscheinlichkeit irgendeiner Abweichung von den Originaltexten heute nur bei eins zu tausend liegt. Und keine einzige dieser 0,1 % Abweichungen betrifft die eigentliche Botschaft der Bibel![3]

Dass Christen sich Gedanken machen, wie sie einen zuverlässigen biblischen Text erhalten, gründet sich auf die Verpflichtung gegenüber der Autorität des geschriebenen Gottesworts. Der Respekt für die Autorität dieses Worts entspringt den Seiten der Bibel selbst. Über die Schriften des Alten Testaments sagte Jesus der Messias: „Ich versichere euch: Solange Himmel und Erde bestehen, wird kein i-Punkt und kein Komma im Gesetz gestrichen. Das ganze Gesetz muss erfüllt werden“ (Matthäus 5,18). Sogar die i-Punkte und Kommata waren für Jesus wichtig.

Eine der erstesten Warnungen der Bibel richtet sich gegen diejenigen, die versuchten das inspirierte Wort Gottes zu verändern. Im letzten Kapitel der Bibel in der Offenbarung lesen wir:

> *Ich, Johannes, warne jeden, der die prophetischen Worte aus diesem Buch hört: Wer diesen Worten etwas hinzufügt, dem wird Gott die Qualen zufügen, die in diesem Buch beschrieben sind. Wenn aber jemand von diesen Worten etwas wegnimmt, wird Gott ihm seinen Anteil an der Frucht vom Baum des Lebens und an der Heiligen Stadt wegnehmen, die in diesem Buch beschrieben sind.*
> (Offenbarung 22,18–19)

Obwohl sich diese Warnung im Besonderen gegen diejenigen richtet, die vorhatten, die Prophetien im Buch der Offenbarung zu fälschen, empfinden viele Christen, dass es sich auch um eine allgemeine Warnung gegen all diejenigen handelt, die irgendeinen Teil des schriftlich niedergelegten Wortes Gottes fälschen wollen. Christen, die ja glauben, dass die Bibel das inspirierte Wort Gottes ist, bemühen sich sicherzustellen, dass die Texte, die viele hundert Jahre über Dutzende von Generationen weitergegeben wurden, genau und zuverlässig sind.

Christen glauben, dass die Bibel in die Sprachen übersetzt werden sollte, die die Menschen verstehen. Die biblische Botschaft lautet, dass Gott sich entschloss, sich der Menschheit zu offenbaren. Diese Offenbarung Gottes versteht man am besten, wenn sie einem in der eigenen Sprache übermittelt wird. Aus diesem Grund übersetzten Christen bereits im 3. Jahrhundert nach Christus die Bibel aus dem Hebräischen und Griechischen in die örtlichen Sprachen. Das im antiken Syrien gesprochene Syrisch war vermutlich die erste Sprache, dann folgten Latein, das in Nordafrika gesprochene Koptisch und das in Äthiopien gesprochene Ge'ez. Heute gehört es zu den wichtigsten Aufgaben der christlichen Missionare, die Bibel in die örtlichen Sprachen zu übersetzen. Zumindest einige Bibelteile sind aus den Grundsprachen Hebräisch und Griechisch in mehr als 2300 Sprachen rund um die Erde übersetzt worden. Die Kirche setzt alles daran, die Bibel weiterhin zu übersetzen, bis alle Menschen Gottes niedergeschriebenes Wort in ihrer Muttersprache lesen können.

Zusammenfassung

Christen glauben, dass die Bibel Gottes schriftlich niedergelegtes Wort ist. Die Bibel bezeugt und berichtet von Gottes Taten in der Geschichte des Bundesvolks und von der Schaffung eines neuen Bundes durch Jesus den Messias. Die Bibel enthält die inspirierten prophetischen Auslegungen der Taten Gottes.

EINE MUSLIMISCHE ENTGEGNUNG

Der Koran respektiert die Tora *(taurat),* die Psalmen *(zabur)* und die Evangelien *(injil)* sehr, die den größten Teil der christlichen Schriften bilden. Diese Schriften werden als wahre göttliche Führung und Leitung anerkannt. Die Propheten, denen diese Schriften offenbart wurden (Mose, David und Jesus), werden als große Propheten Allahs und des Islam angesehen. Das Prophetenamt Moses (Musa), Davids (Daud) oder Jesu (Isa) zu verleugnen, bedeutet für einen Muslim, die wahre Lehre des Islam zu verleugnen.

Auf der anderen Seite unterscheidet sich die christliche Sicht der Offenbarung und der Schriften erheblich vom muslimischen Zeugnis. Christen glauben, dass die Bibel von Gott inspiriert (eingehaucht), jedoch nicht diktiert wurde, dass der Stempel der menschlichen Persönlichkeit einen Teil des Inhalts der biblischen Offenbarungen ausmacht, und dass der Messias (Jesus) selbst das *injil* (Evangelium) ist.

Muslime bezeugen dagegen, dass die Offenbarung, die in den Schriften oder göttlichen Büchern enthalten ist, wahre Leitung bietet, die direkt von Gott zu uns herunter gesandt wurde *(tanzil).* Es ist Gottes Wort, das ausgewählten Propheten offenbart wurde. So begabte Persönlichkeiten die Propheten auch gewesen sein mögen, ihr Leben und ihre Geschichte stellen keinen Teil der Botschaft Gottes oder der Schriften dar. Aus demselben Grund ist der *hadith,* so wichtig er auch für den muslimischen Glauben ist, kein Teil des Heiligen Koran.

Es ist traurig, dass die Christen die endgültige und vollkommene Offenbarung Gottes – den Koran – nicht anerkennen.

Anmerkungen

[1] *W. F. Albright,* From the Stone Age to Christianity *(New York: Doubleday, 1957), S. 249–272.*
[2] *Das griechische Wort* euangelion *bedeutet „gute Nachricht". Die arabische Übersetzung von Evangelium lautet* injil, *weshalb Muslime diesen Begriff benutzen. Auf Suaheli gebraucht man den Begriff* injili.
[3] *Sean Kealy, The Changing Bible (Nairobi: KUC, N. D.), S. 87.*

Die Propheten sind vom Geist Gottes ergriffen worden und haben verkündet, was Gott ihnen aufgetragen hatte.
(2. Petrus 1,21)

18

DIE PROPHETEN IN DER GESCHICHTE

DIE CHRISTLICHE SICHT

Die Bibel erzählt von Gottes Erlösungshandeln in der Geschichte und enthält die offenbarte Interpretation dieses Erlösungshandelns. Durch die Propheten und Apostel interpretiert Gott sein Erlösungshandeln in der Geschichte.

Wir können diese biblische Offenbarung mit einem Beispiel illustrieren: der Geburt des Messias, wie sie vom Apostel Matthäus aufgezeichnet und interpretiert wurde (Matthäus 1,18–2,23). Bevor Josef und die Jungfrau Maria die Ehe eingingen, wurde Maria durch den Heiligen Geist schwanger. Ein Engel erklärte Josef und der Jungfrau Maria die Bedeutung dieser wunderbaren Empfängnis. Der versprochene Retter wurde in Bethlehem geboren.

Weise Männer aus dem Osten erblickten einen besonderen Stern und erkannten, dass es sich um ein Zeichen Gottes handelte: Der Messias (König) war geboren. Sie reisten mit Geschenken nach Jerusalem in Judäa und suchten nach dem Kind. In Jerusalem kamen sie mit Herodes, dem König von Judäa, und Gelehrten zusammen, die die alttestamentlichen Prophetien über den Messias kannten. Den weisen Männern wurde mitgeteilt, dass der Messias in der nahegelegenen Stadt Bethlehem geboren werden solle. Sie zogen weiter nach Bethlehem, wo sie Jesus mit Maria und Josef fanden. Sie priesen Gott, dass der Retter geboren war, und gaben ihm kostbare Geschenke – Gold, Weihrauch und Myrrhe.

Ein Engel warnte sie davor, nach Jerusalem zurückzukehren, denn König Herodes wünschte zu wissen, wo sich das Kind aufhielt, damit er es töten könnte. Später, als Herodes hörte, dass die Weisen auf anderem Weg in ihre Heimat zurückgekehrt waren, wurde er zornig und befahl, alle Jungen in Bethlehem im Alter von zwei Jahren oder darunter umzubringen. Trotzdem wurde Jesus vor dem Tod bewahrt, weil ein Engel die Familie gewarnt und ihnen geboten hatte, nach Ägypten zu fliehen, bevor Herodes' Truppen in Bethlehem eintrafen. Nach Herodes' Tod kehrten Maria, Josef und das Kind Jesus in ihre Heimat zurück und lebten in der Stadt Nazareth. All das war eine Erfüllung der alttestamentlichen Prophezeiungen, die sich um die Geburt und Kindheit Jesu des Messias drehten.

Das ist die Geschichte in aller Kürze. Diese Geschichte enthält drei Elemente der Offenbarung: Ereignis, Reaktion, Interpretation. Alle drei sind untrennbar ineinander verwoben; alle drei sind Offenbarung. Das *Ereignis* in diesem Bericht ist Gottes Erlösungshandeln – die Geburt des Messias. Die *Reaktion* ist zwiefältig: Die weisen Männer glauben, doch König Herodes glaubt nicht. Herodes kämpft gegen das Kind, gegen Gottes Erlösungshandeln, gegen Gott selbst. Die *Interpretation* der Geschichte gibt ihr einen Sinn: Der Retter ist geboren. Manche Menschen lehnen ihn ab; andere nehmen ihn an. Glauben oder nicht glauben, das ist hier die Frage. Das ist das Wesen aller biblischen Offenbarung: Ereignis, Antwort, Interpretation.

Die Bibel offenbart, dass Gott uns in eine Bundesbeziehung mit sich einlädt. Er vollbringt sein Erlösungshandeln im Rahmen unserer geschichtlichen Erfahrung. Die Bibel berichtet von unzähligen Beispielen seines Erlösungshandelns. Hier einige Beispiele:

- Gott rettete Noah und seine Familie vor der Flut.

- Gott rettete das Leben des Sohnes des Propheten Abraham durch die Opferung eines Widders.
- Gott erschien dem Propheten Mose in einem brennenden Dornbusch.
- Gott befreite das Bundesvolk aus der Sklaverei unter dem Pharao.
- Gott führte die Israeliten durch das Schilfmeer aufs trockene Land.
- Gott gab ihnen in der Wüste, wo es keine Nahrung gab, Manna zu essen.
- Gott gab ihnen am Berg Sinai die Zehn Gebote.
- Gott gab ihnen Wasser aus einem Felsen in der Wüste.
- Gott ließ ihre Kleider und Schuhe nicht zerschleißen.

Gott handelt wieder und wieder. Er greift als Erlöser in die menschliche Erfahrungswelt ein. Die Taten Gottes sind der zentrale Aspekt aller göttlichen Offenbarung. Man lernt Gott durch das kennen, was er tut; das ist der Kernpunkt, was die biblische Sicht der Offenbarung betrifft. Folglich beschäftigt sich ein großer Teil der Bibel mit der Schilderung dessen, was Gott in der Geschichte getan hat, einschließlich der Geburt Jesu des Messias.

Die Taten Gottes ereignen sich jedoch niemals im historischen Vakuum. Wann immer Gott handelt, reagieren die Menschen zustimmend oder ablehnend, im Glauben oder im Unglauben, mit Buße oder Rebellion. Die Bibel offenbart, dass Gottes Erlösungshandeln die Antwort des Menschen verlangt. Deswegen schildert die Bibel auch die menschliche Antwort auf Gottes Erlösungshandeln. Die Bibel ist die Aufzeichnung von Gottes Begegnung mit den Menschen und der menschlichen Reaktion auf Gott.

Die Schilderungen der menschlichen Reaktion auf Gott offenbaren das Wesen des menschlichen Herzens. Wir entdecken uns in der Geschichte vom bösen König Herodes wieder, der jedermann hasste, der seine Stellung bedrohte. Wir entdecken uns in den weisen Männern wieder, die nach der Wahrheit suchten. Die biblische Schilderung der menschlichen Reaktion auf Gott ist ein bedeutsamer Aspekt der Offenbarung, weil wir dadurch erkennen, wer wir sind und dass wir selbst Erlösung brauchen.

Die Tat Gottes, die Antwort des Menschen: Diese beiden Dimensionen der Beziehung zwischen Gott und Mensch sind untrennbare Dimensionen der biblischen Offenbarung. Nur durch biblische Offenbarung können wir wirklich die Bedeutung der Begegnung zwischen Gott und Mensch verstehen. Das ist der Auftrag der Apostel und Propheten Gottes. Durch göttliche Inspiration offenbarte Gott den Aposteln und Propheten die Bedeutung seiner Taten und der Antwort des Menschen auf diese Taten.

Wir lesen oft in der Bibel, dass der Prophet das Wort des Herrn „sah" oder „hörte" (Jesaja 1,1; Obadja 1; Micha 1,1; Habakuk 1,1). Das war göttliche Offenbarung. Gott offenbarte den Aposteln und Propheten die wahre Interpretation seiner Taten. Sie wiederum verkündeten diese Interpretation durch Predigten, Lehre oder Schriften. Durch diese prophetische Interpretation der Rettungstaten Gottes in der Geschichte erkennen wir Gottes Gegenwart, die uns errettet.

Der Apostel Matthäus zeichnete das Ereignis auf; er beschrieb die Antwort des Menschen; er interpretierte das, was geschah: Sein Name ist Jesus, „denn er wird sein Volk von aller Schuld befreien" (Matthäus 1,21). Das ist biblische Offenbarung: Geschichte und Interpretation. Gottes Handeln, die Antwort des Menschen, die inspirierte Interpretation – diese drei zusammen ergeben die biblische Offenbarung.

EINE MUSLIMISCHE ENTGEGNUNG

Muslime betonen, dass das anhaltende Auftreten von Propheten zu verschiedenen Zeiten der Geschichte unter unterschiedlichen Völkern die Kontinuität von Gottes Führung und sein aktives Interesse am Wohlergehen des Menschen in dieser Welt und in der kommenden zeigt.

Christen betonen die göttliche Inspiration als die Art und Weise, wie Gott die wahre Interpretation seines Handelns offenbart. Muslime schließen zwar nicht aus, dass die Propheten von Gott inspiriert sind, vertreten jedoch die Ansicht, dass Gott seine Offenbarung seinen Gesandten direkt hinab sandte *(anzala, tanzil)*. Allah vertraute die Botschaft seinem Engel Jibril an, der sie wortwörtlich weitergab. Die Propheten verkündeten diese Rede genau so, wie sie sie von dem Engel gehört hatten.

Im Koran gebraucht Allah folgende Ausdrücke für die Offenbarung: *anzala* (Koran 6:92), *uhiya* (Koran 6:94), *awha* (Koran 26:63), *nazala* (Koran 25:1), *ata* (Koran 2:87), *tanzil* (Koran 36:5). All diese Begriffe deuten darauf hin, dass er die Botschaft offenbart oder sie durch einen Mittelsmann herab schickt, jedoch nicht selbst herab steigt *(nuzul)*. Jede göttliche Offenbarung ist ein Ausdruck der absoluten Autorität Allahs. Das inspirierte Wissen der Heiligen und Mystiker steht weit unter der Offenbarung Gottes durch seine Propheten und ist mit ihr nicht zu vergleichen.

Prophetische Offenbarung im Islam transzendiert die Geschichte. Weder historische Ereignisse noch die menschliche Reaktion auf diese Ereignisse sind in irgendeinem Sinn Offenbarung. Obwohl der Prophet an einem bestimmten Punkt der Geschichte auftritt, wird die Offenbarung, die er empfängt, nicht von der Geschichte beeinflusst. Die Offenbarung stammt allein von Gott. So bezeugen es Muslime.

EINE KLARSTELLUNG VON CHRISTLICHER SEITE

Wenn Christen von der Inspiration der Heiligen Schrift reden, meinen sie, dass diese Bücher von Gott durch einen Propheten „eingehaucht“ wurden. Diese Vorstellung lässt sich nicht mit der Erfahrung inspirierter Spiritualität, wie sie Mystiker häufiger erfahren, gleichsetzen. Der Begriff *nuzul,* der das Herabkommen einer personalen göttlichen Gegenwart andeutet, ist eine angemessenere Interpretation des christlichen Offenbarungsverständnis als *tanzil.* In gewissem Sinn steckt in jeder göttlichen Offenbarung ein Stück Menschwerdung. Offenbarung als *nuzul* schließt die tiefe Erfahrung der Beziehung zwischen Gott und Mensch ein, eine Beziehung, die weder die Souveränität Gottes noch die Persönlichkeit des Mannes oder der Frau abschwächt.

Sie wird einen Sohn zur Welt bringen; den sollst du Jesus nennen. Denn er wird sein Volk von aller Schuld befreien.
(Matthäus 1,21)

19

JESUS DER MESSIAS

CHRISTEN BEZEUGEN DEN MESSIAS

Leben und Lehren Jesu des Messias sind in den vier Evangelien aufgezeichnet: Matthäus, Markus, Lukas und Johannes. Bei diesen vier Büchern handelt es sich um Berichte über das Leben und die Worte des Messias, der das Evangelium *(injil)* ist. Jedes dieser Evangelien wurde von Aposteln oder Männern, die mit den Aposteln zusammenarbeiteten, verfasst. Wir glauben, dass es sich um authentische Zeugenberichte handelt.

In diesem Kapitel wollen wir die Biografie Jesu kurz skizzieren und dann einige erklärende Kommentare geben.

Leben und Lehre Jesu

Wie im letzen Kapitel erwähnt, wurde Jesus der Messias in der Stadt Bethlehem in Judäa geboren, das wiederum in Palästina lag. Wahrscheinlich geschah dies im Jahr 4 v. Chr.; Kaiser Augustus herrschte über das Römische Reich. Der Engel Gabriel verkündete der Jungfrau Maria, dass sie den Messias gebären würde: „Gottes Geist wird über dich kommen, seine Kraft wird das Wunder vollbringen. Deshalb wird auch das Kind, das du zur Welt bringst, heilig und Sohn Gottes genannt werden" (Lukas 1,35).

Kurz vor Jesu Geburt reisten Maria und Josef wegen einer römischen Volkszählung von Nazareth in Galiläa ins etwa zweihundert Kilometer südlich gelegene Bethlehem in Judäa. Weil alle Betten in den Herbergen belegt waren, mussten sie in einem Stall übernachten. Hier wurde Jesus geboren. Engel verkündeten den Hirten auf den nahegelegenen Bergen seine Geburt. Diese Hirten kamen, um Jesus zu sehen, und fanden ihn zusammen mit Maria und Josef, genau, wie die Engel es gesagt hatten. Später trafen weise Männer aus dem Osten ein, um ebenfalls Jesus zu sehen. Im letzten Kapitel schilderten wir ihren Besuch und die darauf folgende Flucht nach Ägypten, weil Josef, Maria und Jesus Herodes' Zorn entgehen wollten.

Nach der Rückkehr aus Ägypten ließ sich die Familie in Nazareth in Galiläa nieder. Hier wuchs Jesus auf und arbeitete wahrscheinlich als Zimmermann, denn das war Josefs Beruf. Wir wissen nicht viel über seine Kindheit. Ein Vorfall ist im Lukasevangelium festgehalten – als er zwölf Jahre alt war, zog er mit Josef und Maria nach Jerusalem, um den Herrn anzubeten. Während dieses Besuchs erstaunte er die führenden religiösen Köpfe durch sein tiefes Verständnis der Heiligen Schrift.

Jesus der Messias begann sein öffentliches Wirken, als er etwa dreißig Jahre alt war. Das Ereignis, das den Beginn seines Wirkens markierte, war seine Taufe im Jordan durch Johannes den Täufer (Muslime kennen ihn unter der Bezeichnung Prophet Yahiya). Das Evangelium, wie es von Lukas aufgezeichnet wurde, schildert die Taufe Jesu folgendermaßen:

> *Zusammen mit dem ganzen Volk hatte auch Jesus sich taufen lassen. Gleich darauf, während er betete, öffnete sich der Himmel. Der Heilige Geist kam sichtbar auf ihn herab, anzusehen wie eine Taube. Und eine Stimme sagte vom Himmel her: „Du bist mein Sohn, dir gilt meine Liebe, dich habe ich erwählt."* (Lukas 3,21–22)

Unmittelbar nach seiner Taufe wurde Jesus vom Geist Gottes in die Wüste geführt, wo er vierzig Tage fastete. Danach führte ihn der Satan heftig in Versuchung. Er versuchte ihn zu verführen, Steine in Brot zu verwandeln. Er versuchte ihn zu verführen, seine Macht unter Beweis zu stellen, indem er von den Tempelzinnen sprang. Satan versuchte Jesus zu verführen, sich vor ihm niederzuwerfen; er bot ihm dafür alle Königreiche der Welt an. Diese Versuchungen stehen zeichenhaft für die wohlbekannte menschliche Begierde nach Reichtum, Macht und Berühmtheit. Jesus zitierte das Alte Testament und zeigte, dass diese Versuchungen dem offenbarten Wort Gottes zuwider liefen. Schließlich ließ Satan von ihm ab, und die Engel Gottes kamen und dienten ihm.

Nach dieser Zeit der Versuchung begann Jesus öffentlich zu wirken. Ungefähr drei Jahre zog er durch Judäa und Galiläa, überquerte jedoch auch die Landesgrenzen und besuchte zum Beispiel das Gebiet der Zehn Städte nördlich von Galiläa.

Es ist unmöglich, die ganze Breite und Bedeutung des Dienstes von Jesus dem Messias in einigen wenigen Abschnitten einzufangen. Er begann sein öffentliches Wirken in seiner Heimatstadt Nazareth, indem er die Gemeinde, die sich in der örtlichen Synagoge zum Sabbatgottesdienst versammelt hatte, mit einer Lesung aus dem Propheten Jesaja in Erstaunen versetzte.

> *Der Geist des Herrn hat von mir Besitz ergriffen, weil der Herr mich gesalbt und bevollmächtigt hat. Er hat mich gesandt, den Armen gute Nachricht zu bringen, den Gefangenen zu verkünden, dass sie frei sein sollen, und den Blinden, dass sie sehen werden. Den Misshandelten soll ich die Freiheit bringen, und das Jahr ausrufen, in dem der Herr sich seinem Volk gnädig zuwendet.* (Lukas 4,18–19)

Nach der Lesung verkündete er: „Heute, da ihr dieses Prophetenwort aus meinem Mund hört, ist es unter euch in Erfüllung gegangen" (Lukas 4,21). Auf diese Weise kündigte Jesus an, dass mit ihm das Reich Gottes in die Geschichte der Menschheit eingebrochen sei. Der neue Bund war aufgerichtet. Jesus der Messias demonstrierte in der gesamten restlichen Zeit seines öffentlichen Wirkens den Durchbruch von Gottes Reich.

Jesus tat Wunder

Jesus heilte die Blinden, Aussätzigen, Lahmen und Tauben. Er trieb eine Vielzahl von bösen Geistern aus. Er weckte die Toten auf. Bei einer Gelegenheit machte er fünftausend Männer satt, dazu noch Frauen und Kinder, mit nur fünf Broten und zwei kleinen Fischen. Ein anderes Mal machte er viertausend Männer satt, dazu noch Frauen und Kinder, mit sieben Broten und einigen kleinen Fischen. In seinen Händen vermehrte sich das Essen. Einmal ging er vom Ufer aus über das Wasser, um seinen Jüngern, die mitten auf dem See Genezareth in einen Sturm geraten waren, zu begegnen und sie zu trösten. Er stillte den Sturm. Die Menschen bezeugten voller Freude, dass er „in Worten und Taten ... seine Macht erwiesen“ hat (Lukas 24,19).

Jesus war ein herausragender Lehrer

Jesus setzte sehr wirkungsvoll Gleichnisse ein. Gleichnisse sind Geschichten aus dem Alltag, die eine Wahrheit vermitteln. Viele seiner Gleichnisse vermittelten die Bedeutung des Reiches beziehungsweise der Herrschaft Gottes. Einige sind kurz: „Wenn Gott jetzt seine Herrschaft aufrichtet, ist es wie mit dem Sauerteig: Eine Frau mengte eine Handvoll davon unter eine riesige Menge Mehl, und er machte den ganzen Teig sauer“ (Matthäus 13,33). Andere sind länger. Der verlorene Sohn verließ das Haus seines Vaters, verschleuderte seinen Reichtum und ruinierte seine Gesundheit durch seinen wilden Lebensstil. Als er wieder zur Besinnung kam, kehrte er zu seinem Vater zurück, der ihn erblickte, als er noch ein gutes Stück entfernt war, und ihm entgegen lief. Der Vater umarmte seinen Sohn und befahl ein großes Fest. Der ältere Sohn, der das Vaterhaus niemals verlassen hatte, wurde wütend, dass sein jüngerer Bruder mit einem fröhlichen Fest zu Hause willkommen geheißen wurde (Lukas 15,11–32).

Jesus lehrte auch durch Zwiegespräche. Er stellte den Menschen Fragen und führte sie in die Wahrheit, während sie versuchten, die Antwort auf seine Fragen zu finden. Jesus war darüber hinaus ein großartiger Prediger. Einige tausend Zuhörer saßen oft mehrere Stunden beisammen, um auf seine Predigten zu hören, und sie

„waren alle von seinen Worten tief beeindruckt. Denn er lehrte wie einer, der Vollmacht von Gott hat – ganz anders als ihre Gesetzeslehrer“ (Matthäus 7,28–29).

Widerstand gegen Jesus

Allmählich formierte sich die Opposition gegen Jesus. Dies geschah aus mehreren Gründen. Zunächst kritisierte Jesus rücksichtslos jede Form der religiösen Heuchelei, und er lud Sünder ein, seine Freunde zu werden. Er erklärte: „Ich bin nicht gekommen, solche Menschen in Gottes neue Welt einzuladen, bei denen alles in Ordnung ist, sondern solche, die Gott den Rücken gekehrt haben. Sie soll ich dazu aufrufen, ihr Leben zu ändern“ (Lukas 5,32). Dies ärgerte die religiösen Führer, die sich voller Hochmut für etwas Besseres hielten.

Zweitens vergab Jesus Sünden. Das erzürnte die religiösen Führer, weil sie behaupteten, dass nur Gott Sünden vergeben könne. Trotzdem bekräftigte Jesus, dass „der Menschensohn Vollmacht hat, hier auf der Erde Schuld zu vergeben“ (Matthäus 9,6).

Drittens sagte Jesus: „Der Vater und ich sind untrennbar eins“ (Johannes 10,30). Als Jesus diese Bemerkung machte, warfen ihm die religiösen Führer Gotteslästerung vor und versuchten ihn zu steinigen. Doch Jesus wies darauf hin, dass niemand das tun könne, was er tat, wenn nicht Gott mit ihm sei. Er erklärte, dass seine Taten bewiesen, dass „der Vater in mir lebt und ich im Vater lebe“ (Johannes 10,38).

Viertens verkündete Jesus, dass die Herrschaft Gottes angebrochen sei. Zu dieser Zeit stand Palästina unter römischer Kolonialherrschaft. Die führenden Köpfe der Juden glaubten, dass die Herrschaft Gottes politische Unabhängigkeit von Rom bedeutete. Viele galiläische Juden versuchten Jesus zu zwingen König zu werden. Sie waren enttäuscht, weil er sich weigerte, ein König zu werden, der ihren Vorstellungen entsprach. Er führte keinen militärischen Aufstand gegen die römische Kolonialherrschaft an. Folglich wandten sich viele aus Enttäuschung und Frustration gegen ihn.

Kreuzigung und Auferstehung

Diese oppositionelle Gegenströmung verstärkte sich in den letzten Monaten, in denen Jesus öffentlich auftrat, noch. Schließlich brach er von Galiläa, wo ihn, wie oben angemerkt, eine Volksbewegung zum Herrscher der Juden machen wollte, nach Süden auf. Während er langsam nach Jerusalem wanderte, erklärte er seinen Jüngern, dass er gekreuzigt werden würde. Beim Passafest in Jerusalem wurde er verhaftet, und man machte ihm vor dem jüdischen und dem römischen Gerichtshof den Prozess. Auch wenn keine zwei Zeugen in den Anklagepunkten übereinstimmten, wurde er schließlich zum Tod verurteilt. Markus berichtet von der Verhandlung vor dem jüdischen Gericht.

> *Darauf fragte der Oberste Priester ihn: „Bist du Christus, der versprochene Retter, der Sohn Gottes?" „Ich bin es", sagte Jesus, „und ihr werdet den Menschensohn sehen, wie er an der rechten Seite des Allmächtigen sitzt und mit den Wolken des Himmels kommt!" Da zerriss der Oberste Priester sein Gewand und sagte: „Was brauchen wir noch Zeugen? Ihr habt es selbst gehört, wie er Gott beleidigt hat. Wie lautet euer Urteil?" Einstimmig erklärten sie, er habe den Tod verdient.* (Markus 14,62–64)

Obwohl die römischen Behörden am Gerichtshof keinen Grund sahen, warum er gekreuzigt werden sollte, entschlossen sie sich schließlich unter dem Druck der erregten Volksmenge, ihn zu verurteilen, weil er behauptet habe, der König der Juden zu sein. Dieser Anklagepunkt wurde bei seiner Kreuzigung über seinem Kopf an das Kreuz genagelt.

Alle Evangelien schildern die Kreuzigung. Jesus wurde gegeißelt. Er wurde verspottet und geschlagen. Soldaten setzten ihm eine Dornenkrone auf und trieben sie mit kräftigen Schlägen in die Kopfhaut. Schließlich wurde er zwischen zwei Verbrechern ans Kreuz genagelt. Um die Mittagszeit breitete sich drei Stunden lang Finsternis über das Land. „Als Jesus von dem Essig genommen hatte, sprach er: Es ist vollbracht! Und er neigte das Haupt und gab seinen Geist auf" (Johannes 19,30; *Einheitsübersetzung).*

Freunde Jesu begruben ihn in einem neuen Grab nicht weit von der Kreuzigungsstätte. Dieses Grab gehörte einem reichen Mann, Josef von Arimathäa. Jesus war bis zur Morgendämmerung des dritten Tages im Grab. Dann erstand er von den Toten. Einige Frauen, und später einige seiner Jünger, entdeckten am Sonntagmorgen, dass das Grab leer war. Danach erschien Jesus einige Male seinen Jüngern. Zunächst erschien er einer der Frauen, Maria Magdalena; dann zweien seiner Jünger, die auf der Straße nach Emmaus wanderte; dann zwei weiteren Jüngern. In den nächsten vierzig Tagen zeigte er sich mindestens elf Mal. Er aß mit den Jüngern und unterhielt sich mit ihnen. Sie wussten, dass er der erstandene Messias war. Schließlich nahm er sie auf einen Hügel außerhalb Jerusalems mit und wurde in den Himmel aufgenommen.

In einem späteren Kapitel (ab Seite 237) werden wir über die fortdauernde Gegenwart des verherrlichten Messias im Leben und Auftrag der Kirche sprechen. An dieser Stelle beschränken wir uns auf die knappe Darstellung des Wirkens Jesu auf der Erde sowie von Kreuzigung und Auferstehung. Leben, Tod und Auferstehung von Jesus dem Messias sind erstaunliche und wunderbare Ereignisse. Viele Einzelheiten seines Lebens wurden von den Propheten des Alten Testaments genau vorhergesagt. Trotzdem scheint vielen Menschen diese Geschichte nicht glaubwürdig. Der Apostel Johannes allerdings schreibt: „Was aber in diesem Buch steht, wurde aufgeschrieben, damit ihr festbleibt in dem Glauben, dass Jesus der versprochene Retter ist, der Sohn Gottes. Wenn ihr das tut, habt ihr durch ihn das Leben" (Johannes 20,31). Später sagte der Apostel, dass er der Jünger ist, „der alles bezeugt, was in diesem Buch steht. Er selbst hat es niedergeschrieben, und wir wissen, dass er die Wahrheit sagt" (Johannes 21,24).

Wer ist Jesus der Messias?

Es ist unmöglich, Jesus den Messias auf wenigen Seiten zu erklären. Tausende von Büchern wurden über ihn verfasst; Hunderte von neuen Büchern, die ihn zu erklären und zu deuten versuchen, erscheinen jedes Jahr. Sie alle werden der Sache nicht gerecht. Das gilt auch für diese wenigen Seiten. Und doch müssen Christen versuchen, Zeugnis abzulegen, auch wenn wir bekennen, dass unser Zeugnis das Geheimnis, wer Jesus wirklich ist, nicht in seiner ganzen Tiefe erfassen kann.

Wir werden versuchen, Jesus zu deuten, indem wir einige Bezeichnungen vorstellen, die die Verfasser der biblischen Bücher benutzt haben, um ihn zu beschreiben. Diese Bezeichnungen liefern unterschiedliche Porträts Jesu. Jedes ist wichtig und wahr. Keines von ihnen wird der Person Jesu wirklich gerecht. Trotzdem können diese Bezeichnungen als Wegweiser dienen, die uns zu erkennen helfen, wer Jesus ist.

Der Menschensohn

Jesus bezeichnete sich selbst fast immer als „Menschensohn“. Das zeigt, dass er ein echtes menschliches Wesen ist. Er ist der wahre Sohn Adams. Er identifiziert sich völlig mit uns. Er wurde in eine arme Familie hineingeboren. Mit nicht einmal zwei Jahren wurde er zum Flüchtling. Er verdiente seinen Lebensunterhalt als Zimmermann. Er wusste, was es heißt, zu leiden und missverstanden zu werden. Er ist ein wirklicher Mensch, der uns vollkommen versteht. Er ist der Menschensohn.

Der leidende Gottesknecht

Einige hundert Jahre vor der Ankunft des Messias hatte Gott dem Propheten Jesaja offenbart, dass der kommende Messias ein leidender Knecht sein würde. Jesaja schrieb: „Alle verachteten und mieden ihn; denn er war von Schmerzen und Krankheit gezeichnet. Voller Abscheu wandten wir uns von ihm ab. Wir rechneten nicht mehr mit ihm“ (Jesaja 53,3). Im Messias sehen wir dieses prophetische Wort erfüllt. Er diente der Menschheit als leidender Knecht.

Einmal offenbarte der Messias ein tiefgründiges Zeichen seiner dienenden Haltung, als er seinen Jüngern die Füße wusch. In Palästina war es üblich, dass der Haussklave dem Hausherrn die Füße wusch, wenn dieser nach einem langen Arbeitstag oder einer Reise nach Hause kam. Doch Jesus nahm den Platz des Dieners ein. Er nahm ein Tuch, wusch und trocknete seinen geliebten Jüngern die Füße. Sie waren erstaunt, doch er erklärte ihnen: „Ich habe euch ein

Beispiel gegeben, damit auch ihr so handelt, wie ich an euch gehandelt habe" (Johannes 13,15).

Alle, die Jesus als Messias anerkennen, sollten ebenfalls einander dienen, so wie Jesus seinen Jüngern und den Menschen seiner Zeit diente. Jesus gab sich in seinem Dienst sogar so weit hin, dass er dafür litt, dass er Gutes tat. Er wanderte in Palästina herum, um die Nöte Hunderter und Tausender Menschen zu stillen. Sein Dasein als leidender Knecht gipfelte in der Kreuzigung, als er sein Leben für uns gab. Jesus der Messias war der vollkommene Knecht, der sein Leben im Dienst an der Menschheit ließ. Durch sein Leiden und Dienen sind wir geheilt und erlöst. Als Diener versorgt er uns mit allem, was wir brauchen.

Das Lamm

Als der Messias zu Johannes dem Täufer kam, um sich taufen zu lassen, rief Johannes aus: „Seht dort das Opferlamm Gottes, das die Schuld der ganzen Welt wegnimmt" (Johannes 1,29). In den meisten menschlichen Gesellschaften bringen Menschen Tiere als Opfer dar und hoffen auf die Vergebung ihrer Sünden. Zum Beispiel schildert die Bibel, wie ein Widder anstelle von Abrahams Sohn geopfert wird. Diese Opfer sind Zeichen, die uns zu verstehen helfen, dass die Menschheit durch ein vollkommenes Opfer erlöst werden muss. Christen glauben, dass diese Opfer auf den Messias hinweisen, der sein Leben gab, um uns von unseren Sünden zu erlösen. Er ist das vollkommene Lamm Gottes. Durch seinen Opfertod und seine Auferstehung wird uns vergeben, und wir sind erlöst (Offenbarung 5,9).

Der Sohn Gottes

Diesen Namen hatten sich nicht seine Jünger ausgedacht. Zweimal wurde Jesus im Lauf seines Dienstes von einer Stimme aus dem Himmel als „mein Sohn" bezeichnet. Beim ersten Mal sprach eine Stimme vom Himmel: „Du bist mein Sohn, dir gilt meine Liebe, dich habe ich erwählt" (Lukas 3,22). Auf dem Höhepunkt seines Wirkens befanden sich Jesus und drei seiner Jünger allein auf dem Berg der Verklärung. Eine Wolke hüllte sie ein, die Propheten Mose und Elias erschienen auf wunderbare Weise, und aus der Wolke sprach eine Stimme: „Dies ist mein Sohn, ihn habe ich erwählt; auf ihn sollt ihr hören!“ (Lukas 9,35). Diese beiden Ereignisse offenbaren, dass Gott selbst Jesus als „meinen Sohn“ ansprach.

Jesus nahm die Bezeichnung „Sohn Gottes“ für sich selbst in Anspruch. Einmal fragte er seine Jünger, wer er ihrer Meinung nach sei. Wir lesen:

> *Da sagte Simon Petrus: „Du bist Christus, der versprochene Retter, der Sohn des lebendigen Gottes!“ Darauf sagte Jesus zu ihm: „Du darfst dich freuen, Simon, Sohn von Johannes, denn diese Erkenntnis hast du nicht aus dir selbst; mein Vater im Himmel hat sie dir gegeben.“* (Matthäus 16,16–17)

Die Bezeichnung „Sohn Gottes“ offenbart eine Beziehung der vollkommenen Liebe zwischen Jesus und Gott dem Vater. Wir erwähnten bereits, dass Menschen nach dem Bild Gottes erschaffen wurden, dass Adam und Eva als Sohn und Tochter Gottes erschaffen wurden. Bevor sie ungehorsam waren, genossen sie eine vollkommene geistliche Gemeinschaft mit Gott. Das gesamte Alte Testament hindurch wurden Menschen in die Bundesbeziehung mit Gott eingeladen. Gott freute sich daran, Menschen einzuladen, seine Kinder des Bundes zu werden. Das Volk des Bundes wurde eingeladen, Gott als seinen himmlischen Vater anzunehmen. Jesus ist als Sohn Gottes derjenige, der eine vollkommene Beziehung zwischen Gott und Mensch erlebt.

Jesus erfuhr, was vollkommene Gemeinschaft mit Gott bedeutet. Er war das vollkommene Bild des Vaters. Er war der vollkommene Mensch. Er war derjenige, dessen Beziehung zu Gott so klar und vollkommen und offen und echt war, dass er tatsächlich der Sohn Gottes war. So eng war seine Beziehung zum Vater, dass Jesus in absoluter Demut und Wahrhaftigkeit sagen konnte: „Der Vater und ich sind untrennbar eins“ (Johannes 10,30).

Immanuel

Der Prophet Jesaja prophezeite viele Jahrhunderte vor der Geburt des Messias, dass sein Name „Immanuel" lauten würde (Jesaja 7,14). Der Apostel Matthäus rief sich die Prophezeiung wieder ins Gedächtnis, als er von der Jungfrauengeburt Jesu erzählte. Matthäus wies darauf hin, dass Jesajas Prophezeiung bestätigte, dass derjenige, der von der Jungfrau geboren würde, Immanuel sein würde, was in der hebräischen Sprache: „Gott mit uns" bedeutet (Matthäus 1,23).

Das Neue Testament bezeugt, dass Gott sich in Jesus Christus vollständig offenbarte. Er ist „Gott mit uns". Die Apostel bezeugen das gesamte Neue Testament hindurch, dass „Gott in Christus war". Der Apostel Paulus schrieb, von Gott inspiriert: „Er [Christus] ist das Bild des unsichtbaren Gottes, der erstgeborene Sohn des Vaters, aller Schöpfung voraus und ihr weit überlegen ... Denn Gott gefiel es, in ihm die ganze Fülle des Heils Wohnung nehmen zu lassen" (Kolosser 1,15–19). Jesus selbst sagte: „Wer mich gesehen hat, hat den Vater gesehen. Wie kannst du dann sagen: ‚Zeige uns den Vater'?" (Johannes 14,9). Gott hat sich uns in Jesus Christus bekannt gemacht. Weil es Jesus gibt, ist Gott für uns kein Fremder.

Das Wort

Jesus wird auch das Wort Gottes genannt. Das Evangelium, so wie es Johannes niederschrieb, bezeugt mit seinen ersten Worten:

> *Am Anfang war das Wort. Das Wort war bei Gott, und in allem war es Gott gleich. Von Anfang an war es bei Gott. Alles wurde durch das Wort geschaffen; und ohne das Wort ist nichts entstanden ... Er, das Wort, wurde ein Mensch, ein wirklicher Mensch von Fleisch und Blut. Er lebte unter uns, und wir sahen seine Macht und Hoheit, die göttliche Hoheit, die ihm der Vater gegeben hat, ihm, seinem einzigen Sohn. Gottes ganze Güte und Treue ist uns in ihm begegnet.* (Johannes 1,1–3.14)

Wir wissen, dass Gott niemals schläft. Er verleiht sich selbst ständig Ausdruck, und zwar auf kreative Art. Er verleiht sich Ausdruck in Form des Wortes, und wenn Gott spricht, erschafft er etwas. Durch Gottes Wort wurde das Universum erschaffen. In Jesus gewann der Messias, Gottes ewiger Ausdruck seiner selbst, sein immerwährendes Wort, menschliche Gestalt.

Das Wort Gottes ist ewig, genau wie Gott ewig ist. Aus diesem Grund konnte der Messias als die Inkarnation des ewigen Wortes Gottes sagen: „Ich bin – bevor Abraham überhaupt geboren wurde" (Johannes 8,58). Als Inkarnation des Wortes Gottes wurde der Messias nicht erschaffen und ist ewig. Er wurde nicht von Gott gezeugt, weil er das ewige nicht erschaffene Wort Gottes ist, das „von Anfang an bei Gott" (Johannes 1,2a) war.

Jesus der Messias ist das lebendige ewige Wort Gottes in menschlicher Gestalt. Die Bibel ist Gottes niedergeschriebenes Wort, aber Jesus der Messias ist die Inkarnation des ewigen, personalen lebendigen Wortes Gottes. Der Apostel Johannes schrieb:

> *Was von allem Anfang an da war, was wir gehört haben, was wir mit eigenen Augen gesehen haben, was wir angeschaut haben und betastet haben mit unseren Händen, nämlich das Wort, das Leben bringt – davon schreiben wir euch ... Was wir so gesehen und gehört haben, das verkünden wir euch.* (1. Johannes 1,1.3)

Die Absicht der Bibel ist es, uns das lebendige Wort zu offenbaren, das Jesus der Messias selbst ist. Jesus sagte: „Ihr forscht doch in den Heiligen Schriften und seid überzeugt, in ihnen das ewige Leben zu finden – und gerade sie weisen auf mich hin" (Johannes 5,39).

Viele andere Namen noch werden Jesus gegeben, darunter Rabbi oder Lehrer, Prophet, König, Herr, Retter, Richter und Erlöser. Wir könnten der Liste die „Ich bin"-Worte Jesu hinzufügen: Ich bin die Auferstehung; ich bin das Leben; ich bin die Wahrheit; ich bin der Weg. Wir räumen bereitwillig ein, dass sich Jesus Christus nicht vollständig mit irgendeinem Namen oder einer ganzen Anzahl von Titeln fassen lässt. Christen bezeugen, dass wir eingeladen sind,

Jesus dem Messias zu begegnen und voller Freude auf diese Einladung zu antworten.

EINE MUSLIMISCHE ENTGEGNUNG

Muslime respektieren und lieben Jesus (Isa) den Messias sehr. Er ist einer der größten Propheten Allahs. Das Prophetenamt Jesu zu verleugnen bedeutet den Islam zu verleugnen. Muslime glauben aufrichtig, dass Jesus (Fsmi) durch Allahs göttlichen Entschluss von einer jungfräulichen Mutter, Maryam (Maria) geboren wurde. Im Koran wird er als Sohn Marias bezeichnet.

Der Koran lehrt, dass das Kommen des Messias eine „frohe Botschaft" (Koran 3:45, *Al-Azhar-Übersetzung)* ist. Er schildert seine Geburt folgendermaßen:

> *Da sandten Wir Unseren Engel Gabriel zu ihr, und er erschien ihr in der Gestalt eines vollkommenen Menschen; und sie sagte: „Ich nehme meine Zuflucht vor dir beim Allerbarmer!" ... Er sprach: „Ich bin der Bote deines Herrn. (Er hat mich zu dir geschickt) auf dass ich dir einen reinen Sohn beschere." Sie sagte: „Wie soll mir ein Sohn (geschenkt) werden, wo mich doch kein Mann (je) berührt hat?" ... Er sprach: „So ist es; dein Herr aber spricht: ‚Es ist Mir ein leichtes, und Wir machen ihn zu einem Zeichen für die Menschen und zu Unserer Barmherzigkeit, und dies ist eine beschlossene Sache.'" Und so empfing sie ihn und zog sich mit ihm an einen entlegenen Ort zurück.* (Koran 19:17–21)

Auf der anderen Seite wehren sich Muslime aufrichtig gegen den Glauben der Christen, dass Isa (Fsmi) göttlich oder der „Sohn Gottes" war. Die Grundlage dieses muslimischen Widerspruchs ist der Koran. Allah sagt: „Es geziemt Allah nicht, Sich einen Sohn zu nehmen. Gepriesen sei Er! Wenn Er etwas beschließt, so spricht Er nur: ‚Sei!' und es ist" (Koran 19:35).[1]

Der Koran bezeugt, dass Isa (Fsmi) den Kindern Israels, denen er als Botschafter gesandt worden war, gebot, „Allah, meinen Herrn und euren Herrn" anzubeten. Für die Muslime gilt Isa (Fsmi) als Mensch wie die früheren Propheten und nicht als Inkarnation Gottes. Der Koran bemerkt ausdrücklich: „Allah hat Sich keinen Sohn genommen, noch ist irgendein Gott neben Ihm" (Koran 23:91).

Das ist der Punkt, an dem sich Muslime und Christen unter Schmerzen trennen. Es handelt sich um eine zutiefst theologische und anthropologische Streitfrage. Die christliche Sicht der Inkarnation scheint Gottes Transzendenz und Souveränität abzuschwächen, während sie gleichzeitig einen Menschen in eine gottähnliche Position erhebt. Indem er die Inkarnation ablehnt, bekräftigt der Islam in Wirklichkeit die absolute Transzendenz Gottes sowie den dem Menschen zustehenden Status als Diener und *khalifa* Gottes auf der Erde.

Der Graben zwischen Christen und Muslimen wird darüber hinaus durch das Schweigen der Christen und die Nicht-Anerkennung Muhammads (Fsmi) als Siegel der Propheten verbreitert, ebenso durch die Ablehnung der endgültigen Rechtleitung (des Koran), die ihm von Gott offenbart wurde. Und doch hat Deedat vor einiger Zeit überzeugend dargelegt, dass die Bibel etwas über Muhammad (Fsmi) sagt – in 5. Mose 18,18, wo zu lesen ist: „Einen Propheten wie dich will ich ihnen aus der Mitte ihrer Brüder erstehen lassen. Ich will meine Worte in seinen Mund legen, und er wird zu ihnen alles reden, was ich ihm befehlen werde."[2]

EINE KLARSTELLUNG VON CHRISTLICHER SEITE

Christen stimmen mit Muslimen überein, dass Gott keinen Sohn „zeugte". Sich Gott als jemanden vorzustellen, der einen Sohn zeugt, wäre verhängnisvoll, weil es auf Polytheismus hindeuten und darüber hinaus Gott auf eine menschliche Ebene hinunterziehen würde. Christen stimmen darin überein, dass Gott weder einen Sohn zeugte noch jemals einen Sohn zeugen wird.

Jesus der Messias offenbart als Sohn Gottes etwas völlig anderes. Er offenbart die vollkommene Beziehung zwischen Gott und dem Messias. Die Sohnschaft Christi ist eine Beschreibung vollkommener Liebe und Gemeinschaft zwischen Gott und dem Messias.

Erinnern wir uns, dass Christen glauben, dass der Messias die Inkarnation des ewigen Wortes Gottes ist. Gott zeugt sein Wort nicht! Sein Wort ist ewig, koexistiert mit Gott, es ist der vollkommene Ausdruck Gottes seiner selbst.

Diese beiden Vorstellungen des Wortes und der Sohnschaft müssen zusammengehalten werden, um das christliche Zeugnis zu verstehen, dass der Messias Immanuel, „Gott mit uns“, ist.

Anmerkungen

[1] *Siehe auch Koran 19:88–93; 18,4–5; 2:116–117; 6:101–102; 5:75.*

[2] *Ahmat Deedat,* What the Bible Says About Muhammad *(Durban: Islamic Propagations Centre, 49 Madressa Arcade, N. D.), S. 1–28. In diesem Buch weist der Autor nach, dass Muhammad (Fsmi) in jeder Hinsicht Mose glich, Jesus aber nicht Mose glich. Mose und sein Volk, die Juden, werden hier in ihrer Gesamtheit als Volk angesprochen, und als solches wären ihre Brüder ohne Zweifel die Araber, die alle vom selben Vater, Abraham, jedoch von verschiedenen Müttern, Sara und Hagar, abstammen. Er weist ebenfalls darauf hin, dass Muhammad (Fsmi) – im Unterschied zu Jesus – Analphabet war und dass ihm die Worte (Offenbarung) in den Mund gelegt wurden, genau wie es in der Prophezeiung vorhergesagt worden war: „Ich will meine Worte in seinen Mund legen“ (5. Mose 18,18). Muhammad (Fsmi) ist ein Bruder der Israeliten, weil er von Ismael, dem Sohn Abrahams, abstammt.*

Dann wird alle Welt sehen, wie Gott die Rettung bringt.
(Lukas 3,6)

20

ERRETTUNG

DIE CHRISTLICHE ERFAHRUNG

Nikodemus genoss als einer der führenden Köpfe unter den Juden großen Respekt, und eines Nachts stahl er sich zu Jesus, um etwas über die Errettung zu erfahren.

Jesus sagte ihm: „Amen, ich versichere dir: Nur wer von oben her geboren wird, kann Gottes neue Welt zu sehen bekommen."

Nikodemus entgegnete: „Wie kann ein Mensch geboren werden, der schon ein Greis ist? Er kann doch nicht noch einmal in den Mutterschoß zurückkehren und ein zweites Mal auf die Welt kommen!"

Jesus antwortete: „Amen, ich versichere dir: Nur wer von Wasser und Geist geboren wird, kann in Gottes neue Welt hineinkommen. Was Menschen zur Welt bringen, ist und bleibt von menschlicher Art. Von geistlicher Art kann nur sein, was vom Geist Gottes geboren wird."

„Wie ist so etwas möglich?", fragte Nikodemus.

Jesus fuhr fort: „Gott hat die Menschen so sehr geliebt, dass er seinen einzigen Sohn hergab. Nun werden alle, die sich auf den Sohn Gottes verlassen, nicht zugrunde gehen, sondern ewig leben. Gott sandte den Sohn nicht in die Welt, um die Menschen zu verurteilen, sondern um sie zu retten." (Lesen Sie das ganze Gespräch in Johannes 3,1–21.)

Dieses Gespräch offenbart uns, dass Gott, unser himmlischer Vater, seinen Sohn in die Welt sandte, um die Menschheit zu erretten. Wer seinen Sohn, den Messias, annimmt, erlebt eine neue Geburt. Diese Erfahrung der Errettung ist ein Wunder, das der Geist Gottes bewirkt. Gott ist als Vater, Sohn und Heiliger Geist eins in seinem liebevollen Erlösungshandeln. Wenn wir die dreieinige Liebe Gottes annehmen und erfahren, bedeutet das Errettung.

Ist das schwer zu verstehen? Keine Sorge. Auch Nikodemus war verwirrt. Schauen wir uns das Erlösungshandeln Gottes als Vater, Sohn und Heiliger Geist genauer an. Wir müssen Gottes rettendes Erlösungshandeln als Vater, Sohn und Heiliger Geist glauben und annehmen, um Errettung zu erfahren.

Gott, unser himmlischer Vater, schuf uns nach Gottes Bild. Das bedeutet, dass wir genau dann wahrhaft Mensch sind, wenn wir in fröhlicher Gemeinschaft mit Gott leben. Adam und Eva und wir alle haben uns von unserem himmlischen Vater abgewandt, doch Gott hat uns niemals verlassen. Die ganze Geschichte hindurch lud er wiederholt Menschen in seinen Bund ein, um seine Kinder zu werden, die an ihn glauben, Buße tun und Erlösung und Errettung erfahren.

Trotzdem hält uns unsere Sündhaftigkeit immer davon ab, vollkommene Gemeinschaft mit Gott zu erfahren. Wir sind nicht in der Lage, ein rechtschaffenes Leben zu führen, weil wir sündig sind.

Der Prophet Jesaja klagte: „Wir alle sind von Unrecht befleckt; selbst unsere allerbesten Taten sind unrein wie ein schmutziges Kleid“ (Jesaja 64,5). Unsere Sündhaftigkeit trennt uns von Gott. Nicht einmal der Prophet Mose konnte Gott von Angesicht zu Angesicht begegnen (2. Mose 33,18–23). Wir sind voller Scham und Angst. Wir wissen, dass wir schuldig sind. Wir kennen Unaufrichtigkeit und Heuchelei. Die Menschheit hat oft versucht, Schuld mit Tier- und anderen Opfern zuzudecken. Und doch ist das Gefühl einer zerbrochenen und unvollkommenen Gemeinschaft mit Gott immer gegenwärtig.

Wir wissen, dass uns unsere Sünde von Gott trennt. Obwohl Gott Menschen in seinen Bund einlädt, scheitert die Menschheit immer wieder daran, sich auf diesen Bund einzulassen. Obwohl Gott uns gebietet, Buße zu tun, hören oder gehorchen wir diesem Ruf nur selten.

Folglich betrat Gott in *Jesus Christus,* seinem geliebten Sohn, die Bühne der Weltgeschichte, um uns von der Sünde zu erlösen. Drei Dimensionen von Jesu Leben und Taten müssen in Betracht gezogen werden, wenn wir verstehen wollen, was Errettung bedeutet.

Erstens offenbarte das Leben Jesu des Messias das Reich Gottes. Tatsächlich bedeutete es den Durchbruch des Reiches Gottes in der Geschichte. Er war die neue Schöpfung, der neue Adam, der Adam vom Himmel, der Adam, der so war, wie wir sein sollten (1. Korinther 15,45–50). Gott gebot Adam, sich die Erde untertan zu machen, doch Adam und mit ihm die ganze Menschheit scheiterten an der Aufgabe, die Natur völlig zu beherrschen. Mit Jesus sieht das anders aus. Dem Messias, dem neuen Adam vom Himmel, war die Erde vollkommen untertan. Er ging auf dem Wasser. Er stillte den wütenden Sturm. Er heilte die Kranken. Er vermehrte Brot und Fisch. Jesus war die Erde untertan.

Wir wissen auch, dass wir ein sündloses Leben führen sollten, aber wir tun es nicht. Wir sollten für Gerechtigkeit sorgen, doch stattdessen vernachlässigen wir oft die Rechte derjenigen, die schwächer sind als wir. Doch Jesus war gerecht. Er lebte Gerechtigkeit vor. Er sündigte nie. Jesus war ein solcher Adam, wie wir sein sollten. Er war der Herr über die Natur. Er war der Sündlose, er ist der Gerechte. Er war das Reich Gottes in der Geschichte der Menschheit. Er war die neue Schöpfung, der wahre Durchbruch von Gottes gnädigem Willen für die ganze Menschheit. Jesus trat jedem Menschen mit vollkommener Macht, Autorität, Gerechtigkeit und Liebe entgegen. Er war der authentische Mensch. In ihm erfüllte sich das Reich und die Herrschaft Gottes. In ihm erfahren wir Errettung (Hebräer 2,6–9).

Zweitens offenbarten Kreuzigung und Tod von Jesus dem Messias die Liebe Gottes und das Geheimnis des Reiches Gottes. Weil Gott Liebe ist, wird er der Menschheit niemals seinen Willen aufzwingen. Statt uns zu zwingen, ihm zu gehorchen, entschloss sich Gott, all unsere Feindschaft, unsere Gewalttätigkeit und unseren

Hass auf sich selbst zu ziehen. Im Messias akzeptierte Gott unsere Rebellion mit leidender, sich selbst hingebender Liebe.

Die ganze Menschheit steht stellvertretend bei der Kreuzigung Jesu des Messias dabei. Eingeschlossen sind die religiösen Führer und die Politiker, die wütende Volksmenge und der Mann auf der Straße, die gut Ausgebildeten, die Reichen und die Akademiker, die Armen und Besitzlosen, Männer und Frauen, Sklaven und Freie, Europa, Asien, Afrika, die Welt. Alle sind in die tragische Kreuzigung Jesu verwickelt. Als er am Kreuz hing, schüttelten sie den Kopf und verspotteten ihn, doch Jesus zeigte sich weder verbittert noch rachsüchtig. Stattdessen rief er aus: „Vater, vergib ihnen!" (Lukas 23,34). In diesem Ruf nach Vergebung entdecken wir die Furchtbarkeit unserer Sünde und ebenso die Liebe und Vergebungsbereitschaft Gottes. Warum gegen Gott rebellieren, wenn er vergibt, selbst wenn wir den Messias kreuzigen, den Gesalbten, den ganz und gar Gerechten, den Sohn Gottes? Das Kreuz offenbarte die Liebe und Vergebungsbereitschaft Gottes auf die denkbar tiefste Weise. Diese Vergebung bedeutet, dass Gott uns annimmt.

In dem Augenblick, als Jesus sein Leben am Kreuz hingab, zerriss der Vorhang im Jerusalemer Tempel auf wunderbare Weise mitten entzwei (Lukas 23,44–45). Dieser Vorhang grenzte den heiligen Tempelbereich vom Allerheiligsten ab. Die Israeliten glaubten, dass die Herrlichkeit Gottes in diesem Allerheiligsten gegenwärtig war. Nur dem Hohepriester war es gestattet, in das Allerheiligste und damit in die Gegenwart der Herrlichkeit Gottes zu treten, und das auch nur einmal im Jahr. Als Jesus gekreuzigt wurde, zerriss der Vorhang, der die Herrlichkeit Gottes vor den Augen der Menschen verbarg, mitten entzwei. Dieser Riss im Vorhang war ein Zeichen, dass alle trennenden Mauern zwischen Gott und Mensch durch den Tod Jesu Christi niedergerissen worden waren. Deshalb wird uns vergeben. Wir sind angenommen. Wir können Gott fröhlich und zuversichtlich als „Vater" anreden. Die Mauer, die unsere Sündhaftigkeit zwischen Gott und uns aufgerichtet hatte, ist für immer verschwunden.

Indem er am Kreuz sein Leben für uns gab, gab sich der Messias selbst als vollkommenes Opfer hin (Hebräer 8–10). Wir erwähnten bereits, dass viele Menschen Opfer darbringen in der Hoffnung, dass diese ihre Sünden zudecken und sie vom Bösen erretten. Im Alten Testament wurde den Menschen geboten, eine Vielzahl von Opfern darzubringen. Selbst Abraham brachte einen Widder als Opfer dar, und auf diese Weise wurde sein Sohn von Gott gerettet. Dies waren Zeichen, die auf das vollkommene Sündopfer hindeuteten: Jesus den Messias. Wir wissen, dass wir Strafe verdienen, weil wir Sünder sind. Jesus trug die Strafe für unsere Sünden. In Christus nahm Gott selbst das Leid, die Schmerzen und die Strafe für unsere Sünden auf sich. Wir wissen, dass „der Lohn, den die Sünde zahlt ... der Tod" ist (Römer 6,23). Jesus erlitt den Tod für uns, damit wir leben können. Wir lesen:

Doch wegen unserer Schuld wurde er gequält
und wegen unseres Ungehorsams geschlagen.
Die Strafe für unsere Schuld traf ihn, und wir sind gerettet.
Er wurde verwundet, und wir sind heil geworden. (Jesaja 53,5)

Drittens erfahren wir Errettung durch die Auferweckung Jesu des Messias. Wenn wir uns von Gott abschneiden, erleben wir den Tod. Satan ist der Fürst der Todesmächte. Er und all seine bösen Engel und Geister, die er anführt, kämpfen für den Tod. Satan war erfreut, als Jesus gekreuzigt wurde. Der Tod ist sein Geschäft. Doch Gott weckte Jesus Christus wieder vom Tod auf. Die Auferstehung des Messias war der Sieg über den Tod. Die Macht des Satans war gebrochen. Der Tod wird nicht den Sieg davon tragen. Die Auferstehung und das Leben werden triumphieren.

Gott will, dass wir das neue Leben, wie es in der Auferstehung Jesu Christi offenbart wurde, erfahren. Genau wie der Messias vom Tod auferstand, werden auch alle, die glauben, vom Tod auferstehen und ewiges Leben haben. Auch wenn unser biologischer Körper sterben mag, werden wir am Ende der Geschichte alle mit einem neuen und verherrlichten Körper auferstehen, genau wie Jesus von den Toten auferweckt wurde (1. Korinther 15).

Genau wie die Auferstehung Jesu Christi für die Niederlage Satans und der bösen Geister steht, die für den Tod kämpfen, werden auch wir den Sieg über alle bösen Geister und Mächte des Todes erleben, wenn wir unser Leben der Macht des auferstandenen Messias öffnen. Gott stellte alle Mächte unter die Herrschaft des auferstandenen und verherrlichten Messias. Wir, die wir an ihn glauben, erleben, dass wir von der Furcht und Knechtschaft von allen bösen Mächten und Gewalten befreit werden (Epheser 1,15–21).

Gott machte den erstandenen Messias zum Mittler zwischen Gott und Menschen. Die Bibel sagt: „So hat sich auch Christus nicht selbst die Würde des Obersten Priesters genommen, sondern Gott hat sie ihm gegeben“ (Hebräer 5,5). Gott ernannte den verherrlichten erstandenen Messias zu unserem Fürsprecher, weil der Messias unter uns lebte und uns vollkommen versteht. Er kannte dieselben Versuchungen, dasselbe Leid wie wir, und doch sündigte er nie (Hebräer 2,18). Weil Gott den Messias zum vollkommenen Mittler zwischen Gott und Mensch machte, beten Christen im Namen Jesu des Messias zu ihrem himmlischen Vater. Jesus selbst versprach uns: „Der Vater wird euch dann alles geben, worum ihr ihn bittet, weil ihr es in meinem Namen tut und euch auf mich beruft“ (Johannes 16,23b).

Gottes Geist ist ebenfalls in unser Erleben der Errettung eingebunden. Jesus sagte Nikodemus, dass er von Wasser und Geist geboren werden müsse. Welche Rolle spielt der Heilige Geist, wenn es um die Errettung geht?

Es war der Geist, der den Propheten des Alten Testaments das Wort des Herrn offenbarte. Derselbe Geist offenbart uns heute Gottes Wahrheit. Alles, was wir Gott sowie das Leben und Werk Jesu des Messias betreffend sagten, ist bedeutungslos, wenn wir uns nicht der Stimme und dem Zeugnis von Gottes Geist öffnen. Durch den Heiligen Geist werden wir in alle Wahrheit geführt. Durch den Geist wird das Leben des auferstandenen triumphierenden Messias ein Teil unserer eigenen Erfahrung. Wenn wir Buße tun und glauben, erschafft der Heilige Geist das wahre Bild Gottes von neuem in uns.

Gott versprach durch den Propheten Jeremia, dass er einen neuen Bund mit der Menschheit eingehen würde, indem er in jedem Gläubigen ein neues Herz schüfe. Das ist eine neue Schöpfung. Der Geist

Gottes vollbringt dieses Wunder der Gnade und Kraft im Gläubigen. Im Neuen Testament lesen wir: „Der Bund, den ich dann mit ihnen schließen werde, wird völlig anders sein, sagt der Herr. Ich werde ihnen meine Gesetze nicht auf Steintafeln, sondern in Herz und Gewissen schreiben ... Ich will nie mehr an ihre Sünden und an ihre bösen Taten denken" (Hebräer 10,16–17).

Jesus der Messias nannte diesen neuen Bund und diese neue Schöpfung die neue Geburt. Wenn wir Gottes errettende Liebe, wie sie in Jesus dem Messias offenbar wird, annehmen, dann beginnt Gottes Geist uns von neuem zu erschaffen. Wir beginnen dann im Reich Gottes zu leben. Wir beginnen die neue Schöpfung vom Himmel zu erleben, die Jesus auf so vollkommene Art verkörperte. Wir werden Jesus immer ähnlicher. Wir werden zu Menschen, die dazu befreit sind, voller Freude zu lieben.

Wir erleben Errettung, wenn wir Gottes Liebe und Vergebung annehmen, die in Jesus dem Messias offenbart wurde und jetzt durch den Heiligen Geist Gottes unter uns gegenwärtig ist. In Leben, Tod und Auferstehung Jesu Christi offenbarte sich Gottes Liebe auf vollkommene Weise. Durch den Heiligen Geist können wir diese Liebe persönlich erfahren. Gott sandte seinen Sohn in diese Welt, um „sie zu retten" (Johannes 3,17). Gott sandte den Heiligen Geist, „den Geist seines Sohnes ins Herz. Der ruft aus uns: ‚Abba! Vater!'" (Galater 4,6). Der eine wahre Gott, den wir als Vater, Sohn und Heiligen Geist erfahren, in vollkommener Einigkeit, vollkommener Liebe und vollkommener Einheit, erlöst und errettet uns durch seine sich selbst hingebende Liebe.

Im Hebräischen bedeutet der Name Jesus „Jahwe rettet". Die Errettung, die wir durch den Glauben an Jesus Christus erfahren, schließt Folgendes ein:

- Rechte und fröhliche Gemeinschaft mit Gott; Versöhnung mit Gott.
- Versöhnung mit unseren Mitmenschen.
- Vergebung der Sünden.
- Neuschöpfung oder Neugeburt des wahren Bildes Gottes in uns.
- Persönlicher Segen.

- Die Erfahrung der Liebe Gottes und das Privileg, Gott voller Freude als Vater anzureden.
- Die Niederlage des Todes; ewiges Leben und die Gewissheit der körperlichen Auferstehung von den Toten.
- Sieg über die Sünde und alle bösen Mächte und Gewalten.
- Teilhabe am Reich Gottes, jetzt und in Ewigkeit.

Wir könnten noch viel mehr sagen. In ihrer einfachsten und tiefgründigsten Bedeutung ist Errettung die Erfahrung der Liebe Gottes. Wir erleben Errettung, indem wir an Jesus den Messias glauben und uns ihm hingeben, ihm, den Gott als Retter offenbarte, der uns durch seine Liebe erlöst.

Nachdem Christus vom Tod erstanden und in den Himmel aufgenommen worden war, wurden zwei führende Köpfe der Christenheit ins Gefängnis geworfen, weil sie im mazedonischen Philippi in Griechenland böse Geister aus einem Sklavenmädchen ausgetrieben hatten. In jener Nacht ereignete sich ein Erdbeben. Die Türen des Gefängnisses flogen auf. Der Gefängniswächter wollte sich gerade umbringen, weil er befürchtete, dass die Gefangenen geflohen waren, doch Paulus und Silas teilten ihm mit, dass keiner der Gefangenen die Flucht ergriffen habe.

Dann fragte der Gefängniswärter: „Was muss ich tun, um gerettet zu werden?"

Paulus und Silas antworteten: „Jesus ist der Herr! Erkenne ihn als Herrn an und setze dein Vertrauen auf ihn, dann wirst du gerettet und die Deinen mit dir!" (Apostelgeschichte 16,30–31).

Christen bezeugen, dass Menschen, die an Jesus den Messias glauben, Errettung erfahren und ein Teil der neuen Bundesgemeinschaft werden, die Kirche oder Gemeinde heißt. Im nächsten Kapitel werden wir Wesen und Auftrag der Kirche diskutieren. Wir werden außerdem einige Bemerkungen zu Gottes Plan mit der Kirche und ihrer Rolle im Reich Gottes machen.

EINE MUSLIMISCHE ENTGEGNUNG

Nach dem christlichen Verständnis steht der Auftrag und die Kreuzigung Jesu Christi im Mittelpunkt der Errettung. Diese Sicht steht der muslimischen Auffassung in der Tat entgegen.

Nach islamischer Lehre war Jesus Christus (Isa) (Fsmi), der Sohn der Maria, ein großer Apostel Gottes. Er sollte in die Fußstapfen der Propheten treten und das Gesetz bekräftigen, das vor seiner Zeit hinunter gesandt worden war. Ihm war das Evangelium *(injil)* als Licht und Führung für die Menschheit gegeben. Der Koran berichtet: „Und wird ihn entsenden zu den Kindern Israels. (Sprechen wird er:) „Seht, ich bin zu euch mit einem Zeichen von eurem Herrn gekommen. ... Und als ein Bestätiger der Thora, die vor mir da war" (Koran 3:49–50).

Der Prophet Isa (Fsmi) vollbrachte Wunder wie viele Propheten vor ihm. Er heilte die Kranken, Blinden und Aussätzigen und weckte Tote auf. Er tat diese Wunder durch Allahs Willen. Sie sollten als Beweis der Echtheit seines Auftrags dienen. Die wichtige Rolle, die dem Propheten Isa (Fsmi) zugewiesen wurde, machte ihn nicht zum „Sohn Gottes" oder zum einziger Retter der Menschheit. Tatsächlich war der Prophet Isa (Fsmi) nur ein Diener und Gesandter Allahs. Der Koran sagt: „Da ist keiner in den Himmeln noch auf der Erde, der dem Allerbarmer anders denn als Diener sich nahen dürfte" (Koran 19:93).

Wenn Christen bezeugen, dass ihnen aufgrund der Kreuzigung Jesu vergeben wurde, steht das nicht im Einklang mit dem muslimischen Glauben. Das Ende des Propheten Isa (Fsmi) auf der Erde ist in Geheimnis gehüllt, und viele Muslime ziehen es vor, nicht über die vom Koran gelieferte Erklärung hinauszugehen. Zu dieser Frage sagt der Koran:

> *Und wegen ihrer Rede: „Wir haben den Messias, Jesus, den Sohn der Maria, den Gesandten Allahs, getötet", während sie ihn doch weder erschlagen noch gekreuzigt hatten, sondern dies wurde ihnen nur vorgetäuscht; und jene, die in dieser Sache uneins sind,*

sind wahrlich im Zweifel darüber; sie haben keine Kenntnis davon, sondern folgen nur einer Vermutung; und sie haben ihn nicht mit Gewissheit getötet. Vielmehr hat Allah ihn zu Sich emporgehoben, und Allah ist Allmächtig, Allweise. (Koran 4:157–158)

Dem wahren Glauben des Islam zufolge schiene es für den Messias höchst unangemessen, den schmachvollen Tod durch Kreuzigung zu erleiden. Gott, der gerecht ist, würde nicht zulassen, dass der rechtschaffene Messias so leiden müsste. Muslime glauben, dass Allah den Messias vor der Schmach der Kreuzigung rettete, wie er auch das Siegel der Propheten vor der Schmach nach der *Hijra* bewahrte.

Darüber hinaus identifiziert sich der Islam nicht mit der christlichen Überzeugung, dass der Mensch erlösungsbedürftig ist. Der christliche Glaube an den erlösenden Opfertod Christi lässt sich nicht mit der islamischen Sicht vereinbaren, dass der Mensch im Grunde immer gut gewesen ist und dass Gott denen vergibt, die ihn lieben und seinen Willen tun.

Der Islam ist der Weg des Friedens. Die muslimische Sicht, die in krassem Gegensatz zur christlichen Überzeugung steht, sagt uns, dass der Mensch Frieden durch die totale Unterwerfung unter Gottes Führung und Barmherzigkeit erfährt. Jesus Christus (Fsmi), wie viele Propheten vor ihm, und Muhammad (Fsmi), das Siegel der Propheten, stehen als Beispiel für Gottes Barmherzigkeit gegenüber der Menschheit.

EINE KLARSTELLUNG VON CHRISTLICHER SEITE

Es könnte sein, dass die christliche und die muslimische Sicht der Kreuzigung näher beieinander liegen, als es oberflächlich erscheint. Das Evangelium betont, dass Jesus der Messias sein Leben hingab. Er sagte:

Der Vater liebt mich, weil ich bereit bin, mein Leben zu opfern, um es aufs neue zu erhalten. Niemand kann mir das Leben nehmen. Ich gebe es aus freiem Entschluss. Es steht in meiner Macht, es zu geben, und auch in meiner Macht, es wieder an mich zu nehmen. Damit erfülle ich den Auftrag meines Vaters. (Johannes 10,17–18)

Die Kreuzigung Christi war ein Drama beispielloser Selbsthingabe. Der Messias selbst gab sein Leben hin; niemand konnte es ihm nehmen, denn ganz gewiss war niemand in der Lage, das ewige Wort Gottes hinzuschlachten. Obwohl er sich selbst in die Hände böswilliger Menschen und damit in den Tod am Kreuz gab, konnten sie ihn nicht vernichten. Er erstand wieder aus dem Grab. Ganz gewiss vertreten Christen die Meinung, dass der Tod nicht über den Messias triumphierte. Durch seine Auferstehung triumphierte er über den Tod.

Diese Hausgemeinschaft ist die Gemeinde des lebendigen Gottes, der Pfeiler und das Fundament der Wahrheit.
(1. Timotheus 3,15b)

21

DIE KIRCHE

DIE CHRISTLICHE GEMEINSCHAFT

Die Kirche wurde von Gott am Pfingstfest fünfzig Tage nach Tod und Auferstehung Jesu des Messias von Gott gegründet. Als Jesus nach seiner Auferstehung das letzte Mal seinen Jüngern erschien, gebot er seinen Jüngern, in Jerusalem zu warten, bis sie den Heiligen Geist empfangen hätten (Apostelgeschichte 1,4–5). Vierzig Tage nach seiner Auferstehung wurde Jesus der Messias in den Himmel aufgenommen. Die Jünger gehorchten Jesus, blieben in einem Obergemach in Jerusalem und warteten auf den Heiligen Geist. Sie verbrachten die Zeit mit Beten, Fasten und Warten. Etwa einhundertzwanzig Menschen waren dort beisammen (Apostelgeschichte 1).

Die Jünger warteten zehn Tage bis zum Pfingstfest. Es handelte sich hierbei um ein jüdisches Erntedankfest für die Erstlingsfrüchte der Ernte. Es geschah am Pfingsttag, dass Gott die Jünger mit dem Heiligen Geist beschenkte. Wir lesen:

Plötzlich gab es ein mächtiges Rauschen, wie wenn ein Sturm vom Himmel herabweht. Das Rauschen erfüllte das ganze Haus, in dem sie waren. Dann sahen sie etwas wie Feuer, das sich zerteilte, und

auf jeden ließ sich eine Flammenzunge nieder. Alle wurden vom Geist Gottes erfüllt und begannen in anderen Sprachen zu reden, jeder und jede, wie es ihnen der Geist Gottes eingab.
(Apostelgeschichte 2,2–4)

Draußen hörte man, was geschah, und Menschen aus verschiedenen Gegenden der Welt, die in Jerusalem zusammengekommen waren, strömten her, um zu sehen und zu hören, was dort vor sich ging. Jeder hörte, wie das Evangelium in seiner Muttersprache verkündigt wurde: „Wir kommen aus Persien, Medien und Elam, aus Mesopotamien, aus Judäa und Kappadozien, aus Pontus und aus der Provinz Asien, aus Phrygien und Pamphylien, aus Ägypten, aus der Gegend von Zyrene in Libyen und sogar aus Rom. Wir sind geborene Juden und Fremde, die sich der jüdischen Gemeinde angeschlossen haben, Insel- und Wüstenbewohner. Und wir alle hören sie in unserer eigenen Sprache die großen Taten Gottes verkünden!" (Apostelgeschichte 2,9–11). Sie waren erstaunt, weil jeder von ihnen das Evangelium *(injil)* in seiner eigenen Sprache hörte, während die Jünger den Herrn lobten.

Der Apostel Petrus stand auf und begann den dort versammelten Menschen das Evangelium zu predigen. Nachdem sie das Evangelium gehört hatten, riefen sie aus: „Brüder, was sollen wir tun?"

Petrus antwortete: „Kehrt jetzt um und lasst euch taufen auf Jesus Christus; lasst seinen Namen über euch ausrufen und bekennt euch zu ihm – jeder und jede im Volk! Dann wird Gott euch eure Schuld vergeben und euch seinen Heiligen Geist schenken" (Apostelgeschichte 2,37–38).

Die Menschen antworteten auf das Evangelium, und an diesem Tag wurden etwa dreitausend Menschen getauft. Das war der Beginn der christlichen Kirche, die heute auf Hunderte Millionen Menschen angewachsen ist, die in fast jedem Land der Erde leben. Was ist diese neue Glaubensgemeinschaft, die von Gott vor fast zweitausend Jahren am Pfingstfest gegründet wurde? Was ist das Wesen der Kirche, die jedes Jahr Millionen von neuen Gläubigen anzieht? Wer ist die Kirche?

Gläubige Menschen bilden die Kirche

Wir erwähnten bereits, dass Jesus im Lauf seines Wirkens zwölf Jünger in seine Nachfolge berief. Sie hatten nicht alle den gleichen Hintergrund. Einige von ihnen waren Fischer von Beruf, ein anderer war Steuereinnehmer und mindestens einer von ihnen ein Guerilla-Freiheitskämpfer (Lukas 6,13–14). Jesus formte die Jünger zu einer neuen Gemeinschaft, die Jesus Christus als Herrn anerkannte.

Der Glaube der Jünger offenbarte sich in Petrus' Antwort auf die Frage Jesu: „Für wen haltet ihr mich?"

Da sagte Simon Petrus: „Du bist Christus, der versprochene Retter, der Sohn des lebendigen Gottes!"

Darauf entgegnete Jesus: „Darum sage ich dir: Du bist Petrus; und auf diesem Felsen werde ich meine Gemeinde bauen! Nicht einmal die Macht des Todes wird sie vernichten können" (Matthäus 16,15–18).

Die Kirche besteht aus den Menschen, die zum Glauben an Jesus Christus gefunden und ihn als Herrn und Erretter angenommen haben. Das ist der Fels, auf den die Gemeinde gebaut ist.

Auch wenn Petrus und die Jünger an Jesus den Messias glaubten, war dieser Glaube doch schwach. Als Jesus gekreuzigt wurde, ergriffen die meisten Jünger die Flucht. Selbst Petrus leugnete, dass er Jesus kannte. Erst nach der Auferstehung Jesu des Messias und der Ausgießung des Heiligen Geistes auf die Jünger am Pfingsttag wurden sie zu mutigen Zeugen des Evangeliums. Als sie mit dem Geist Gottes erfüllt wurden, bekamen sie die Kraft Zeugnis abzulegen und zu den Menschen zu werden, die Jesus im Sinn gehabt hatte, als er sagte, dass sie nicht einmal die Macht des Todes vernichten könne.

Die Kirche besteht aus den Menschen, die an Jesus Christus glauben. Die Kirche ist kein Gebäude, auch wenn wir manchmal den Ort, wo Christen Gottesdienst feiern, als Kirche bezeichnen. Im Neuen Testament bezieht sich der Begriff „Kirche" oder „Gemeinde" allerdings niemals auf ein Gebäude. Tatsächlich trafen sich die frühen Christen viele Generationen lang nicht in einem besonderen Gebäude, um Gottesdienst zu feiern, sondern in Privathäusern. Selbst heute noch feiern Christen an manchen Orten in den Heimen der Gläubigen oder unter einem Schatten spendenden Baum Gottesdienst! Die Menschen, die an Jesus Christus glauben, bilden die christliche Kirche. Christen sollten sich regelmäßig im Namen Jesu treffen. Christen in der Gemeinschaft sind die Kirche.

Jesus sagte: „Wo zwei oder drei in meinem Namen zusammenkommen, da bin ich selbst in ihrer Mitte“ (Matthäus 18,20). Jesus, der verherrlichte Messias, ist durch die Gegenwart des Heiligen Geistes mitten unter ihnen. Wann immer sich Gläubige im Namen Jesu versammeln, spüren sie, dass er unter ihnen ist. Sie beten im Namen Jesu. Ihre Gebete werden erhört. Sie bekennen ihre Sünden und erleben, dass ihnen wahrhaft vergeben wird. Sie bitten um Führung und spüren die weise Führung des Herrn. Sie bitten um Kraft und finden Erneuerung, neue Frische, Kraft, Frieden, Gnade und Liebe. Sie wissen, dass Jesus wirklich mitten unter ihnen ist, wenn sie sich in seinem Namen versammeln.

Nach der Versammlung zerstreuen sich die Christen, um wieder ihrer normalen Arbeit nachzugehen – als Lehrer, Bauern, Geschäftsleute oder was auch immer. Dann, vielleicht einen Tag oder eine Woche danach, versammeln sie sich wieder im Namen Jesu. Wieder spüren sie, dass er mitten unter ihnen ist. Sie sind die Kirche – diejenigen, die sich im Namen Jesu versammeln und sich dann wieder in der Welt zerstreuen. Die Kirche sind diejenigen Menschen, die sich im Namen Jesu versammeln und dann wieder auseinandergehen. Diese Gemeinschaft des christlichen Glaubens, die zusammenkommt und sich wieder zerstreut, ist die Kirche.

Leitung in der Kirche

Die Kirche kennt Leitung und Organisation. Leitungsstrukturen der Kirche haben ihren Ursprung in Jesus und in den Jüngern. Nach dem Tod und der Auferstehung des Messias wurden seine engsten Mitarbeiter von Gott zu Aposteln und Leitern der Kirche berufen. Bald benötigten die Apostel Hilfe bei der Bewältigung von Verwaltung und Finanzen, besonders was die armen Witwen in Jerusalem betraf. Unter der Führung des Heiligen Geistes wurden sieben Männer als Helfer der Apostel ausgewählt. Sie wurden von den Aposteln für ihr Amt ordiniert, die ihnen die Hände auflegten und für sie beteten (Apostelgeschichte 6,1–6). Später wurden die Helfer der Apostel Diakone genannt.

Als sich die christlichen Gemeinden zu vermehren begannen, brauchte auch jede Ortsgemeinde einen Leiter. Diese örtlichen Leiter wurden unter der Führung des Heiligen Geistes nach Beten und Fasten ausgewählt. Sie wurden Älteste genannt und ebenfalls von den Aposteln durch Handauflegen ordiniert (Apostelgeschichte 14,23).

Als die Apostel älter wurden und die Kirche zu groß wurde, als dass sie ihr noch genügend Führung hätten bieten konnten, wurde Bischöfe ausgewählt und ordiniert. Nachdem die Apostel abgetreten waren, wurden sie von den Bischöfen als Führer der Gesamtkirche abgelöst (2. Timotheus 1,6–7). Wir sehen also, dass die Kirche von Anfang an drei Ämter kannte: Bischöfe, Diakone, um die Bischöfe zu unterstützen, und Älteste zur Leitung der Ortsgemeinden. Sie alle wurden von den führenden Persönlichkeiten der Kirche durch Handauflegen ordiniert.

Heute besitzen die meisten christlichen Kirchen eine Leitungsstruktur, die der der frühen apostolischen Kirche mehr oder weniger ähnelt. Natürlich gibt es Abweichungen, doch das allgemeine Prinzip ordinierter Leiter wird in den meisten Kirchen praktiziert. Diese einfache, aber effektive Organisation hilft der Kirche sehr, ihre Aufgaben in der Welt wahrzunehmen.

Kultur und Kirche

Als die Kirche wuchs, traten in der Gemeinschaft mit der Zeit beträchtliche kulturelle Unterschiede zu Tage. Zum Beispiel praktizierten die Judenchristen die Beschneidung, die Heidenchristen jedoch nicht. Heiden- und Judenchristen kleideten und ernährten sich unterschiedlich. Die Kirche war verwirrt. Sollten alle Christen eine gemeinsame Kultur haben? Im Alten Testament gehörte das gesamte Bundesvolk zum selben Kulturkreis. War dies im neuen Bund notwendig? Die Beschneidung war ein besonders schwieriges Thema, weil sie ein Zeichen darstellte, dass der Mann ein Mitglied der Bundesgemeinschaft war.

Diese Frage führte schließlich zu einer großen Konferenz, die um 43 n. Chr. in Jerusalem abgehalten wurde. Die Apostel und weitere führende Köpfe der Christenheit untersuchten, was das Alte Testament zur Schaffung der christlichen Kirche durch die Kraft des Heiligen Geistes zu sagen hatte. Sie hörten sich außerdem Berichte darüber an, was der Heilige Geist im Leben der Heidenchristen bewirkt hatte, die vor Gott gerecht dastanden, nachdem er ihnen den Heiligen Geist geschenkt hatte. Schließlich entschied die Kirche, dass die Heidenchristen die Freiheit besitzen sollten, auch nach ihrer Bekehrung zum Christentum ihrer eigenen Kultur treu zu bleiben. Sie waren nicht gezwungen, jüdische oder alttestamentliche Speisevorschriften oder Praktiken wie die Beschneidung zu befolgen. Sie sollten sich allerdings bestimmter Dinge enthalten, wie zum Beispiel sexueller Unmoral und gewisser Praktiken, die mit dem Götzendienst zusammenhingen (Apostelgeschichte 15,1–35).

Die Entscheidung dieser Jerusalemer Konferenz ist wichtig, weil sie für alle Zeiten festsetzte, dass es in der christlichen Kirche kulturelle Vielfalt geben sollte. Wo immer das Evangelium gepredigt wird, werden Menschen eingeladen, die gute Botschaft von der Errettung durch Christus anzunehmen und dann das Evangelium in ihrer Situation am Ort in die Tat umzusetzen. Sie sollen ihre christliche Erfahrung in die Kleidung ihrer eigenen Kultur einhüllen. Aus diesem Grund gibt es in der christlichen Kirche mehr kulturelle Vielfalt als in jeder anderen religiösen Gemeinschaft der Erde. In jeder Gesellschaft besitzen Christen die Freiheit, als Gläubige an Jesus Christus ihrer eigenen Kultur verhaftet zu bleiben.

Trotzdem erleben Christen ebenfalls eine erstaunliche Einheit. Die Bibel sagt: „Ihr alle seid ja ein Leib, in euch allen lebt ein Geist, ihr alle habt die eine Hoffnung, die Gott euch gegeben hat, als er euch in seine Gemeinde berief. Es gibt für euch nur einen Herrn, nur einen Glauben und nur eine Taufe. Und ihr kennt nur den einen Gott, den Vater von allem, was lebt. Er steht über allen. Er wirkt durch alle und in allen“ (Epheser 4,4–6). Die Einheit der Kirche ermöglicht es Christen, sich trotz kultureller Vielfalt als das eine Volk Gottes zu erfahren. Die Bibel sagt: „Es hat darum auch nichts mehr zu sagen, ob ein Mensch Jude ist oder Nichtjude, ob im Sklavenstand oder frei, ob Mann oder Frau. Durch eure Verbindung mit Jesus Christus seid ihr alle ein neuer Mensch geworden“ (Galater 3,28).

Vielfalt und Zusammenarbeit in der Kirche

Manchmal hat diese Vielfalt zu Missverständnissen zwischen Christen geführt. Unterschiede führten zur Bildung bestimmter christlicher Gruppen in der weltweiten Kirche. Das ist eine Ursache für die Entstehung christlicher Konfessionen. Zum Beispiel lag ein Grund für die Entwicklung der Anglikanischen Kirche in England in dem Wunsch des englischen Volkes nach einer Nationalkirche begründet, die die wünschenswerten Aspekte der englischen Kultur aufgriff. Diese Kirche geht eher auf kulturelle und nationale Gründe zurück als auf dogmatische oder theologische. Auf ähnliche Weise sind einige moderne unabhängige afrikanische Sprachen entstanden, weil der Wunsch dahinter stand, das Christentum afrikanischer zu machen. Sehr oft haben sich Konfessionen aufgrund des guten und biblischen Wunsches entwickelt, dem Evangelium zu erlauben, in einer bestimmten Kultur aufzublühen und zu wachsen.

Trotzdem geschieht es nicht immer auf diese Art. Manchmal haben sich Christen aufgrund ernster Meinungsverschiedenheiten voneinander getrennt, die sich darum drehten, was Christen glauben und praktizieren sollten. Eine dieser Spaltungen ist die zwischen der katholischen und den evangelischen Kirchen. Hier ist nicht der Raum für eine in die Tiefe gehende Darstellung der Gründe für diese Spaltung im sechzehnten Jahrhundert. Wir sollten jedoch erwähnen, dass sich einer der wichtigsten Streitpunkte um die Haltung zur Bibel drehte. Die Protestanten glaubten, dass allein der Bibel Autorität zukommen solle. Die Katholiken empfanden, dass das Zeugnis des Heiligen Geistes, wie es durch Tradition und Kirchenführer zum Ausdruck kam, ebenfalls wichtig war. Diese verschiedenen Standpunkte zur Geltung von Bibel und Tradition trugen zur Spaltung der katholischen Kirche und der evangelischen Kirchen vor fast fünfhundert Jahren bei. Die evangelische Kirche gliedert sich aufgrund kultureller oder theologischer Vielfalt in verschiedene Konfessionen.

Christen sind sich bewusst, dass kulturelle Vielfalt richtig ist. Gesundes christliches Leben und Engagement ermuntert zur Vielfalt. Gleichzeitig sind sich Christen schmerzlich bewusst, dass Spaltungen innerhalb der Kirche, die gute Gemeinschaft unter Christen verhindern, Sünde sind. Sie wissen, dass solche Spaltungen darauf hindeuten, dass Christen nicht genügend Liebe füreinander aufbringen. Sie bekennen die Sünde der Spaltung. In unserer heutigen Zeit entdecken Christen, dass der Heilige Geist hilft, die gespaltene Christenheit in der Gemeinschaft als Brüder und Schwestern in Christus zu vereinen. Sie entdecken, dass ihnen die Liebe Gottes hilft, viele ihrer Differenzen zu überwinden. Sie sind in der Lage, im Geist christlicher Liebe und Kooperation zusammenzuarbeiten, selbst wenn sie in einigen Fragen nicht einer Meinung sind.

In einigen Ländern wurden kirchliche Gremien ins Leben gerufen, die Christen helfen sollen, ihrer Liebe zueinander Ausdruck zu verleihen und zusammenzuarbeiten. Es gibt auch weltweite christliche Zusammenschlüsse wie den Ökumenischen Rat der Kirchen oder die Weltweite Evangelische Allianz, die Christen helfen, besser zusammenzuarbeiten. Auf der ganzen Welt entdecken Christen heute, dass Spaltung Sünde ist. Sie versuchen auf die Stimme des Heiligen Geistes zu hören, wenn sie ihrer Liebe zueinander Ausdruck verleihen wollen.

Millionen Christen wünschen sich, die Liebe noch umfassender zu erfahren, für die Christus kurz vor seiner Kreuzigung betete, als er darum bat, dass „sie vollkommen eins sein" (Johannes 17,23) sollen. Wir sind noch nicht vollkommen eins! Gottes Geist wirkt heute jedoch unter den Christen in vielen Teilen der Welt. Er hilft ihnen, Einheit und Vielfalt in Christus anzunehmen.

EINE MUSLIMISCHE ENTGEGNUNG

Die *Umma* ist wie die Kirche kein Gebäude. Sie ist eine Gemeinschaft von Gläubigen. Während die Kirche aus den Menschen besteht, die an Jesus Christus glauben und ihn als Herrn und Erlöser angenommen haben, ist die *Umma* jene

Gemeinschaft, die sich Allah vollkommen unterwirft und Weisung vom Siegel der Propheten (Fsmi) entgegen nimmt. Leitungsstrukturen in der Kirche lassen sich nicht mit denen der *Umma* vergleichen. In der *Umma* gibt es keine ordinierten Leiter wie in der Kirche. In der *Umma* stellen Gottes Wort (Koran), die *Sunna* (Praxis) des Propheten Muhammad (Fsmi) und die *Scharia* die Leitungsprinzipien dar.

Während wir anerkennen, dass die Kirche kulturelle Vielfalt gutheißt, erfahren wir, dass sie hin und wieder zu Missverständnissen unter den Christen führte und sogar Spaltungen verursachte. Im Gegensatz dazu hat der Islam eine einzige weltumspannende islamische Kultur hervorgebracht, die im Allgemeinen der gesamten *Umma* zu eigen ist. Es gibt ein gewisses Maß an Vielfalt in der *Umma,* doch im Idealfall überwindet die *Umma* ethnische, nationale, sprachliche und rassische Grenzen. Aus diesem Grund können Muslime auch nicht von einem afrikanischen, türkischen, chinesischen oder amerikanischen Islam reden. Vielleicht hat die *Umma* aus ähnlichen Gründen nicht so viele Spaltungen erlebt, wie sie die Kirche heute charakterisieren.

Gott ist Geist, und die ihn anbeten, die müssen ihn im Geist und in der Wahrheit anbeten. (Johannes 4,24; *Luther 1984*)

22

ANBETUNG UND GEMEINSCHAFT

DIE CHRISTLICHE PRAXIS

Wenn Christen in Ihrer Nähe leben, werden Sie beobachtet haben, dass sie sich mindestens einmal in der Woche in einem Privathaus, unter einem Baum, in einem Saal oder einem Kirchengebäude zur Anbetung versammeln. Der Ort, an dem Christen Gottesdienst feiern, ist nicht wichtig. Der wichtige Aspekt daran ist, dass sich die Gläubigen treffen, um den einen wahren Gott anzubeten, der sich als Vater, Sohn und Heiliger Geist offenbart. Jede wahrhaft christliche Anbetung erkennt Gott als Vater, Retter und Geist an, der unter uns gegenwärtig ist. Christen erkennen das dreieinige Wesen Gottes in der Anbetung an.

Das wird deutlich, wenn Christen beten. Sie beten zu Gott, dem liebenden himmlischen Vater, im Namen Jesu, des geliebten Sohns, der den Menschen Gottes Retterliebe offenbarte, und in der Kraft des Heiligen Geistes, der die Gegenwart Gottes im Leben der Gläubigen ist. Es ist diese christliche Erfahrung des dreieinigen Wesens Gottes, das christlicher Anbetung überall auf der Welt gemeinsam ist.

Ansonsten findet man wenig Gemeinsames in christlichen Gottesdiensten. Denken wir daran, dass beim Jerusalemer Apostelkonzil 43 n. Chr. die Kirche kulturelle Vielfalt guthieß. Seitdem spiegeln sich beträchtliche Unterschiede im christlichen Gottesdienst wider. Manche Christen beten mit lauter Stimme, und alle beten gleichzeitig. Bei anderen betet nur der Gemeindeleiter. Manche stehen beim Beten, andere knien. Bei manchen stehen ein Kreuz oder entzündete Kerzen vorne, während andere das Empfinden haben, dass solche Zeichen nicht hilfreich sind, weshalb sie auf solche Symbole verzichten. Für manche Christen sind Rituale sehr wichtig, für andere ist das gepredigte Wort Gottes der wichtigste Aspekt des Gottesdienstes. Die christliche Anbetungs- und Gottesdienstpraxis weist eine große Vielfalt auf, doch sie ist vereint in der dankbaren Feier der Liebe Gottes, unseres Vaters, der uns durch Jesus Christus offenbart wurde und durch den Heiligen Geist unter uns gegenwärtig ist.

Obwohl Christen eine große Vielfalt in der Gestaltung des Gottesdienstes kennen, haben sie manche Praxis gemeinsam. Wir wollen einiges davon erwähnen.

Taufe

Bevor Jesus in den Himmel aufgenommen wurde, gebot er seinen Jüngern: „Darum geht nun zu allen Völkern der Welt und macht die Menschen zu meinen Jüngern und Jüngerinnen! Tauft sie im Namen des Vaters und des Sohnes und des Heiligen Geistes“ (Matthäus 28,19–20). Die Jünger begannen diesem Befehl am Pfingsttag zu gehorchen, als sie das Evangelium verkündigten und etwa dreitausend Menschen zur Gemeinde stießen, indem sie an Jesus den Messias glaubten und die Taufe empfingen (Apostelgeschichte 2,37–42). Der Entschluss zu glauben und der Akt der Taufe scheinen zusammenzugehören. Seit diesem Pfingsttag tauft die Kirche Gläubige, die dann als Mitglieder in die Gemeinde aufgenommen werden.

Die Taufe ist eine Zeremonie, zu der erstens das Bekenntnis des Glaubens an Christus vor Zeugen und zweitens die Taufe mit Wasser im Namen des Vaters, des Sohnes und des Heiligen Geistes gehört. In einigen Kirchen werden Kinder getauft. In diesem Fall legen Eltern oder Paten das Bekenntnis des Glaubens stellvertretend für das Kind ab. Diejenigen, die ihre Kinder taufen lassen, betrachten das als ein Zeichen, dass auch unschuldige Kinder zur Bundesgemeinschaft gehören. In allen Kirchen wird Wasser als ein Zeichen der Reinigung, der Fülle des Heiligen Geistes und der Aufnahme in die Kirche benutzt. In manchen Kirchen werden nur einige Tropfen Wasser auf den Kopf gesprengt. In anderen christlichen Gemeinschaften benutzt man einige Handvoll Wasser. In wieder anderen wird der Täufling unter Wasser getaucht als ein Zeichen, dass seine Sünden begraben sind; wenn sich der Täufling nach der Taufe aus dem Wasser erhebt, ist das ein Zeichen dafür, dass er mit Christus zu einem neuen und ewigen Leben erstanden ist.

Einige christliche Gruppen taufen einen Menschen fast unmittelbar nach seinem Bekenntnis des Glaubens an Jesus Christus. In den meisten Kirchen jedoch wird der neue Gläubige eine Zeitlang unterwiesen, bevor er zur Taufe zugelassen wird. Ein neuer Gläubiger braucht diesen Unterricht aus zwei Gründen: erstens, um ihn die Glaubenssätze und Praktiken seiner Kirche zu lehren; zweitens, um zu sehen, ob der neue Gläubige im Lauf dieser Zeit seine Lebensführung verändert. Christen sollen ein rechtschaffenes Leben führen, und die meisten Kirchen nehmen sich etwas Zeit, um herauszufinden, ob der Taufkandidat wirklich sein Leben und Verhalten geändert hat. Wenn der Taufunterricht abgeschlossen ist, wird ein öffentlicher Taufgottesdienst gefeiert.

In Kirchen, die Kinder taufen, sieht diese Praxis etwas anders aus. In diesen Kirchen wird der junge Mensch, der als Kleinkind getauft wurde, im Alter von etwa zwölf Jahren eingeladen, am Konfirmandenunterricht teilzunehmen. Dieser Unterricht ähnelt den katechetischen Stunden, die dem neuen Gläubigen vor seiner Taufe erteilt werden. Wenn die Gemeindeleiter zu der Überzeugung gekommen sind, dass der Konfirmand ein engagierter Christ ist und die Glaubenssätze und Praktiken der Kirche versteht, wird ein Konfirmationsgottesdienst gefeiert, in dem diejenigen, die als Kinder getauft wurden, als Vollmitglieder in der Kirche willkommen geheißen und zum Abendmahl eingeladen werden.

Der Sonntagsgottesdienst

Christen sollten sich regelmäßig treffen, um Gott anzubeten und Gemeinschaft zu erleben. Einige Christen treffen sich täglich. Viele kommen wenigstens einmal in der Woche zusammen. Normalerweise finden diese wöchentlichen Treffen der Christen am Sonntagmorgen statt. Das geschieht deshalb, weil Jesus der Messias am Sonntagmorgen von den Toten auferstand. Wenn sich Christen am Sonntag treffen, feiern und erinnern sie sich an die Auferstehung Jesu.

Der Gottesdienst am Sonntagmorgen unterscheidet sich von Gruppe zu Gruppe erheblich. Doch in allen christlichen Gemeinschaften sind das Bekenntnis und der Dank für die Errettung durch Jesus Christus, den Gott in die Welt sandte, zentrale Aspekte des Gottesdienstes. Es werden Lieder gesungen und Gebete vor Gott gebracht. Gewöhnlich verkündet einer der Verantwortlichen das Evangelium in einer Predigt. Viele Kirchen feiern außerdem die Eucharistie beziehungsweise das Abendmahl im Gottesdienst am Sonntagmorgen.

Die Eucharistie

Die Eucharistie (Abendmahl oder Messe) ist eine Erinnerung an den Tod und die Auferstehung Jesu Christi. Das alttestamentliche Passafest hilft uns, die Bedeutung der Eucharistie zu verstehen (2. Mose 12). Als Gott das Volk der Hebräer aus der Sklaverei unter dem Pharao befreite, gebot er jeder Familie, ein makelloses einjähriges Lamm zu opfern und das Blut des geopferten Lamms auf die beiden Türpfosten und den Türsturz ihrer Häuser zu streichen. Dann kam die Familie drinnen zusammen und aß das gebratene Fleisch des geopferten Lamms, um Kraft für die bevorstehende Reise zu sammeln.

Während die hebräischen Familien zu Hause das gebratene Lamm aßen, zog ein Engel Gottes durch das Land des Pharao und tötete das älteste Kind in jedem Haus, in dem kein Blut auf die Türpfosten gestrichen war. Als die Einwohner des Landes sahen, was geschehen war, flehten sie die Hebräer an, zu gehen. In der hebräischen Geschichte wird dieses große Ereignis „Passa“ genannt, das im Deutschen „vorübergehen, etwas unberührt lassen“ bedeutet und so auf den Engel Bezug nimmt, der jedes Haus unberührt ließ, dessen Türpfosten mit Blut bestrichen war.

Um Gott dafür zu danken, was er für sie getan hatte, erinnerte sich das hebräische Volk jedes Jahr zum Passafest auf besondere Weise daran, dass Gott sie aus Sklaverei und Tod errettet hatte. Das makellose Lamm, das sie opferten, galt ihnen als Zeichen der Errettung.

Jesus wurde in der Zeit des Passafestes gekreuzigt. In der Nacht vor seiner Kreuzigung aß er das Passamahl mit seinen Jüngern. Während des Mahls nahm er das Brot, brach es und sagte: „Nehmt und esst, das ist mein Leib.“ Dann nahm er einen Becher Wein, gab ihnen auch den und sagte:

> *Trinkt alle daraus; das ist mein Blut, das für alle Menschen vergossen wird zur Vergebung ihrer Schuld. Mit ihm wird der Bund in Kraft gesetzt, den Gott jetzt mit den Menschen schließt. Ich sage euch: Von jetzt an werde ich keinen Wein mehr trinken, bis ich ihn neu mit euch trinken werde, wenn mein Vater sein Werk vollendet hat!* (Matthäus 26,26–29)

Das war der erste Eucharistie- beziehungsweise Abendmahlsgottesdienst. Er wurde von Jesus dem Messias selbst eingeführt.

Die christliche Kirche feiert nicht das Passafest, sondern vielmehr das Abendmahl, weil Jesus dieses Abendmahl beim Passafest einsetzte. Tatsächlich glauben Christen, dass das alttestamentliche Passafest ein Zeichen war, das die Menschen darauf vorbereitete, die Kreuzigung Jesu als das vollkommene Sündopfer zu verstehen und anzunehmen. Das Passamahl war ein Zeichen, das auf das kommende Opfer Jesu am Kreuz hindeutete.

Das Brot ist ein Zeichen für den Leib Christi. Der Wein ist ein Zeichen für sein Blut, das er vergoss, um uns zu erretten und uns zu vergeben, als er sich selbst am Kreuz für unsere Erlösung hingab.

Die Eucharistie ist darüber hinaus ein Zeichen der Einheit. Jesus teilte einen Kelch und brach ein Brot mit seinen Jüngern. In der Eucharistie trinkt die Gemeinde aus einem Kelch und isst von einem Stück Brot. Auf diese Weise erlebt die Gemeinde eine Erneuerung der Einheit innerhalb der christlichen Gemeinschaft. Die Eucharistie ist die Feier der tiefen Einheit in Christus.

In der Eucharistie wird auch die Versöhnung zwischen Gott und Mensch offenbar. Die sichtbaren Symbole der Eucharistie sind Zeichen der erlösenden Gegenwart Gottes unter seinem Volk. Die materielle und die spirituelle Dimension des Lebens vereinen sich in der Eucharistie. Die Eucharistie ist ein Zeichen, dass der Mensch, das Geschöpf, eingeladen wird, die göttliche Gnade zu empfangen. Sie ist ein Zeichen der Gemeinschaft mit Gott, unserem liebenden himmlischen Vater.

Dienst

Auch der Dienst am anderen ist eine Dimension des christlichen Gottesdienstes. Das wunderbare Geschenk der Errettung, die Gnade Gottes, die uns neu erschafft, die Erfahrung der erlösenden Liebe Gottes, die Gegenwart des Heiligen Geistes im Leben des Gläubigen – sie alle befreien den Jünger des Messias, frei und freudig zu dienen. Die Bibel sagt: „Brüder und Schwestern, weil Gott soviel Erbarmen mit euch gehabt hat, bitte und ermahne ich euch: Stellt euer ganzes Leben Gott zur Verfügung! Bringt euch Gott als lebendiges Opfer dar, ein Opfer völliger Hingabe, an dem er Freude hat. Das ist für euch der ‚vernunftgemäße' Gottesdienst" (Römer 12,1).

Der wahre Gottesdienst schließt auch ein, dass wir uns selbst im aufopfernden Dienst an unseren Mitmenschen darbringen. Als ein Zeichen des hingebungsvollen Dienstes und Bestandteil des Gottesdienstes wird in den meisten christlichen Gemeinden eine Kollekte eingesammelt, die für den Dienst an anderen Menschen eingesetzt wird. Im Rahmen unseres Gottesdienstes Geld zu geben, ist ein Zeichen dafür, dass wir, weil Gott uns erlöst hat, uns ebenfalls anderen Menschen hingeben.

Wir erwähnten einige bedeutsame Aspekte des christlichen Gottesdienstes. Alle sind wichtig. Manche Christen schätzen einen bestimmten Aspekt höher als den anderen. Zum Beispiel betrachten viele Protestanten die Predigt als das zentrale Ereignis des christlichen Gottesdienstes. Andere glauben, dass das zentrale Ereignis im

Gottesdienst die Gemeinschaft mit den anderen Gläubigen ist. Insbesondere Katholiken glauben, dass die Eucharistie oder Messe das zentrale Ereignis ist. Wieder andere halten vielleicht den gemeinsamen Gesang oder Lobpreis für zentral, während andere dem Gebet für die Kranken und der Austreibung böser Geister im Namen des auferstandenen verherrlichten Messias den Vorrang einräumen. Die Unterschiede in der Akzentsetzung beeinflussen die Art und Weise, wie sich der Gottesdienst gestaltet. In evangelischen Kirchen wird zum Beispiel besonders viel Wert auf eine gute Predigt gelegt, während das Gewicht in katholischen Kirchen häufig auf der Eucharistiefeier liegt.

Und doch sollten die Unterschiede in der Gottesdienstgestaltung nicht das eine zentrale Ereignis jeder christlichen Gemeinschaft verdunkeln. Wenn sich Christen zum Gottesdienst versammeln, drücken sie damit die Liebe zu dem einen Gott aus und feiern sie. Wenn Christen Gott im Gottesdienst anbeten, bringen sie damit in Dankbarkeit zum Ausdruck, dass sie an Gottes rettender erlösender Liebe Anteil haben. Aus diesem Grund spüren Christen immer, wenn sie sich zum Gottesdienst treffen, dass das Versprechen Jesu wirklich wahr ist: „Wo zwei oder drei in meinem Namen zusammenkommen, da bin ich selbst in ihrer Mitte“ (Matthäus 18,20). Durch die Gegenwart von Gottes Geist in der anbetenden Gemeinde erleben Christen, dass Jesus Christus mitten unter ihnen ist.

EINE MUSLIMISCHE ENTGEGNUNG

Die christliche Praxis von Gottesdienst und Anbetung unterscheidet sich beträchtlich von der muslimischen. Die christliche Erfahrung des dreieinigen Wesens Gottes in der Anbetung ist der gemeinsame Faktor christlicher Gottesdienste auf der ganzen Welt. Darüber hinaus gibt es keine wirkliche Gemeinsamkeit in christlichen Gottesdiensten. Die Person Jesu Christi ist im christlichen Gottesdienst von zentraler Bedeutung.

Für Muslime ist Anbetung ein weiter Begriff, der sich nicht nur auf das eigentliche Gebet *(salat)* erstreckt. Anbetung *(ibadah)* ist das Eingeständnis, dass Allah dein Herr ist und du sein Knecht bist, und deshalb zählt alles, was der Knecht im Gehorsam ihm gegenüber tut, zur *ibadah*. Jede gute Tat, die verrichtet wird, um Allahs Wohlgefallen zu finden, ist *ibadah*. Dies kann eine individuelle oder eine kollektive Tat sein. Es gibt einige Rituale der *ibadah,* die verpflichtend sind, und wenn man sie auslässt, begeht man eine Sünde oder hört auf ein Muslim zu sein.

Die wichtigste Pflicht des *ibadah* nach der Anerkennung Allahs als des Einen Gottes ist der *salat*. Das muslimische Gebet, ob nun in der Gemeinschaft oder einzeln verrichtet, ist im Gegensatz zur christlichen Form der Anbetung überall auf der Welt gleich. Die Reihen der Gläubigen, ihre synchronen Bewegungen vor dem Imam (Vorbeter), die Gebetsrichtung *(Qibla),* die *raka'h* (Einheit), und der *sujud* (Niederwerfung), der den Gläubigen zur Erde beugt – all diese Gebetsrituale werden überall auf die gleiche Weise vollführt. Die Gebetssprache ist in fast jeder Einzelheit allen gemeinsam.

Das Gebet, der zentrale Punkt von Anbetung und Gottesdienst im Islam, wird an niemanden anders gerichtet als an den allmächtigen Allah. Im Gebet muss Allah direkt und nicht durch irgendeinen Vermittler angeredet werden.

Wo Gott seine Herrschaft aufrichtet, geht es nicht um Essen und Trinken, sondern um ein Leben unter der rettenden Treue Gottes und in Frieden und Freude, wie es der Heilige Geist schenkt. (Römer 14,17)

23

DAS RICHTIGE VERHALTEN

DAS CHRISTLICHE IDEAL

Die christliche Kirche kennt kein organisiertes System von allgemeingültigen Vorschriften für richtiges Verhalten. In der Geschichte des Christentums versuchten einige Gruppen hin und wieder, systematische Verhaltensregeln aufzustellen, doch war dies für die Kirche als Ganzes niemals akzeptabel. Christen verlassen sich nicht auf ein Regelwerk, das ein bestimmtes Verhalten vorschreibt, weil:

1. Jesus der Messias lehrte: „,Liebe den Herrn, deinen Gott, von ganzem Herzen, mit ganzem Willen und mit deinem ganzen Verstand!' Dies ist das größte und wichtigste Gebot. Aber gleich wichtig ist ein zweites: ,Liebe deinen Mitmenschen wie dich selbst!' In diesen beiden Geboten ist alles zusammengefasst, was das Gesetz und die Propheten fordern" (Matthäus 22,37–40). Liebe ist der Schlüssel zu jeglicher christlicher Moral. Wahre Nächstenliebe kann nur aus dem Herzen kommen. Man kann sie nicht auf ein Regelwerk reduzieren. Es ist die innere Haltung, die zählt. Liebe

zu unseren Mitmenschen ist die Grundlage christlichen Verhaltens.

2. Der Heilige Geist wohnt in uns, um uns auf dem Weg der Gerechtigkeit zu führen. Bevor Jesus gekreuzigt wurde, hatte er verheißen, dass Gott, nachdem er in den Himmel aufgenommen würde, seinen Heiligen Geist senden würde, der „euch anleiten [wird], in der vollen Wahrheit zu leben" (Johannes 16,13). Jesus verhieß auch, dass der Heilige Geist „den Menschen zeigen [wird], was Sünde ist und was Gerechtigkeit und was Gericht" ist (Johannes 16,8). Der Heilige Geist ist die personale Gegenwart Gottes im Leben des Christen und der Kirche. Der Heilige Geist führt den Gläubigen und die Kirche in Wahrheit und Gerechtigkeit. Es ist unmöglich, diese Art der persönlichen Begegnung mit Gott, der der ganz und gar Gerechte ist, auf einen formalen ethischen Kodex zu reduzieren. Christliche Gerechtigkeit entspringt einer Gemeinschaftsbeziehung mit Gott. Man kann sie nicht in einem Regelwerk fassen. Dafür ist sie eine zu persönliche Angelegenheit.

3. Der Heilige Geist erschafft im Menschen wieder das Bild Gottes, das verzerrt wurde, als sich die Menschen von Gott abwandten. Gott ist interessiert daran, den Menschen zu erneuern und wieder gerecht zu machen. Doch der sklavische Gehorsam gegenüber Gesetzen erschafft keinen Menschen neu. Sie können immer noch böse Gedanken hegen, obwohl sie nach außen rechtschaffen wirken. Jesus sorgte sich in höchstem Maß um den inneren Menschen, wo Rechtschaffenheit oder Böses ihren Ursprung haben. Das ist der Grund, warum Jesus die religiösen Führer seiner Zeit heftig kritisierte:

   Weh euch Gesetzeslehrern und Pharisäern! Ihr Scheinheiligen! Ihr reinigt sogar noch das Äußere von Becher und Schüssel. Aber was darin ist, habt ihr euch in eurer Gier zusammengestohlen. Ihr blinden Pharisäer! Sorgt zuerst dafür, dass es mit dem Inhalt des

Bechers seine Richtigkeit hat, dann wird auch sein Äußeres rein. (Matthäus 23,25–26)

Im gesamten Neuen Testament wird die Notwendigkeit nachdrücklich betont, sich umgestalten, sich neu erschaffen zu lassen, mit dem inneren Menschen Jesus ähnlich zu werden. Der Apostel Paulus schrieb unter der Inspiration des Heiligen Geistes:

Legt also eure frühere Lebensweise ab! Ja, legt den ganzen alten Menschen ab, der seinen Begierden folgt! Die betrügen ihn nur und führen ihn ins Verderben. Lasst euch in eurem Denken erneuern durch den Geist, der euch geschenkt ist. Zieht den neuen Menschen an, den Gott nach seinem Bild geschaffen hat und der gerecht und heilig lebt aus der Wahrheit Gottes, an der nichts trügerisch ist. (Epheser 4,22–24)

Diese neuen Menschen, die unter der Leitung des Heiligen Geistes leben, brauchen Prinzipien, die ihnen einzuschätzen helfen, ob sie tatsächlich „nach seinem Bild ... gerecht und heilig" leben. Welche Prinzipien der Gerechtigkeit offenbarte der Heilige Geist durch die Propheten der Vergangenheit? Welche Prinzipien der Gerechtigkeit lehrte Jesus der Messias? Welche Eigenschaften der Wahrheit offenbart der Heilige Geist dem Bundesvolk heute? Wir werden kurz einige Morallehren betrachten, die durch den Propheten Mose sowie Leben und Worte Jesu des Messias offenbart wurden.

Ein großer Teil der Tora besteht aus Lehren über das richtige Verhalten und Gottesdienst, die Gott dem Propheten Mose offenbarte. Diese Prinzipien zu richtigem Verhalten sind in den Zehn Geboten zusammengefasst, die Gott dem Bundesvolk am Berg Sinai offenbarte (2. Mose 20,1–17). Zusammengefasst lauten diese Gebote folgendermaßen:

1. *Du sollst keine anderen Götter neben mir haben.*
2. *Du sollst dir kein Gottesbild anfertigen.*
3. *Du sollst den Namen des HERRN, deines Gottes, nicht missbrauchen.*
4. *Halte den Ruhetag in Ehren, den siebten Tag der Woche!*

5. Du sollst deinen Vater und deine Mutter ehren.
6. Du sollst nicht morden.
7. Du sollst nicht die Ehe brechen.
8. Du sollst nicht stehlen.
9. Du sollst nichts Unwahres über deinen Mitmenschen sagen.
10. Du sollst nicht versuchen, etwas an dich zu bringen, das deinem Mitmenschen gehört.

Überall erkennen Christen diese Zehn Gebote an. Alle Christen sollten sich an die Prinzipien halten, die in den Zehn Geboten offenbart sind. Sie gründen auf dem Prinzip der Liebe zu Gott und den Mitmenschen.

Auch an anderen Stellen in der Tora offenbarte Gott, dass wir Gott und unsere Nächsten lieben sollten (5. Mose 6,4; 3. Mose 19,18). Als Jesus der Messias erschien, erklärte er, dass das Gebot der Liebe das größte Gebot von allen sei; alle anderen Gebote in der Bibel seien im Gebot der Liebe zusammengefasst. Jesus sagte, dass an diesem Gebot der Liebe „das ganze Gesetz und die Propheten [hängt]" (Matthäus 22,40; *Luther 1984).* Aus diesem Grund gebot Jesus seinen Jüngern, einander zu lieben (Johannes 15,12). Durch sein Leben und sein Reden lehrte Jesus die Menschen die Bedeutung der Liebe.

Im vorhergehenden Kapitel sagten wir, dass Jesus den Menschen diente, indem er sie heilte und ihre Nöte stillte. Er hieß die Sünder willkommen und vergab ihnen. Die Vergebungsbereitschaft, die er durch seine Kreuzigung zum Ausdruck brachte, ist die höchste Offenbarung der Liebe. Allerdings sind es nicht nur seine Taten, in denen sich seine Liebe offenbart. Auch seine Worte sind hilfreich.

Bei einer Gelegenheit nahm Jesus seine Jünger auf einen Berg in der Nähe des Sees Genezareth mit, um sie die moralischen Prinzipien zu lehren, die sich auf die Liebe gründen. Er erklärte ihnen, dass wahre Gerechtigkeit von der inneren geistlichen Hingabe an Gott abhängt. Diese Worte werden die Bergpredigt genannt, die in Matthäus, Kapitel 5–7, aufgezeichnet ist.

Jesus der Messias begann die Bergpredigt mit den Worten: „Selig sind, die da geistlich arm sind; denn ihrer ist das Himmelreich"

(Matthäus 5,3; *Luther 1984).* Christen glauben, dass das Himmelreich „Gerechtigkeit und Friede und Freude in dem heiligen Geist" (Römer 14,17; *Luther 1984)* ist. Jesus sagte, dass die „geistlich Armen" das Himmelreich betreten oder erben würden. Nur diejenigen, die erkennen, dass sie sündig sind, die erkennen, dass sie nicht in der richtigen Beziehung mit Gott leben, suchen Vergebung. Nur diese „Armen" erfahren Gottes rettende Gnade. Die geistlich Armen sind bereit, die Erlösung durch Jesus den Messias zu empfangen. Sie sind die bedürftigen Menschen, die ihr Leben der erneuernden Kraft des Heiligen Geistes öffnen. Sie sind diejenigen, die in das Himmelreich eingelassen werden.

Diese „geistlich Armen" erfahren, dass ihre Standpunkte erneuert werden, und das erstreckt sich auf alle Beziehungen. Jesus gab konkrete Beispiele an, wie sich die Haltung von Menschen verändern sollte, die Einlass in das Himmelreich gefunden haben. Hier sind einige Beispiele.

Frieden (Matthäus 5,21–26)

In den Zehn Geboten lesen wir: „Du sollst nicht morden." Jesus der Messias lehrte jedoch, dass auch Hass verkehrt ist. Es ist der Hass, der Menschen zum Mord treibt. Wir müssen frei von böswilligen Einstellungen anderen Menschen gegenüber werden. Jesus sagte: „Ich aber sage euch: Schon wer auf seinen Bruder oder seine Schwester zornig ist, gehört vor Gericht" (Matthäus 5,22).

Ehe (Matthäus 5,27–32)

Eines der Zehn Gebote sagt: „Du sollst nicht die Ehe brechen" (2. Mose 20,14). Jesus der Messias sagte jedoch, dass bereits das Verlangen nach einer anderen Frau als der eigenen Sünde ist. Er sagte: „Ich aber sage euch: Wer die Frau eines anderen begehrlich ansieht, hat in seinem Herzen schon die Ehe mit ihr gebrochen" (Matthäus 5,28). Ehebruch macht die Ehe und den Ehebrecher kaputt. Ehebruch ist ein Übel. Aus diesem Grund sagte Jesus: „Wenn dich dein rechtes Auge verführen will, dann reiß es aus und wirf es weg! Es ist besser für dich, du verlierst eines deiner Glieder, als dass du ganz in die Hölle geworfen wirst. Und wenn dich deine rechte Hand verführen will, dann hau sie ab und wirf sie weg! Es ist besser für dich, du verlierst eines deiner Glieder, als dass du ganz in die Hölle kommst" (Matthäus 5,29–30).

Jesus lehrte auch, dass Scheidung falsch sei: „Ich aber sage euch: Wer sich von seiner Frau trennt, außer sie hat ihrerseits die Ehe gebrochen, der treibt sie in den Ehebruch. Und wer eine Geschiedene heiratet, wird zum Ehebrecher" (Matthäus 5,32). Scheidung ist von Übel, weil sie das Eins-Sein in der Ehe zerbricht, wie Gott es für den Menschen im Sinn hatte. Als Gott Adam und Eva erschuf, wurden sie „ein Fleisch" (1. Mose 2,24). In der Ehe eins zu sein, ein Fleisch zu sein, ist ein Wunder der Gnade Gottes. Scheidung zerstört das geheiligte Geschenk dieses Eins-Seins in der Ehe. Jesus gebot: „Was Gott zusammengefügt hat, sollen Menschen nicht scheiden" (Matthäus 19,6). Jesus sagte, dass es den Menschen im Alten Bund nur wegen ihrer Hartherzigkeit erlaubt gewesen sei, sich scheiden zu lassen (Matthäus 19,8). Unter den Menschen den Neuen Bundes, wo der Heilige Geist in den Gläubigen wohnt und die Gemeinde wahre Gerechtigkeit schafft, sollte niemals eine Scheidung stattfinden (Matthäus 5,31–32).

Die Bibel verbietet Polygamie an keiner Stelle ausdrücklich; trotzdem erlauben die meisten Kirchen sie ihren Mitgliedern nicht. Obwohl einige Gottesmänner im Alten Testament mehr als eine Frau hatten, wird keine dieser polygamen Ehen in der Bibel als ideal beschrieben, tatsächlich werden die meisten von ihnen als unglücklich geschildert. Polygamie zerstört dieses Eins-Sein als „ein Fleisch". Ein Fleisch zu sein erfordert totale Loyalität gegenüber dem Ehepartner. Wenn eine Frau oder ein Mann mehrere Partner hat, zerstört das die tiefe innere Bedeutung der Ehe, in der die Ehepartner ein Fleisch werden, der Ehemann seine Frau wie seinen eigenen Körper lieben und die Frau ihrem Mann tiefen Respekt entgegenbringen soll. Die Bibel gebietet dem Mann sogar, sich selbst in mitleidender aufopfernder Liebe für seine Frau hinzugeben, wie sich auch Christus in mitleidender aufopfernder Liebe für die Kirche hingab (Epheser 5,21–33).

Wahrheitsliebe (Matthäus 5,33–37)

Das neunte Gebot sagt: „Du sollst nichts Unwahres über deinen Mitmenschen sagen“ (2. Mose 20,16). Jesus der Messias erklärte, dass die innere Bedeutung dieses Gebots darin liege, dass wir nicht einmal schwören sollten, weil diejenigen, die einen Schwur ablegen, damit zu sagen scheinen, dass sie auch manchmal lügen könnten; sie sagen nur dann wirklich die Wahrheit, wenn sie schwören. Wahrhaftige Menschen haben es nicht nötig zu schwören, weil ihre Worte immer wahr sind. Wahrhaftige Menschen müssen nur „Ja“ oder „Nein“ sagen, und ihre Gefährten werden wissen, dass sie die Wahrheit gesagt haben.

Vergebungsbereitschaft (Matthäus 5,38–48)

Wir erwähnten bereits, dass Jesus lehrte, das größte Gebot sei die Liebe zu Gott und das zweitgrößte, seinen Nächsten so zu lieben wie sich selbst. Jesus der Messias lehrte, das Gebot der Liebe erfordere, dass wir unseren Feinden vergeben. Obwohl einige Lehrer sagten: „Auge um Auge, Zahn um Zahn“, lehrte Jesus die Christen: „Liebt eure Feinde und betet für alle, die euch verfolgen“ (Matthäus 5,38.44). Er nannte konkrete Beispiele und sagte, dass man jemandem, der einem das Hemd nehmen will, auch noch den Mantel geben solle. Wenn jemand einem anderen eine Ohrfeige gibt, sollte man auch noch die andere Wange hinhalten. Wenn mein Feind eine Strafe verdient, ist das Gottes Sache; es ist nicht meine Aufgabe, meinem Feind Böses anzutun (Römer 12,19).

Hass und Gewalt bringen noch mehr Hass und Gewalt hervor. Wer sich an seinen Feinden rächt, stillt den Hass nicht. Nur Vergebung kann den Hass heilen. Nur Liebe kann den Hass zerstören. Wenn unsere Feinde wissen, dass wir sie lieben, werden sie vielleicht unsere Freunde. Wenn wir jedoch Gewalt gebrauchen, werden wir uns gegenseitig Schmerzen zufügen, und der Hass zwischen uns wird wachsen.

Reichtum (Matthäus 6,19–34)

Das zehnte Gebot sagt uns, dass wir nichts begehren sollen, das unser Nächster besitzt. Begehren bezeichnet das böse Verlangen, etwas an uns zu nehmen, das einem anderen gehört. Unser Verlangen nach Reichtum und materiellen Gütern ist die Wurzel des Begehrens. Jesus lehrte uns, kein Vertrauen in Reichtum und Besitz zu setzen. Christen sollen nach Gerechtigkeit trachten, sie sollen zu allererst nach dem Reich Gottes trachten. Wenn wir Gott mehr als alles andere lieben, wird er sich all unserer Bedürfnisse annehmen. Jesus sagte: „Darum sollt ihr nicht sorgen und sagen: Was werden wir essen? Was werden wir trinken? Womit werden wir uns kleiden? ... Trachtet zuerst nach dem Reich Gottes und nach seiner Gerechtigkeit, so wird euch das alles zufallen“ (Matthäus 6,31.33; *Luther 1984)*.

Wir können in diesem kurzen Kapitel nicht alles wiedergeben, was Jesus über diese Gerechtigkeit sagte. Der vielleicht erstaunlichste Teil seiner Predigt war folgender: „Darum sollt ihr vollkommen sein, wie euer Vater im Himmel vollkommen ist“ (Matthäus 5,48; *Luther 1984)!* Wie können wir so gerecht wie Gott sein? Ganz gewiss ist diese Art der Gerechtigkeit nur möglich, wenn uns Gottes Geist neu nach dem Bild Gottes erschafft. Wie Jesus sagte, können wir diese Neuschöpfung nur erleben, wenn wir geistlich arm werden, wenn wir unser Versagen, unsere Sünde und die Notwendigkeit unserer Errettung eingestehen.

Zusammenfassung

„Als Jesus seine Rede beendet hatte, waren alle von seinen Worten tief beeindruckt. Denn er lehrte wie einer, der Vollmacht von Gott hat – ganz anders als ihre Gesetzeslehrer“ (Matthäus 7,28–29).

Christen sind Menschen, die die Autorität Jesu des Messias anerkennen. Sie unterwerfen sich Gottes Willen, indem sie Jesus als Herrn und Erretter anerkennen. Sie sind Jünger (Nachfolger) Jesu. Die ersten Christen sagten von denen, die Jesus als ihren Herrn bekannten, dass sie den „Weg Gottes“ (Apostelgeschichte 18,26) gingen. Selbst heute gehen die diejenigen, die Jesus nachfolgen, den „Weg Gottes“. Das ist der Weg der Liebe, der Weg, den Jesus der Messias lebte.

EINE MUSLIMISCHE ENTGEGNUNG

Die christliche Kirche besitzt im Unterschied zur *Umma* kein System von allgemeingültigen Vorschriften für richtiges Verhalten. Es ist die nachdrücklich vorgebrachte Meinung der Christen, dass die Liebe, die in ihrer Lehre eine zentrale Rolle spielt, nicht auf ein Regelwerk reduziert werden kann. Muslime allerdings, die sowohl ein allgemein gültiges göttliches Gesetz wie auch ein immerwährendes System von offenbarten moralischen Werten besitzen, vertreten die Meinung, dass der Mensch in seiner Unvollkommenheit und seinem begrenzten Wissen jederzeit durch dieses Gesetz und diese moralischen Werte geleitet werden muss. Auch wenn dem Menschen aufgetragen ist, Gerechtigkeit zu üben, weiß er nicht, wie er dies anfangen soll. Deshalb liefert ihm das göttliche Gesetz alle Einzelheiten zu der Frage, wie er in jedem Einzelfall Gerechtigkeit und Barmherzigkeit üben soll.

Auf der anderen Seite ähnelt das System der moralischen Werte, auf dem das christliche Verhalten basiert, dem muslimischen, auch wenn im Christentum die Liebe jeden anderen moralischen Wert überflügelt. Diese Überbetonung der Liebe in allen Aspekten des christlichen Lebens hat aus muslimischer Sicht hin und wieder das christliche Verhaltensideal eher zu einer Theorie als zur gängigen Praxis gemacht.

Eine praktische Frage, in der sich Christen und Muslime schmerzlich unterscheiden, dreht sich um Ehe und Scheidung. Die Ehe im Islam ist ein Vertrag zwischen einem Mann und einer Frau, der in Gottes Namen geschlossen wird und deshalb eine heilige Institution darstellt. Alles sollte getan werden, um diesen geheiligten Vertrag zu halten.

Wenn allerdings ernsthafte Hindernisse in einer Ehe auftauchen, die auch durch eine Versöhnung nicht überwunden werden können, dann erlaubt der Islam in seinen praktischen Ausführungsbestimmungen die Scheidung *(talag)*. Die Scheidung sollte nur die letzte Lösung darstellen. Der Prophet Muhammad (Fsmi) sagte, „dass von allen Dingen, die vom Gesetz erlaubt sind, die Scheidung das Hassenswerteste in den Augen Gottes" sei.[1] Wiederum ermahnt der

Koran: „Wenn sie euch dann gehorchen, so sucht gegen sie keine Ausrede" (Koran 4:34). Der Islam würde unglückliche, treulose, lieblose, stagnierende Ehen nicht tolerieren. Aus diesem praktischen Grund ist die Scheidung gestattet.

Ähnlich wird Vergebung als eine hohe moralische Tugend des Islam empfohlen, aber sie muss auch tatsächlich praktikabel sein. Im Islam steht jemandem, dem ein Unrecht zugefügt wurde, die Freiheit zu, es dem Schuldigen heimzuzahlen, indem er ihn zur Rechenschaft zieht oder eine Strafe mit ihm aushandelt. Er hat außerdem das Recht, dem Täter zu verzeihen und Allah die Folgen seines Handelns anzuvertrauen. Der Koran sagt:

> *Die Vergeltung für eine Übeltat soll ein Übel gleichen Ausmaßes sein; dessen Lohn aber, der vergibt und Besserung bewirkt, ruht sicher bei Allah. Wahrlich, Er liebt die Ungerechten nicht.*
> (Koran 42:40)

In einem anderen Vers steht: „Und wetteifert nach der Vergebung eures Herrn und nach einem Garten ... der für die Gottesfürchtigen vorbereitet ist, die ... den Groll unterdrücken und den Menschen vergeben. Und Allah liebt die Rechtschaffenen" (Koran 3:133–134).

Im Islam gibt es praktisch weder das eine Extrem „Auge um Auge" noch das andere, dass man nämlich dem anderen die linke Wange hinhält, wenn man auf die rechte geschlagen wird. Es kommt nicht vor, dass man seinem Bruder, der einem das Hemd weg genommen hat, auch noch die Hose gibt!

Anmerkung

[1] *Überliefert vom Sohn Omars, Abu Dawd und Hakim, Fikqi Sunna, Band 11 (Beirut: Sayid Sabiq, Daarul-Kitab-l-Alaby), S. 241.*

Dann sagte er [der Messias] zu ihnen: „Geht in die ganze Welt und verkündet die Gute Nachricht allen Menschen!“
(Markus 16,15)

24

DER AUFTRAG DER KIRCHE

DAS WIRKEN DER KIRCHE

Jesus der Messias begann sein Wirken, indem er in der Synagoge von Nazareth verkündigte, der Geist des Herrn sei auf ihm, um den Armen die Gute Nachricht zu predigen, den Gefangenen Freiheit zu verkünden, die Blinden sehend zu machen und die Misshandelten zu befreien (Lukas 4,18). Damit kündigte er an, dass das Reich Gottes angebrochen sei; in Jesus dem Messias erstreckte sich der Wille Gottes auf vollkommene Weise bis in die menschliche Geschichte hinein. Jesus lebte das Reich Gottes, er war das Reich Gottes. Wer auf ihn im Glauben antwortete, erfuhr in jeder Hinsicht Heilung: Sünden wurden vergeben, die Lahmen gingen, die Blinden sahen, die Armen schöpften Hoffnung. Der Messias war der Durchbruch des Reiches Gottes in die Geschichte.

Die Kirche ist die Gemeinschaft des Glaubens, die das Werk Gottes fortsetzt, das Jesus begann (1. Korinther 12–13). Die Kirche ist ein fortdauerndes Zeichen unter allen Völkern, dass das Reich Gottes angebrochen ist. Durch die Gegenwart des Heiligen Geistes im Leben der Kirche bricht das Reich Gottes immer wieder in unsere Gemeinschaften und in unser Leben ein. Die Kirche ist ein Zeichen, ein Zeugnis in der Welt, dass die Rettung nahe ist.

Der Auftrag der Kirche wird von der Erfahrung der rettenden Liebe gespeist. Erlöste Menschen werden durch Gottes Liebe getrieben, seine Liebe an ihre Mitmenschen weiterzugeben. Die überfließende Liebe Gottes, wie sie die Kirche erlebt, drängt Christen dazu, anderen Menschen im gleichen Geist sich selbst hingebender Liebe zu dienen, wie sie sie von Jesus dem Messias empfingen. Christen trachten danach, ihr ganzes Leben von der Liebe bestimmen zu lassen. „Denkt daran, wie Christus uns geliebt und sein Leben für uns gegeben hat, als eine Opfergabe, an der Gott Gefallen hatte" (Epheser 5,2). Liebe zu anderen steht im Zentrum des christlichen Auftrags.

Wie legt die Kirche Zeugnis von der Gegenwart des Reiches Gottes ab? Wie gibt sie Gottes Liebe an die Welt weiter? Wie offenbart sie der Welt, dass durch Jesus den Messias Gottes ewige Herrschaft angebrochen ist? Wie wird sie zu einem Zeichen für die Völker, dass die erlösende Liebe Gottes unter uns ist, dass Gottes guter Plan für die Geschichte der Menschheit den Triumph davontragen wird? Die Kirche erfüllt ihren Auftrag hauptsächlich auf drei Arten:

Erstens erfüllt die Kirche ihren Auftrag durch Gemeinschaft. Diejenigen, die zur Gemeinde gehören, werden von Gott aufgerufen, einander zu lieben (1. Korinther 13). Die Liebe war zum Pfingstfest, als die Gemeinde entstand, deutlich spürbar. Die Gläubigen verkauften sogar ihren Besitz und gaben den Armen alles, was sie hatten! Wir lesen:

> *Alle, die zum Glauben gekommen waren, bildeten eine enge Gemeinschaft und taten ihren ganzen Besitz zusammen. Von Fall zu Fall verkauften sie Grundstücke und Wertgegenstände und verteilten den Erlös unter die Bedürftigen in der Gemeinde. Tag für Tag versammelten sie sich einmütig im Tempel, und in ihren Häusern hielten sie das Mahl des Herrn und aßen gemeinsam, mit jubelnder Freude und reinem Herzen. Sie priesen Gott und wurden vom ganzen Volk geachtet. Der Herr aber führte ihnen jeden Tag weitere Menschen zu, die gerettet werden sollten.*
> (Apostelgeschichte 2,44–47)

Das Pfingstfest war ein ungewöhnlicher Ausdruck der Liebe. Wo die Gemeinde jedoch wahrhaft treu ist, bringen Christen ihre Liebe zueinander zum Ausdruck. Die meisten christlichen Ortsgemeinden haben Möglichkeiten gefunden, Gläubigen zu helfen, die in Not geraten sind. Wenn das Haus eines Gemeindemitglieds niedergebrannt ist, werden die Gläubigen Geld zusammenlegen und wahrscheinlich helfen, das Haus wieder aufzubauen. Auf unzählige Arten versuchen die Christen in den Ortsgemeinden, ihre Liebe füreinander zum Ausdruck zu bringen. Sie gehorchen dem biblischen Gebot, „allen Menschen Gutes [zu] tun, besonders denen, die mit uns durch den Glauben verbunden sind" (Galater 6,10).

Christen bringen ihre Liebe auch außerhalb der Ortsgemeinde zum Ausdruck. Christen zeigen auch den Schwestern und Brüdern in anderen Teilen der Welt ihre Liebe. Jede Ortsgemeinde ist ein Teil der weltweiten christlichen Kirche. Wir erwähnten bereits, dass weltumspannende Gremien und Gemeinschaften für bestimmte Möglichkeiten stehen, wie Christen ihre Einheit und Liebe zum Ausdruck bringen können. Diese Kanäle der Gemeinschaft fließen in viele verschiedene Richtungen. Jede christliche Denomination stellt auch eine Gemeinschaft dar, die normalerweise Christen aus verschiedenen Ländern unter dem Dach einer Denomination vereint.

Was immer auch der Fall sein mag, die Kirche bringt ihre christliche Gemeinschaft in der Situation am Ort und über Ländergrenzen hinweg zum Ausdruck. Diese internationale Gemeinschaft wird zum Beispiel dadurch deutlich, wenn eine christliche Gemeinschaft einer anderen, die etwa durch eine Dürreperiode in eine Notlage geraten ist, finanzielle Hilfe zukommen lässt. Ein anderes Beispiel ist die Gastfreundschaft. Wenn wir verreisen, bieten uns unsere christlichen Brüder und Schwestern in anderen Ländern Gastfreundschaft an, selbst wenn wir ihnen völlig fremd sind. Christliche Liebe vereint selbst Fremde in der Gemeinschaft.

Gemeinschaft ist die wichtigste Dimension des christlichen Auftrags in der Welt. Sie ist die Liebe, die Christen füreinander haben. Diese Gemeinschaft ist ein Zeugnis, dass das Reich Gottes gekommen ist. Jesus sagte: „An eurer Liebe zueinander werden alle erkennen, dass ihr meine Jünger seid“ (Johannes 13,35).

Zweitens erfüllt die Kirche ihren Auftrag durch den Dienst am anderen. Vielleicht gibt es in Ihrem Ort christliche Gemeinden. Welche Dienste nehmen sie dort wahr? In Tausenden Städten und Dörfern rund um die Welt ist die Kirche in ein weites Spektrum von sozialen Diensten eingebunden. Weltweit gesehen umfassen diese Dienste Flüchtlingshilfe, Linderung von Hungersnöten, medizinische Dienste, Bildungseinrichtungen von der Grundschule bis zur Universität, Wüstenschutz und Aufforstung, Programme in Landwirtschaft und Viehzucht, psychische Gesundheit, Altersheime, Hausbauprogramme, Kleinunternehmen für Familien mit geringem Einkommen, Alphabetisierungsprogramme für Erwachsene, Straßenbau, Eheberatung, Einrichtungen für jugendliche Straftäter oder Waisen, Leseräume und Bibliotheken, Wiederaufbauprogramme nach Flutkatastrophen oder Erdbeben, Erforschung neuer Energiequellen, Versöhnung in einem Konflikt zwischen zwei Völkern, Hilfe für Leprakranke, Handelsschulen, Freizeitzentren – die Liste ist endlos. Die Kirche ist von Gott berufen, vor Ort und in anderen Ländern ein Zeichen aufzurichten, dass wir Gott nicht egal sind, dass Gott uns liebt, dass Gott uns von allem Bösen retten will.

Durch diese liebevoll wahrgenommenen Dienste führt die Kirche die Arbeit weiter, die Jesus begann, als er die Gegenwart des Reichs Gottes unter den Menschen verkündete. Die Kirche gibt die erlösende Liebe Gottes an andere weiter. Die Kirche versucht durch diesen Dienst der Liebe ein Zeichen der Gegenwart von Gottes Reich in der Geschichte aufzurichten. Wo immer Menschen in eine Notlage geraten, ist die Kirche berufen, zu dienen und Gottes Liebe durch die Tat auszudrücken.

Die Kirche glaubt nicht, dass sie alle Probleme, die in dieser Welt auf menschliche Notlagen zurückgehen, lösen kann. Das ist unmöglich. Überall erlebt die Gesellschaft die Rebellion gegen Gott. Das Böse ist da. Die Kirche jedoch ist berufen, ein Zeichen für das Reich Gottes zu sein, ein gesellschaftliches Gewissen.

Als der evangelische Theologe und spätere Pädagoge August Hermann Francke (1663–1727) 1692 in Glaucha eine Pfarrstelle übernahm, war die Kleinstadt vor den Toren Halles von Krankheiten, Kriegsfolgen und sozialer Verwahrlosung gezeichnet. Dem begegnete Francke u. a. mit der Gründung einer Waisenschule und eines Waisenhauses. Sein nimmermüder Reformeifer und unternehmerisches Geschick trugen dazu bei, dass die „Anstalten“ daneben schließlich aus einem mehrgliedrigen Schulsystem und wissenschaftlichen Instituten bestanden, samt Wirtschaftsbetrieben und landwirtschaftlichen Gütern. Es gelang Francke, den sozialen Problemen seiner Zeit ein weithin beachtetes Zeichen christlicher Nächstenliebe entgegenzusetzen.

Es gibt zahllose weitere Beispiele. Die Kirche dient mit den verschiedenen Zweigen ihrer sozialen Dienste als gesellschaftliches Gewissen und trägt dazu bei, den Weg zur Menschlichkeit zu weisen.

Drittens erfüllt die Kirche ihren Auftrag, indem sie in der ganzen Welt das Evangelium verkündet. Bevor Jesus zum Himmel auffuhr, gebot er seinen Jüngern:

> *Darum geht nun zu allen Völkern der Welt und macht die Menschen zu meinen Jüngern und Jüngerinnen! Tauft sie im Namen des Vaters und des Sohnes und des Heiligen Geistes, und lehrt sie, alles zu befolgen, was ich euch aufgetragen habe. Und das sollt ihr wissen: Ich bin immer bei euch, jeden Tag, bis zum Ende der Welt.* (Matthäus 28,19–20)

Weiter sagte er: „Aber ihr werdet mit dem Heiligen Geist erfüllt werden, und dieser Geist wird euch die Kraft geben, überall als meine Zeugen aufzutreten: in Jerusalem, in ganz Judäa und Samarien und bis ans äußerste Ende der Erde“ (Apostelgeschichte 1,8). Gott befahl der Kirche, das Evangelium bis ans Ende der Erde zu tragen. Christen ist aufgetragen, mit Nachdruck zu predigen, Menschen aufzurufen, Buße zu tun und an Jesus den Messias als Herrn und Erretter zu glauben, der von Gott gesandt wurde, um die Menschheit zu erlösen. Ihnen wird befohlen, die Völker zu taufen und zu unterweisen und neue christliche Gemeinden unter allen

Völkern zu gründen. Christen bezeichnen diesen Auftrag als Missionsbefehl.

Nach dem Pfingstfest begann die Kirche dem Missionsbefehl zu gehorchen. Zu Lebzeiten der Apostel trugen christliche Missionare das Evangelium von Palästina in Länder, die Hunderte und Tausende Kilometer von Jerusalem entfernt lagen. Innerhalb eines halben Jahrhunderts tauften die Christen Gläubige und gründeten Gemeinden von Indien im Osten bis nach Spanien im Westen. Sie trugen außerdem das Evangelium nach Ägypten und anderen Teilen von Nordafrika.

Manchmal scheiterte die Kirche an der Aufgabe, den Missionsbefehl zu verstehen oder weiterhin umzusetzen, und versuchte das Christentum durch Krieg und Gewalt zu verbreiten. Zum Beispiel „bekehrten" „christliche" Armeen eine Reihe von europäischen Volksgruppen. Christen sind betrübt, dass während der Kreuzzüge im Mittelalter christliche Armeen den Nahen Osten eroberten und mit Gewalt versuchten, ganze Völker zum Übertritt zum Christentum zu zwingen. Das sind schreckliche Beispiele des tragischen Versagens seitens der Christen, den Missionsbefehl zu verstehen und in die Tat umzusetzen.

Gleichzeitig wurden viele Epochen der Kirchengeschichte durch zahllose treue christliche Missionare gesegnet, die ihr Leben gaben, um das Evangelium bis an die Enden der Erde zu tragen. Heute arbeiten weltweit mehr Missionare als in jeder anderen Epoche der Kirchengeschichte.

Deutsche Missionare tragen die Gute Nachricht zu den Einwohnern der Urwälder Brasiliens und Irian-Jayas. Ukrainische Christen gründen christliche Gemeinden in russischen Großstädten. Christen aus Tansania geben das Evangelium in China weiter. Japanische Missionare sind nach Südamerika ausgereist. Pakistanische Christen legen in Kuwait Zeugnis ab. Indische Christen arbeiten im Sudan. Ungarische Missionare dienen in Kenia. Christen ziehen von ihrer Heimatgemeinde, ihrem eigenen „Jerusalem", in alle Richtungen.

Wohin Christen auch immer gehen, nehmen sie das Evangelium mit. Viele dieser Zeugen werden von ihrer Heimatgemeinde beauftragt und ins Ausland ausgesandt, um das Evangelium zu verkünden. Andere gehen als Geschäftsleute, Lehrer oder in anderen Berufen ins Ausland, doch wohin sie auch immer gehen, sollten sie das Evangelium weitererzählen.

Natürlich darf die Kirche niemals vergessen, dass die Verkündigung des Evangeliums zu Hause anfängt. Treue christliche Gemeinden versuchen das Evangelium zunächst ihren Nachbarn weiter zu erzählen. Das ist immer der Beginn der Missionsarbeit. Doch immer wieder spüren christliche Gemeinden den Ruf des Heiligen Geistes, über die unmittelbare Nachbarschaft hinauszugehen und das Evangelium zu Menschen zu tragen, die es noch nie gehört haben. Die Bibel offenbart, dass es Gottes Wille ist, dass jedes Volk auf der Erde vor dem Ende der Geschichte das Evangelium hört und dass christliche Gemeinden unter diesen Völkern entstehen (Matthäus 24,14; 28,16–20; Apostelgeschichte 1,8; Philipper 2,9–11).

Zusammenfassung

Christen glauben, dass die Kirche ein Zeichen für das Reich Gottes ist, das durch Jesus Christus und das Pfingstereignis, als der Heilige Geist auf die Gläubigen ausgegossen wurde, in die menschliche Geschichte einbrach. Sie glauben, dass der Auftrag der Kirche darin liegt, ein Zeichen und ein Zeugnis unter den Völkern zu sein, dass das Reich Gottes unter den Menschen wohnt. Wie wir erwähnt haben, wird die Kirche zu einem Zeichen des Reiches Gottes, indem sie das Wirken und den Dienst weiterführt, den Jesus Christus begann. Dies umfasst Gemeinschaft, den Dienst am anderen und das Zeugnis.

Die Bibel bezeugt, dass Jesus der Messias am Ende der Geschichte in Herrlichkeit auf die Erde zurückkehren wird und das Reich Gottes erfüllt werden wird. Dann werden alle Nationen und Völker dieser Erde gerichtet werden. Wer in seiner Rebellion gegen Gott beharrt, wird ewige Strafe erleiden. Die Erde wird vergehen und die menschliche Geschichte wird aufhören.

Wer auf Gottes Gnade antwortet und am Reich Gottes teilzuhaben beginnt, wird ewige Rettung erleben. Gottes Herrschaft wird sich vollenden. Das Reich Gottes, das mit dem ersten Kommen

Jesu des Messias begann, wird vollendet und erfüllt werden. Alles im Himmel und auf der Erde wird Jesus den Messias als denjenigen anerkennen, den Gott zum Herrn und Erretter gemacht hat. Das ist Gottes Plan für die Geschichte (Markus 14,62; Philipper 2,9–11; Offenbarung 29,11–15; 21,1–8.22–27).

EINE MUSLIMISCHE ENTGEGNUNG

Muslime wie Christen trachten danach, die „Gute Nachricht" der Welt zu verkünden, wie Gott es befohlen hat und wie es von ihren jeweiligen Propheten vorgelebt wurde. Die beiden Gemeinschaften halten den Dienst am anderen für eine grundlegende Pflicht gegenüber der Menschheit und im besonderen ihrer eigenen Glaubensgemeinschaft.

Allerdings organisieren die beiden Gemeinschaften ihren Missionsauftrag in unterschiedlicher Weise. Der Islam, in dem es anders als im Christentum keine Hierarchie von ordinierten Priestern und keine organisierten Missionsorden oder -gesellschaften gibt, wurde hauptsächlich durch hingebungsvolle einzelne Muslime verbreitet, denen nur begrenzte Mittel für ihren Lebensunterhalt zur Verfügung standen. Das ist der Grund für das auffallende Fehlen von sichtbaren und greifbaren Ergebnissen wie Krankenhäusern, Straßen oder Konferenzzentren im Rahmen des muslimischen Dienstes am anderen, besonders dort, wo Muslime in der Minderheit sind. Obwohl Muslime großen Wert auf Predigten legen, bedeutet das nicht, dass sie sich nur um das Leben nach dem Tod kümmern. Der Islam beschäftigt sich als umfassender Lebensstil naturgemäß mit diesem Leben ebenso wie mit dem Leben nach dem Tod. Arbeit und Dienst am anderen sind von Gott auferlegte Pflicht und Teil der muslimischen Anbetung.

Obwohl man im Islam an die Wiederkunft des Messias glaubt, unterscheidet sich die muslimische Erwartungshaltung von der der Christen, was das Wesen seines Wirkens betrifft. Muslime glauben, dass der Messias auf die Erde zurückkehren wird, um die wahre Religion des Islam vor dem Jüngsten Gericht einzusetzen.

EIN WORT ZUM SCHLUSS

Der Islam und das Christentum sind zwei lebendige Glaubensrichtungen, die den Anspruch erheben, einen Auftrag für die gesamte Menschheit zu besitzen. In diesem Buch haben wir, wenn auch in knapper Form, die wichtigsten Themen behandelt, die Christen und Muslime in der Anbetung Gottes oder im Zeugnis gegenüber ihren Mitmenschen verbinden oder auch trennen.

Wir, die Verfasser, sind dankbar für die Glaubenssätze, die uns gemeinsam sind. Wir erkennen beide den Glauben Abrahams an und versuchen den Glauben, dem er folgte, zu verstehen und auszuleben. Wir glauben, dass der Glaube durch das Zeugnis der Propheten, Apostel und Schriften erhellt werden muss. Wir glauben, dass Offenbarung keine menschliche Erfindung ist, sondern Gottes gnädiges Geschenk an die Menschen. Wir glauben, dass die Geschichte einen Sinn hat, dass sie mit dem Jüngsten Gericht enden wird. Wir glauben beide an die Auferstehung der Toten. Wir glauben, dass all dies seinen Ursprung in Gott hat, der der souveräne, transzendente, gerechte Schöpfer aller Dinge ist. Jeder von uns glaubt, dass Gott seinem Volk gebietet, Zeugnis abzulegen und Ungläubige zur Buße und in die Gemeinschaft der Gläubigen einzuladen. Wir glauben, dass Gott eine Gemeinschaft des Glaubens aufgerichtet hat, die Zeugnis ablegt.

Während wir dafür dankbar sind und den Glauben bekräftigen, der uns verbindet, bekennen wir auch, dass sich unser Zeugnis in wichtigen Fragen unterscheidet. Muslime bezeugen, dass der Koran Gottes endgültige und definitive Offenbarung seines vollkommenen Willens an die Menschheit ist. Christen bezeugen, das Jesus der Messias das lebendige Wort Gottes in menschlicher Gestalt ist. Für den Muslim ist der Koran das Kriterium der Wahrheit. Für den

Christen ist das gesamte biblische Zeugnis, das in Jesus gipfelt, das Kriterium der Wahrheit. Alles, was ein Muslim oder ein Christ über den Menschen, über Gott, Errettung, Führung, Gerechtigkeit, Offenbarung, Gericht und Gemeinschaft glaubt, wird von dieser Überzeugung bestimmt.

In unserem Dialog haben wir gespürt, dass es Bereiche gibt, wo sich unsere Glaubensüberzeugungen ergänzen. Wir sind dankbar für diese Punkte, die wir gemeinsam haben. Gleichzeitig sind wir uns jedoch auch tiefgreifender Unterschiede bewusst. Islam und Christentum sind sich einig, dass Gott barmherzig ist, dass Gott uns liebt. Die Frage ist, wie weit sich Gott mit der menschlichen Situation identifiziert. Das ist die fundamentale Frage: Wie bringt Gott seine Liebe und Barmherzigkeit zum Ausdruck?

Im Islam findet Gottes Barmherzigkeit durch die Offenbarung eines vollkommenen Gesetzes ihren höchsten Ausdruck. Im christlichen Glauben findet Gottes Liebe ihren höchsten Ausdruck in der leidenden, erlösenden Liebe, die sich im Leben, im Tod und in der Auferstehung Jesu des Messias offenbart. Das sind keine oberflächlichen Unterschiede. Sie rühren an die grundlegenden Fragen nach dem Sinn der menschlichen Existenz. Es gibt keine Möglichkeit für einen Muslim oder einen Christ, ehrlicherweise zu behaupten, dass diese Unterschiede irrelevant oder unwichtig seien.

Diese theologischen Themen sind ihrem Wesen nach so tiefgründig, dass die Fragen, die hier zur Diskussion stehen, durch polemische Thesen oder logische Positivismen nicht angemessen verstanden oder gelöst werden können. Unser Gespräch muss sich im Interesse der Wahrheit auf der Ebene der äußersten Realität bewegen, der Realität, die den Sinn des menschlichen Daseins tiefer erkundet, als es bloßer Rationalismus leisten könnte.

In diesem Punkt stimmen wir beide überein: Wahrheit ist das *Wort* der verlässlichen und maßgeblichen Offenbarung Gottes. Von diesem gemeinsamen Ausgangspunkt gehen wir verschiedene und auch gemeinsame Wege. Ist das Wort der Offenbarung vor allem ein Buch oder nimmt es in einer Person Gestalt an? Diese Frage kann man nicht durch ein Streitgespräch lösen, sie erfordert ihrem innersten Wesen nach Geduld, Zuhören und das Zeugnis beider Glaubensgemeinschaften.

Trotzdem glauben wir, dass der Schmerz, den diese Unterschiede verursachen, uns nicht von der Fortsetzung unseres Gespräches abhalten sollte. Die Fragen, die uns trennen, dürfen keine Mauern der Feindschaft zwischen uns errichten, so dass der Dialog aufhört. Wenn wir wirklich nach der Wahrheit und nach tieferem gegenseitigen Verständnis streben, dann muss unser Gespräch weitergehen. Dieses Gespräch sollte sich auf vielen Ebenen bewegen. Dieses Buch ist ein schriftlich festgehaltenes Gespräch. Es gibt auch andere Ebenen des Gesprächs, die ebenso wichtig sind. Die vielleicht bedeutsamste Gesprächsebene sollte aus guter Nachbarschaft bestehen. Wir müssen uns als Freunde kennenlernen. Wir müssen Gott bitten, Brücken der Liebe zwischen unseren Gemeinschaften zu bauen. Wir müssen das Gespräch der Liebe, der Vergebung, des Respekts, der guten Nachbarschaft, des Zuhörens und des Zeugnisses lernen.

Amen

GLOSSAR

Islamische Begriffe

abd	Knecht oder Sklave Gottes
Abdallah	Muhammads (Fsmi) Vater
Abu Bakr	Einer der ersten muslimischen Gläubigen und der erste Kalif
Abu Talib	Muhammads (Fsmi) Onkel
Adam	Der Vater aller Menschen, Evas Mann
adhan	Gebetsruf
Ahl al-Kitab	Schriftbesitzer oder „Leute des Buches", das heißt Juden und Christen
al-asma'al husna	Die neunundneunzig schönen Namen Gottes
Ali	Einer der ersten muslimischen Gläubigen und außerdem der Cousin und Schwiegersohn des Propheten. Er wurde der vierte Kalif
Amina	Muhammads (Fsmi) Mutter
Ansar	Die Helfer in Medina
aya	Ein Vers im Koran
Basmala	Der Lobpreis, den jeder Muslim vor jeder Handlung sprechen muss: „Im Namen Allahs, des Allerbarmers, des Barmherzigen" *(Bis-mi-llahi ar-Rahamani ar-Rahim)*. Alle Koransuren bis auf eine beginnen mit der *Basmala*
Berg Hira	Der Ort, an dem Muhammad (Fsmi) die erste Offenbarung empfing
Bilal und Khabbab	Muslime, die in Mekka schwerer Verfolgung ausgesetzt waren
die Bücher Gottes	Die fünf Bücher, die Gott zum Menschen herab sandte. Das Buch, das durch Abraham offenbart wurde *(Suhuf)*, ist verschollen, die anderen vier nicht

Din, al-	Religion
Fatiha, al-	Das Eröffnungskapitel des Korans, das vollkommene Gebet für Muslime
fuqaha	Doktoren des islamischen Rechts
der Garten	Ein himmlisches Paradies über der Erde, in dem Adam und Hauwa lebten, bevor sie der Versuchung durch *Iblis* nachgaben
ghusul	Ein Bad nach muslimischer Vorschrift
Hadith	Die schriftlichen Überlieferungen, die den Propheten betreffen und seine Lehren und Taten umfassen
Hajj	Die Pilgerreise zur Kaaba
Hauwa	Eva, die Mutter aller Menschen, die Frau Adams, des ersten Mannes
Hafz	Jemand, der den Koran auswendig rezitieren kann
Hijra	Die Übersiedlung von Mekka nach Yathrib (Medina) 622 n. Chr., Beginn der islamischen Zeitrechnung
Hudaibiyya	Der Vertrag zwischen dem Stamm der Quraish aus Mekka und der muslimischen *Umma*
Ibadat	Anbetung und Unterwerfung
Iblis	Satan, der Ursprung alles Bösen
ihsan	Richtiges Verhalten
ijima	Konsens
Imam	1. Oberhaupt der schiitischen Muslime, der seine Abstammung bis auf den Propheten zurück verfolgt. 2. Vorbeter in der Moschee
iman	Glauben
isnad	Die Kette von Zeugen, durch die der *Hadith* überliefert wurde
iqra	Rezitation der göttlichen Offenbarung
jahiliyya	Die Zeit der Unwissenheit in Arabien vor dem Auftreten des Propheten Muhammad (Fsmi)
Jalil, al-	Allermajestätischster; einer der Namen Gottes
Janna	Paradies, der Ort, an dem Adam und Hauwa zunächst lebten, und der Ort, an den die wahren Sklaven Allahs zurückkehren werden
Jibril	Gabriel, durch den Gott Seine Bücher den Aposteln hinunter sandte

Jihad	Das Streben auf dem Pfad Allahs
jinn	Ein Geist. Manche *jinn* sind böse, andere gut. Die bösen *jinn* folgen *Iblis* nach
Juma	Das gemeinschaftliche Freitagsgebet
Kaaba	Das Haus Gottes in Mekka, in dem sich ein heiliger schwarzer Stein befindet, auf den sich alle Muslime beim Gebet ausrichten
Khadija	Muhammads (Fsmi) erste Frau
khalifa	Vizeregent. Der Mensch wurde von Gott auf die Erde gesandt, um im Gehorsam gegenüber seinem göttlichen Gebot Sein *khalifa* oder Verwalter auf der Erde zu sein
kufr	Unglauben oder Atheismus
Lat, al-	Die Sonnengöttin im vorislamischen Arabien, die als eine der drei Töchter Allahs angebetet wurde
Lailat al-Qadar	Die Nacht der Kraft, in der Muhammad (Fsmi) seine erste Offenbarung empfing
Manat, al-	Die Schicksalsgöttin im vorislamischen Arabien, die als eine der drei Töchter Allahs betrachtet wurde
Mir'aj	Die Himmelsreise des Propheten (Fsmi)
Mose	Der Prophet Gottes, durch den die Tora offenbart wurde
Moschee	Ein Gebäude, in dem sich Muslime zum Gebet versammeln
Muhajirun	Die Auswanderer nach Medina
Munafiqun	Heuchlerische Muslime
nabbi	Ein Prophet Gottes, der Seinen Willen verkündet
Negus, König	Abessinischer/amharischer Königstitel. Der abessinische König nahm zur Zeit Muhammads (Fsmi) muslimische Flüchtlinge auf
Qibla	Die Gebetsrichtung, Ausrichtung auf Mekka
qiyas	Analytisches Nachdenken
Quraish	Der Stamm des Propheten Muhammad (Fsmi)
Rahim	All-Barmherziger, einer der Namen Gottes
Rahman	All-Gnädiger, einer der Namen Gottes
Ramadan	Der Fastenmonat
rasul	Ein Gesandter Gottes, durch den Gott ein Buch offenbarte

sahaba	Gefährten des Propheten Muhammad (Fsmi)
salat	Das rituelle Gebet im Islam
saum	Fasten
Scharia	Das Gesetz Gottes
Schlacht von Badr	Muslime besiegten die Ungläubigen
Shahada	Das muslimische Glaubensbekenntnis: „Es gibt keinen Gott außer Allah, und Mohammed ist der Gesandte Allahs“
Schiiten	Eine muslimische Gemeinschaft, die die Meinung vertritt, ihr Oberhaupt solle ein Nachfahre des Propheten sein
shirk	Die Gleichsetzung Allahs mit anderen Göttern, die größte Sünde im Islam
Sunna	Die prophetische Tradition
Sunniten	Eine muslimische Gemeinschaft, die den Koran, die Sunna, und den gemeinschaftlichen Konsens als Autorität anerkennt
Sure	Ein Kapitel des Korans
tahara	Reinigung
tanzil	Die Herabsendung der Bücher vom Himmel
'ulama	Gelehrte des islamischen Rechts und der Theologie
'Umar	Einer der ersten zum Islam Übergetretenen, später der zweite Kalif
Umma	Die Gemeinschaft des Islam
'Uthman	Einer der ersten muslimischen Gläubigen und der dritte Kalif
Uzza, al-	Die Göttin Venus im vorislamischen Arabien, wurde als eine der drei Töchter Allahs betrachtet
Wahay	Göttliche Offenbarung
wudu	Waschung vor den Gebeten
zakat	Obligatorische Almosen

Christliche Begriffe

Altes Testament	Der Teil der Bibel, der vor dem Kommen des Messias geschrieben wurde
Ältester	Ein Pastor der frühen Kirche
Apostel	Leiter der frühen Kirche
Apostelkonzil	Eine christliche Konferenz, die 43 n. Chr. in Jerusalem stattfand und auf der über den christlichen Standpunkt gegenüber der Kultur diskutiert wurde
Berg Sinai	Hier offenbarte Gott die Zehn Gebote
Bergpredigt	Eine Predigt, die Jesus seinen Jüngern hielt und in der er erklärte, was Gerechtigkeit bedeutet
Bethlehem	Die Stadt in Judäa, in der Jesus geboren wurde
Bischof	Ein Kirchenführer, der für mehrere Gemeinden verantwortlich ist
Briefe/Epistel	Briefe, die die Apostel an die Gemeinden schrieben
Bund	Eine feierliche Übereinkunft zwischen zwei oder mehr Personen. Gott lädt die Menschheit in einen Bund des Segens ein
Diakon	Ein verantwortlicher Mitarbeiter der Gemeinde, der dem Pastor oder Bischof zur Seite steht
Dreieinigkeit/ Trinität	Ein Versuch von christlicher Seite, die Einheit und Liebe Gottes auszudrücken, wie sie sich in Gott dem Schöpfer, Retter und Geist (Vater, Sohn und Heiliger Geist) offenbart
El/Elohim	Der von Abraham gebrauchte Name für Gott. El bzw. Elohim ist die hebräische Form des arabischen Namens Allah
Errettung	Die Erfahrung, dass einem Menschen die Sünde vergeben ist und man in der rechten und fröhlichen Beziehung mit Gott lebt
Eucharistie/	Das Teilen von Brot und Wein als Zeichen des

Abendmahl	neuen Lebens, das man durch das Leben, den Tod und die Auferstehung Jesu des Messias erfährt
Evangelium	Die Gute Nachricht *(euangelion* oder *injil),* dass Gott in Jesus dem Messias sein Erlösungshandeln vollbringt
Gabriel	Der Engel, der Maria vor der Geburt Jesu besuchte
Garten Eden	Der Ort, wo Adam und Eva anfangs lebten
Geist Gottes	Manchmal auch als Heiliger Geist bezeichnet. Gott ist unter der Menschheit als Geist gegenwärtig
Herodes, König	König von Judäa zur Zeit der Geburt Jesu
Hirten	Ihnen verkündete der Engel die Geburt Jesu
Ich bin da	Der Name Gottes, wie er dem Propheten Mose am brennnenden Dornbusch offenbart wurde
Immanuel	Eine Bezeichnung für den Messias, die „Gott mit uns“ bedeutet
Inkarnation/ Fleischwerdung	Der Glaube, dass Gott sich in Jesus dem Messias offenbarte
Jahwe	Der hebräische Name Gottes, der dem Propheten Mose am brennenden Dornbusch offenbart wurde. Dieser Name bedeutet „Ich bin da“, „ich werde sein“ oder „ich war“. Er bezeichnet Gott als denjenigen, der mit den Menschen einen Bund eingeht
Jerusalem	Die Stadt, in der Jesus gekreuzigt wurde
Johannes der Täufer	Der Prophet, der die Menschen auf den Messias vorbereitete und ihn taufte
Josef	Der Mann, der mit Maria verlobt war, als sie Jesus zur Welt brachte. Er wurde ihr Ehemann
Josef von Arimathäa	Ein reicher Mann, der ein Grab für Jesus bereitstellte
Jungfrau Maria	Die Mutter Jesu
Kirche/Gemeinde	Die Gemeinschaft derjenigen, die an Jesus den Messias als Erretter und Herrn glauben
Messias	„Der Gesalbte“, die semitische Form des griechischen Wortes *Kristos* oder Christus
Missionsbefehl	Der Befehl Jesu an seine Jünger, das Evangelium in der ganzen Welt zu predigen
Nazareth	Die Stadt in Galiläa, in der Jesus aufwuchs

Neues Testament	Der Teil der Bibel, der nach dem Kommen des Messias geschrieben wurde
Opfer	Opfer werden dargebracht, um zum Ausdruck zu bringen, dass man sich nach Vergebung sehnt
ordinieren	Die Einsetzung von christlichen Leitern in ihre Aufgabe durch Bischöfe oder Pastoren, die ihnen die Hände auflegen und um den Heiligen Geist bitten, um ihnen die zur Leitung nötigen Gaben zu schenken
Passa	Das Fest, an dem sich das jüdische Volk an die Befreiung aus der Sklaverei unter dem Pharao erinnert
Pfingsten	Erntefest nach der Rückkehr Jesu in den Himmel, bei dem der Heilige Geist auf besondere Weise über die Gläubigen ausgegossen wurde
Pharao	Der König des alten Ägypten
Psalmen	Gedichte und Lieder, viele von ihnen von David verfasst, Muslimen unter der Bezeichnung *zabur* bekannt
Satan	Der Teufel
Sohn Gottes	Der Messias, der in einer vollkommenen Beziehung mit dem Vater lebte
Taufe	Eine Zeichenhandlung mit Wasser, dass ein Mensch in die christliche Kirche aufgenommen wird
Taurat	Siehe Tora
Testament	Eine feierliche Übereinkunft, ein Bund
Tora	Die auf den Propheten Mose zurückgehenden ersten fünf Bücher der Bibel, auch Pentateuch genannt
Volk Israel	Das Volk des alttestamentlichen Bundes
Weise aus dem Morgenland	(Sterndeuter aus dem Osten) Die Männer, die nach Jerusalem kamen, um den Messias zur Zeit seiner Geburt zu finden
Zehn Gebote	Prinzipien des richtigen Verhaltens, die Gott dem Bundesvolk offenbarte

DIE VERFASSER

Prof. Badru D. Kateregga ist Vize-Kanzler der *Kampala University* und Gastprofessor an der *Makerere University* in Kampala, Uganda. Von 1985 bis 1995 war er Botschafter der Republik Uganda in Saudi-Arabien, den Golfstaaten und Pakistan.

Dr. David W. Shenk lebt in Salunga, Pennsylvania (USA). Er hat jahrzehntelang in Tansania, Somalia und Kenia gelebt und war im Rahmen seiner Lehrtätigkeit und seines Engagements im interreligiösen Dialog bereits in über 90 Ländern. Von 1998 bis 2002 war er Theologieprofessor und Dekan des *Lithuania Christian College* in Klaipeda, Litauen.

Kateregga und Shenk sind enge Freunde und beteiligen sich seit vielen Jahren am interreligiösen Dialog zwischen Muslimen und Christen. Beide haben zahlreiche Bücher verfasst, viele davon zum Dialog von Christentum und Islam.